NO라고 말할 줄 아는 자녀 양육

헨리 클라우드·존 타운센드 지음 • 이기섭 옮김

라고 말할 줄 아는 자녀 양육

좋은씨앗

자기 삶에 책임질 줄 아는 아이를 위한 바운더리 세우기

차례

들어가는 말_ 자녀 양육과 바운더리　　　　　　　　　　　　9

1부 아이에게 바운더리가 필요한가?

1장　현재의 모습이 바로 미래의 모습이다　　　　　　　19
2장　성격이 아이를 좌우한다　　　　　　　　　　　　　35
3장　아이도 바운더리가 있는 부모를 원한다　　　　　　57

2부 아이에게 필요한 10가지 바운더리 법칙

4장　파종과 수확의 법칙: 이렇게 하면 내게 어떤 일이 일어날까?　　83
5장　책임의 법칙: 자기 마차는 자기가 끌라　　　　　　105
6장　힘의 법칙: 나는 모든 것을 할 수 없다. 그렇다고 무능하지 않다　　125
7장　존중의 법칙: 나만 중요한 사람이 아니다　　　　　147
8장　동기 부여의 법칙: '엄마 때문에'를 넘어서는 삶　　175
9장　평가의 법칙: 고통은 축복이다　　　　　　　　　197
10장　순향의 법칙: 불평이 지속되어서는 안 된다　　　215
11장　시기심의 법칙: 감사할수록 행복해진다　　　　　239
12장　행동의 법칙: 시동을 걸라　　　　　　　　　　　263
13장　노출의 법칙: 정직이 최상의 정책이다　　　　　　285

3부 지금 아이에게 바운더리를 세우라

14장　바운더리를 실천하는 6단계　　　　　　　　　　305

들어가는 말_ 자녀 양육과 바운더리

"이번에 헨리 아저씨와 쓰고 있는 책은 어떤 내용이에요?"

일곱 살 난 아들 리키가 물었다.

"아이들이 책임져야 할 일과 그렇지 않은 일, '예'라고 할 일과 '아니요'라고 할 일이 있다는 것에 대해 쓰고 있단다. 바운더리의 문제야."
나(존)는 대답했다.

리키는 잠깐 생각하더니 멋지게 응수했다. "아빠, 난 다른 사람에게 '네 책임이야'라고 말하는 건 좋지만, 다른 사람이 내게 그렇게 말하는 건 싫어요."

어린 리키 역시 똑같은 보통 사람이었다. 우리는 모두 자신의 영역은 잘 설정하지만, 침해해서는 안 되는 다른 사람의 영역에 대해서는 잘 고려하지 않는다. 당신이 왜 이 책을 선택했는지 굳이 말하지 않아도 그 마음을 알 것 같다. 리키의 대답이 모든 아이들의 마음뿐만 아니라 어른들의 마음까지 설명해 주고 있기 때문이다. 이것이 바로 나를 만족시키는 것은 '선한 것'이고, 내 욕구를 주저앉히는 것은 '악한 것'이라는 태도다.

아담과 하와 때부터 인간은 자기 인생에 대한 주인 의식과 책임감 문제에 끈질기게 저항해 왔다. 부모가 해야 할 과제가 바로 이것이다. 지금까지 아이를 키우면서 강조했던 책임감, 자제력, 독립심 등이 아이의 내면에 잘 정착되고 발전하도록 돕는 것이다. 아이에게 이와 같은 바운더리를 세우는 것은 어려운 작업이다. 유지하는 것도 쉽지 않다. 그러나 반드시 해야 할 일이다.

아이에게 바운더리가 필요한가?

몇 년 전 우리(헨리, 존)는 함께 『NO라고 말할 줄 아는 그리스도인』(좋은씨앗)을 썼다.

   이 책은 바운더리 설정으로 우리가 자기 인생에 좀 더 책임감을 갖게 될 뿐만 아니라 결과적으로 하나님과 이웃을 더욱 사랑하게 된다는 것을 기본 개념으로 삼고 있다. 이 책이 계속 인기 있다는 것은 많은 이들이 무책임한 사람들, 교묘하게 상대방을 조종하는 사람들, 지배적인 인간관계, 감정적인 불화, 직장에서의 갈등 등과 같은 일로 여전히 어려움을 겪고 있음을 반증한다.

   이 책이 발간되었을 때, 많은 부모들이 세미나와 상담실, 라디오 방송을 통해 바운더리를 어떻게 자녀에게 적용해야 하는지 상담해 왔다. 그들은 아이를 사랑과 책임감 있는 사람으로 키우고 싶어했다. 어떤 부모는 이미 바운더리가 심하게 무너진 아이를 어떻게 효과적으로 도울 수 있는지 물었다. 바운더리 문제가 생길 것을 대비하고, 아이의 내면에 건전한 바운더리가 형성되게 하려면 어떻게 해야 하는지 묻는 이들도 있었다.

   그런 사람들을 위해 이 책을 썼다. 자녀를 키우는 특별한 시기에 꼭 필요한 바운더리 법칙을 제시해 줄 것이다.

누가 이 책을 읽어야 하는가?

유아기부터 십대까지의 자녀를 둔 부모라면 반드시 이 책을 읽어야 한다. 부모가 아니더라도 부모처럼 사랑하며 아이에게 영향을 주는 이들에게 이 책은 꼭 필요하다. 다음과 같은 이들에게 이 책은 구체적으로 도움이 될 것이다.

- 교사
- 할아버지, 할머니
- 이웃에 아이들이 사는 사람
- 어린이집이나 그 밖의 기관에서 아이들을 돌보는 사람
- 교회의 청소년 지도자
- 그 밖의 영역에서 십대와 마주치는 모든 사람들

부모는 아니지만 직·간접적으로 아이에게 책임과 정직을 가르칠 수 있는 위치에 있다면, 이 책은 바운더리 법칙을 실제로 적용할 수 있는 지침이 되어 줄 것이다.

왜 반드시 이 책을 읽어야 하는가?

이 책에서 말하고 있는 것처럼 지금 당장은 도움이 필요한 위기 상황이 아닐지도 모른다. 그러나 여기에 나오는 법칙들을 모든 상황에 적용

할 수 있다. 아이가 집이나 학교, 인간관계에서 나이에 맞게 잘 성장하고 있다면, 이 책은 아이가 성숙한 어른이 될 때까지 지나는 모든 단계들을 지켜 줄 것이다.

문제를 일으키는 자녀 때문에 부모 노릇에 회의가 들 만큼 고통을 겪고 있는 부모라면 이 책이 많은 도움이 될 것이다. 세상의 모든 부모들이 자녀 문제로 힘들어한다. 그 가운데 상당수가 책임 의식과 자제력 문제에 시달리고 있다.

이 책에서 우리는 다음과 같은 문제를 해결해 나가는 구체적인 방법을 제시하고자 한다.

- 충동적인 아이
- 부모의 말을 우습게 여기는 아이
- 권위에 반항하는 아이
- 징징거리는 아이
- 꾸물거리는 아이
- 맡은 일을 끝내지 못하는 아이
- 공격적인 아이
- 학교에서 문제를 일으키는 아이
- 친구들과 싸우는 아이
- 성에 관한 문제가 있는 아이
- 각종 중독 문제가 있는 아이
- 학교 폭력에 연루된 아이

이런 문제들을 해결해 가는 과정에서 우리는 '문제'보다는 '원리'에 초점을 맞췄다. 원리 중심으로 접근해야 아이가 자기 인생에 책임감을 갖는 데 유용한 주요 개념들을 폭넓게 파악할 수 있기 때문이다. 이런 개념들은 성경에 나오는 책임감과 청지기 의식, 자제력에 관한 하나님의 가르침에서 가져왔다.

특히 이 책에서 소개하는 '아이에게 필요한 10가지 바운더리 법칙'은 독자들이 책을 읽으면서 자기 인생을 스스로 책임지겠다는 결심을 할 수 있도록 기획했다. 각 장에서 법칙들을 일관성 있게 다루며 자녀양육에 실제로 적용할 수 있도록 구성했다.

이 책을 유아기, 유년기, 아동기, 청소년기 등 연령에 맞춰 쓰지는 않았다. 바운더리 법칙은 모든 발달 과정의 아이들에게 보편적으로 적용할 수 있는 원리이므로 이와 같은 집필 방식이 더욱 효과적이라고 믿는다. 자녀의 나이와 성숙도에 따라 바운더리 법칙을 적절하게 맞춰 가면 된다. 저마다의 상황에 맞게 법칙을 응용해 적용할 수 있도록 가능한 한 많은 사례를 실었다.

이 책에서 우리는 부모로서 "아이를 어떻게 교육할 것인가"보다 "아이와 함께 어떻게 행동할 것인가"에 중점을 두었다. 바운더리 법칙은 많은 경험 속에서 배워야 한다. 특히 자신이 한 행동의 결과를 받아들이는 것, 자기 인생에 주인 의식을 갖는 것, 다른 사람의 바운더리를 존중하는 것 등을 실생활 속에서 배울 수 있다.

이것은 성경에 나오는 바 믿음이 성장하는 과정과 비슷한 점이 많다. "무릇 징계가 당시에는 즐거워 보이지 않고 슬퍼 보이나 후에 그로 말미암아 연단 받은 자들은 의와 평강의 열매를 맺느니라"(히 12:11).

부모가 먼저 아이에게 책임감을 요구할 때, 아이도 비로소 책임감의 가치를 배우게 될 것이다. 책임감을 가르치는 과정은 부모로부터 시작된다고 해도 과언이 아니다.

이 책의 개요

이 책은 세 부분으로 나뉘어 있다. 1부 '아이에게 바운더리가 필요한가?'에서는 아이가 스스로 책임감을 갖는 것이 얼마나 중요한가에 대해 살펴본다. 바운더리가 있는 성숙한 자녀란 어떤 아이이며, 바운더리가 있는 부모는 어떻게 행동하고 아이와 관계를 맺는지 보여 준다.

2부에서는 '아이에게 필요한 10가지 바운더리 법칙'을 다룬다. 단순히 아이에게 바운더리를 가르치는 게 아니라, 아이로 하여금 자기 인생은 부모의 문제가 아니라 자신의 문제임을 깨닫도록 돕는다. 그것을 깨달은 아이는 결과적으로 바운더리를 형성해 간다는 사실을 배우게 될 것이다.

3부에서는 '지금 아이에게 바운더리를 세우라'는 주제로 자녀에게 명확하고 실제적인 바운더리를 심어 줄 수 있는 6단계를 소개하면서 결론을 맺는다.

어떻게 해서든 책임을 회피하려는 아이를 가르치다가 너무 힘들어 낙심한 상태라면 이 책을 통해 위로받기를 바란다. 하나님도 부모로서 우리가 경험한 것과 같은 고통을 겪으셨다. 그분은 자녀를 옳은 길로 인도하려는 부모의 마음을 이해하시고 기꺼이 도우며 인도해 주실 것이다. "무릇 의인들의 길은 여호와께서 인정하시나"(시 1:6)라고 성경은 말한다. 아이를 성숙한 인간으로 성장시키기 위해 계속 노력하면서 하나님께 도움과 지혜와 방법을 간구하라.

이 책을 펼친 당신을 진심으로 환영한다! 부모가 자녀에게 "예"와

"아니요"를 분별해서 말하는 능력을 기르고, 자기 삶을 스스로 통제할 줄 아는 어른으로 자라 가는 일과 관련해 이 책에서 많은 정보와 도움과 소망을 얻기를 기도한다.

1부

아이에게 바운더리가 필요한가?

1.

현재의 모습이 바로 미래의 모습이다

그저 그런 날이었다. 단 한 가지만 빼면 말이다. 내 친구가 부모로서 그동안 갖고 있던 태도를 완전히 바꿨다는 사실 말고는 아주 평범한 날이었다.

내(헨리)가 친구 앨리슨 집에 방문하여 함께 저녁 식사를 마쳤을 때, 앨리슨이 할 일이 있다며 식탁에서 일어났다. 계속 이야기를 나누던 앨리스의 남편마저 전화를 받으러 밖에 나가서 나는 혹시 도울 일이 있을까 해서 앨리슨을 찾았다.

앨리슨의 열네 살 난 아들 캐머론의 방에서 기척이 있어 나는 그 방으로 무심코 들어갔다. 방은 완전히 난장판이었다. 앨리슨은 팔을 걷어붙이고 정신없이 널려 있는 캐머론의 옷가지와 운동 기구들을 치우며 침대를 정리하고 있었다. 분주히 움직이면서도 그녀는 아무렇지 않다는 듯이 이야기를 시작했다.

"우리 가족이 여행하면서 찍은 사진을 꼭 보여 주고 싶어요. 정말 멋있었거든요."

"그런데 앨리슨, 지금 뭐하고 있어요?"

"보다시피 아들의 방을 치우고 있어요. 아니면 지금 뭘하고 있는 것 같아요?" 앨리슨은 웃으면서 말했다.

"뭘하고 있는 것 같냐고요?"

"네, 그런데 왜 그렇게 쳐다보세요?"

"난… 그냥 장차 캐머론의 아내가 될 사람이 정말 안 됐다는 생각이 들어서요."

순간 앨리슨은 얼어붙은 듯이 서 있다가 서둘러 방에서 나갔다. 그녀는 거실에서 꼼짝하지 않고 서 있었다. 나 역시 뭐라고 말해야 할지 몰라 잠자코 있었다. 몇 분 뒤 앨리슨이 나를 쳐다보며 말했다. "나는 그런 식으로는 한 번도 생각해 보지 않았어요."

우리들 대부분이 그렇다. 부모들은 자녀의 미래를 생각하기보다는 당장 눈앞의 문제를 해결하는 데 신경을 쓴다. 스키 캠프에 어린 자녀를 보낼까 말까를 고민하며 한나절을 보내지 않은 것만 해도 다행이라고 생각하면서 말이다. 그러나 부모는 자녀를 키울 때 항상 미래를 생각해야 한다. 부모의 목적은 한 가지, 아이를 책임질 줄 아는 사람으로 키우는 것이다.

부모는 일상의 문제에 부딪히면서 자연스럽게 아이와 상호 작용을 한다. 예를 들어 앨리슨은 천성적으로 남을 잘 돕는 사람이다. 그래서 기쁜 마음으로 아들을 도왔을 것이다. 그러나 어떤 부모들은 이 문제에 다른 태도를 보인다. 다른 사람의 일에 관여하기 싫어하는 부모라면 아들의 방이 아무리 지저분해도 내버려뒀을 것이다. 엄격한 부모라면 매일 해야 하는 침대 정리를 소홀히 한 아이에게 벌을 주었을 것이다.

아이를 키우는 일에 부모는 어떤 형태로든 관여하게 되어 있다. 그때마다 도와야 할 때, 내버려둬야 할 때, 엄격하게 대할 때가 있다. 중요한 것은 부모가 어떤 목적으로 그 일을 하는가다. 생각지 못했던 자신의 천성이나 어린 시절의 영향으로 그렇게 하는 것인지, 귀찮은 순간을 모면하거나 어떤 불안감에서 그렇게 하는 것인지 살펴봐야 한다.

또 반드시 기억할 것이 있다. 아이를 키울 때 지금 닥친 현재보다 미래를 더 많이 생각하면서 행동해야 한다는 것이다. 우리는 지금 아이의 앞날을 준비하고 있다. "성격이 그 사람의 운명을 만든다"는 말을 마음에 새기라.

성격은 사람이 인생을 살아가는 방식에 큰 영향을 미친다. '사랑'과 '일'을 잘해 낼 수 있는 능력은 내면의 성품에 달려 있다. 자신의 잘못된 행동마저 이런저런 이유를 대며 변명하는 시대여서 그런지, 사람들은 왜 자기 인생이 제대로 풀리지 않는지 몰라서 방황한다. 우리가 겪는 대부분의 문제는 자기 성격의 결함에 기인한다.

내적인 힘이 있으면 어려운 일이 닥쳐도 이겨 내고 성공할 수 있다. 반면에 내적인 힘이 없으면 곤경에 빠지고 실패한다. 인간관계에서는 다른 사람을 용서하고 이해하는 힘이 필요하다. 그런데 성격상 그런 능력이 결여되어 있다면 관계가 어려워질 수밖에 없다. 당장의 만족을 미루고 참을성 있게 견뎌야 하는 어려운 일을 만났을 때, 그럴 능력이 없다면 실패할 것이다. 성격은 "모든 것을 결정짓는다"고 할 만큼 중요하다.

여기에서 말하는 '성격'이란 사람에 따라 다양한 의미로 해석된다. 이 단어는 개인의 도덕적이고 윤리적인 성실함과 고결한 성품이라는 뜻으로 쓰이기도 하지만, 이 책에서 우리는 '그가 어떤 사람인가 하는 전체적인 성질'이라는 의미로 쓰고 있다.

사람의 성격은 능력과 무능력, 도덕성, 인간관계, 일의 성취 형태 등을 결정한다. 특별한 상황에 처했을 때 어떤 행동을 하는지, 어떤 일을 요구받았을 때 어떻게 대처하는지, 사랑할 수 있는지, 책임감이 있는지, 다른 사람의 입장을 배려할 줄 아는지, 자신의 재능을 발전시킬 수 있는지, 실패를 감당할 수 있는지, 어떤 식으로 하나님의 형상을 드러내는지 등이 성격을 규정한다.

성격이 미래를 결정한다면, 아이를 키울 때 무엇보다 아이가 자신의 인생을 안전하고 확실하고 생산적이며 기쁘게 살아갈 수 있는 좋은 성격을 갖는 데 중점을 둬야 한다. 부모를 비롯해 아이와 함께 지내는 사람은 이 사실을 항상 명심해야 한다. 자녀 양육의 가장 중요한 목적은 아이가 미래를 잘 만들어 갈 수 있는 성격을 갖도록 옆에서 돕는 것이다.

아들의 미래에 닥칠 현실을 깨달으면서 앨리슨은 비로소 그동안의 양육 태도를 바꿀 수 있었다. 그녀는 아들을 돕는 것이 정말로 좋았다. 그러나 그것은 여러 면에서 실제로 아들을 '돕는' 게 아니었다. 엄마의 시중에 익숙해진 캐머론은 자기도 모르게 다른 사람의 도움을 당연하게 생각했다. 그럴 자격이 충분하다는 특권 의식을 갖게 된 것이다. 이런 생각은 학교나 교회에서의 인간관계에도 영향을 미친다. 앨리슨은 캐머론이 아무리 방을 어질러도 기쁜 마음으로 방을 치웠다. 그것은 그녀에게 사랑의 표현이었다. 아들이 하지 않은 다른 일들 역시 그녀에게는 아들에 대한 사랑을 표현할 수 있는 또 다른 기회였을 뿐이다.

앨리슨은 엄마일 뿐만 아니라 한 여성이며 아내였다. 캐머론이 장차 가정을 갖거나 직장에서 책임 있는 자리에 올랐을 때를 생각해 보니 비로소 그녀는 걱정이 되었다.

엄마에게는 아무렇지 않은 일이 다른 사람들에게는 큰 고통이 될 것이었다. 앨리슨은 그 순간 '성격이 운명을 만든다'는 사실을 깨달았다. 이제 그녀는 아들이 책임감을 키우고, 자신의 행동이 다른 사람들에게 어떤 영향을 미치는지 생각할 수 있도록 행동하기로 마음을 바꿨다.

이것이 바로 '현재의 모습이 바로 미래의 모습'이라고 한 이유다. 부모라면 자녀가 건강한 미래를 만들어 가도록 도와야 한다. 아이의 기본(성격)은 어린 시절에 형성되며, 훗날에는 만들어진 성격대로 살아가게 된다. 성격은 언제나 관계를 통해 형성된다. 우리는 부모의 역할이 자녀의 성격 형성에 미치는 영향이 얼마나 큰지 강조할 뿐이다. "마땅히 행할 길을 아이에게 가르치라 그리하면 늙어도 그것을 떠나지 아니하리라"(잠 22:6).

예방의 필요성

1992년에 우리는 사람들이 자기 인생을 잘 관리할 수 있도록 돕는 바운더리에 대한 책 『No라고 말할 줄 아는 그리스도인』을 썼다. 그 책에서 바운더리의 결여로 인해 파괴된 성격을 어떻게 바로잡을 수 있는지에 대해 이야기했다. 그후로 우리는 여러 강연은 물론, 라디오와 텔레비전을 통해 수많은 사람들에게 자기 삶에 바운더리를 세워야 한다고 강조했다. 바운더리를 세운 후 사랑할 능력이 생겼고 더 나은 삶을 살게 되었다고 고백해 온 사람이 수천 명이 넘는다. 그들 중 많은 이들이 그런 일을 처음 경험했다고 고백했다. 사람들의 성장과 변화를 목격하는 것보다 더 짜릿한 일도 없다.

우리 자신의 경험과, 책을 읽은 독자들, 그리고 강연을 들은 청중들의 경험에서 우리는 한 가지 확실한 사실을 알게 되었다. 이미 바운더리 문제가 있는 어른이 이 문제를 성숙한 어른답게 해결하고 발전시킬 수 없다는 것이다. 그들은 어린 시절부터 삶에 대한 태도가 그렇게 형성되었고, 어른이 되어서도 위태로운 '제멋대로'의 삶을 계속해 왔다. 그들은 어린 시절부터 다음과 같은 바운더리 문제를 안고 있었다.

- 자신에게 해를 입히는 사람에게 "안 돼요"라고 말하지 못하거나, 다른 사람들에게 고통받을 때 "더 이상 그러지 마세요"라고 한계를 설정하지 못함
- 파괴적인 충동에 대해 "안 돼" 하며 스스로를 억제하지 못함
- 다른 사람들에게 "안 돼"라는 말을 듣거나, 그들의 경계선을 존중해 달라는 말을 들어 보지 못함
- 만족을 미루고 목표와 과제를 성취하는 능력이 부족함
- 무책임하거나 유해한 사람들에게 끌리고, 그들을 바로잡아 주려고 함
- 다른 사람의 삶도 책임지려 함
- 다른 사람에게 쉽게 속거나 조종당함
- 다른 사람과 친해지거나 친밀한 관계를 유지하지 못함
- 가까운 사람들에게 정직하지 못함
- 다른 사람들과 부대끼며 갈등을 생산적으로 해결하는 능력이 부족함
- 절제하며 목적 있는 삶을 살지 못하고 피해 의식을 갖고 살아감
- 중독과 충동에 빠짐

• 무질서하고 계획을 실천하지 못함

우리는 이에 대한 예방책을 생각하면서 수년 동안 바운더리 문제가 있는 어른들을 도왔다. 그러나 어른들의 훼손된 바운더리를 고치는 것보다 이런 문제를 미연에 방지하기 위해 아이들을 교육하는 것이 더 효과적임을 깨달았다. 그 결과 아이에게도 바운더리가 필요하다고 이야기하는 이 책을 쓰게 되었다.

우리가 만난 문제 있는 부모들은 대부분 '착한' 사람들이었다. 하지만 자녀에게 어떻게 바운더리를 세울지 몰라서 아이가 스스로 해결해야 하는 문제를 부모의 바운더리 안으로 번번이 옮겨 왔다. 그들이 자녀에게 바운더리를 세우는 좋은 방법을 알려 줬다면, 아이는 장차 겪게 될 많은 고통을 예방할 수 있었을 것이다. 이 책을 읽는 부모들은 아이의 내면에 좋은 성격이 형성되도록 자녀 양육을 잘하여 그들이 어른이 되어 겪을 어려움을 예방할 수 있기를 바란다.

바운더리 문제로 직접 고통을 겪어 본 많은 부모들이 아이를 위한 바운더리 책을 더욱 간절히 요구했다. 자녀가 자신이 경험한 아픔을 이어받기를 원하지 않기 때문이다. 아이들은 아직 실직이나 이혼 문제를 겪을 일이 없기에 그런 부담이 있는 어른들보다 나쁜 습관을 고치기에 더욱 유리하다. 그런 부모들은 바운더리가 모든 관계의 열쇠임을 알고 있으며, 어떻게 해야 아이와 함께 바운더리 법칙을 지키며 살아갈 수 있는지 알고 싶어 했다. 그들의 질문은 크게 세 가지로 나뉜다.

• 아이에게 어떻게 바운더리를 가르쳐야 할까요?
• 부모에게도 바운더리가 있음을 어떻게 아이에게 강조할 수 있을까요?

• 내가 겪은 바운더리 문제를 아이는 겪지 않게 하려면 어떻게 해야 할까요?

우리는 위의 질문에 답변하는 가운데 하나님이 우리에게 누리라고 주신 성품, 정말 좋은 삶으로 우리를 인도해 줄 성품을 아이가 길러 갈 수 있도록 돕고자 한다.

바운더리는 타고나지 않는다

바운더리는 한 사람을 특징짓는 '고유의 경계'로서 한 사람의 영역이 끝나는 곳과 다른 사람의 영역이 시작되는 곳을 구별하는 경계선이다. 바운더리가 어디에 있는지 안다면, 마땅히 해야 하고 스스로 관리해야 할 일이 무엇인지도 알게 된다. 따라서 그에 합당한 감정과 행동과 태도에 대한 책임을 요구할 수 있다.

예를 들어 서로 책임을 회피하면서 '누구의 잘못인지' 논쟁하는 두 사람 사이의 문제도 구별할 수 있다. 어떤 사람과 관계를 맺을 때, 각자 할 일이 무엇인지 정한 다음 맡은 부분에 책임을 다할 것을 서로에게 요구할 수 있다. 각자 맡은 부분에 주인 의식을 가질 때 인간관계가 잘 유지되며, 우리는 모두 자신의 목적을 이룰 수 있다.

아이라고 해서 다르지 않다. 아이도 자신이 시작할 곳이 어디이고, 책임져야 할 몫이 무엇이며, 어떤 것은 책임지지 않아도 되는지를 알아야 한다. 세상이 그의 삶과 인격에 책임질 것을 요구한다는 것을 알게 될 때, 아이는 그에 맞게 생활하는 법을 배우고 보다 더 나은 인생을 살게 될 것이다.

그러나 나의 바운더리(내가 책임지는 것)와 다른 사람의 바운더리(다른 사람이 책임지는 것)를 구별하지 않고 혼란스러운 관계 속에서 성장한다면, 아이는 인생을 잘 살아갈 수 있게 방향을 잡아 주는 자제력을 기를 수 없다. 아이는 혼란스러운 바운더리를 가진 채 성장할 것이고, 이것은 아이를 행복한 삶과는 정반대되는 길, 즉 다른 사람을 지배하려 들고 스스로를 통제할 수 없는 삶으로 이끌 것이다. 더 정확히 말하자면, 스스로를 통제할 수 없을 뿐만 아니라 주변의 모든 사람들을 지배하려 드는 악동이 되는 것이다. 그런 아이는 엄마와 아빠의 요구를 받아들여 자신을 바꾸기는커녕 엄마와 아빠의 요구를 바꾸려 들 것이다!

부모 노릇이 왜 어려운지 아는가? 아이들은 바운더리를 갖고 태어나지 않는다. 바운더리는 아이가 자라는 가운데 외부와의 관계 속에서, 그리고 훈련을 통해 내면화된다. 아이는 자신이 누구이며 자신에게 주어진 책임이 무엇인지 배워야 한다. 그러자면 부모가 부모와 자녀 사이의 바운더리를 명확히 하고, 아이 역시 자신의 바운더리를 익혀 가도록 도와줘야 한다.

바운더리가 명확한 아이는 다음과 같은 바람직한 성품을 갖게 될 것이다.

- 자신이 누구인지를 분별할 수 있다.
- 맡은 일에 책임감이 있다.
- 지혜롭게 선택할 수 있다.
- 바른 선택을 하면 좋은 일이 생기지만, 잘못된 선택을 하면 그에 따른 고통을 견뎌야 한다는 것을 안다.
- 자유에 근거한 진실한 사랑을 할 가능성이 높다.

바운더리의 핵심은 자제력, 책임감, 자유, 그리고 사랑이다. 이런 것들은 영적인 삶의 근본이기도 하다. 하나님을 사랑하고 그분에게 순종한다면 이보다 더 훌륭한 양육법은 없다. 문제는 어떻게 아이를 그렇게 키우는가다.

부모의 세 가지 역할

부모는 매우 상이한 여러 역할을 한다. 어떤 사람은 부모를 코치로, 어떤 사람은 경찰관으로, 어떤 사람은 친구로, 어떤 사람은 하나님으로 생각한다. 부분적으로는 이 모든 역할들에 나름대로 진실이 담겨 있다.
부모나 아이를 돌보는 사람은 다음 세 가지 중요한 기능을 담당한다.

- 후견인
- 관리자
- 공급자

후견인으로서의 부모 역할

후견인은 아이를 법적으로 책임지고 보호하고 지키는 사람이다. 왜 부모는 아이를 지키고 보호해야 하는가?
성경은 아이들이 정한 때까지 "후견인과 청지기 아래에 있[어야]"(갈 4:2) 한다고 말한다. 아이들은 자신의 생명을 보호하고 지킬 지혜를 갖고 있지 않다. 아이들은 그릇된 것과 올바른 것, 안전한 것과 위험한 것, 좋은 것과 더 좋은 것, 죽음과 생명을 분별하지 못한다. 당장 눈에 보이는 만족만을 생각하며 행동이 초래할 결과에 대해서는 생각지 않는다.

그래서 모험을 하면서 자신의 한계를 발견해 간다. 지혜는 경험에서 나오는데 아이들은 그 귀중한 경험을 할 수 있는 기회가 매우 부족하다.

후견인은 아이가 지혜를 배우고 얻을 수 있도록 안전한 환경을 제공해야 한다. 경험할 자유가 너무 적으면 아이는 영원히 아이로 남는다. 반면에 너무 많은 자유가 주어지면 자신에게 상처를 입히는 위험에 처한다. 자유와 제한 사이의 균형을 맞추는 것이 자녀 양육에서 가장 중요한 과제다. 부모는 아이를 위험으로부터 지키고, 해로운 것으로부터 보호하며, 그들의 생명을 유지시켜 줘야 한다.

이와 같이 적당한 바운더리와 제한을 두는 후견인의 역할은 다음과 같은 위험에서 아이들을 지킨다.

- 아이들 자신 안에 있는 위험
- 바깥 세상에 있는 위험
- 아직 감당할 준비가 안 된 자유
- 결코 하면 안 되는 행위. 악한 행동과 태도(상해, 마약 등)
- 어른으로 성장하지 않고 언제까지나 의존하려는 퇴화적 경향

후견인으로서의 부모 역할은 아이를 안전하고 건강하며 계속 성장할 수 있게 지켜 주는 것이다. 이런 기능을 완수하기 위해 부모는 바운더리의 법칙을 더욱 자주 적용해야 한다. 즉 아이를 보호하기 위해 자유를 제한하고 바운더리를 강조해야 한다. 이런 과정을 통해 아이는 제한들을 지혜로 내면화해 서서히 자신을 돌볼 수 있는 능력을 갖춰 간다.

관리자로서의 부모 역할

관리자로서의 부모 역할은 아이가 확실하게 목표를 달성하고 다른 사람의 요구와 기대에 직면하게 하는 것이다. 아이들은 스스로를 단련하는 능력을 타고 나지 않기에 '다른 사람에게 훈련'을 받아야 한다. 관리자는 아이가 자신을 향한 기대에 부응해 주어진 일을 완수할 수 있도록 아이를 훈련시켜야 한다. 그것은 아이의 성장 발달에 매우 중요하다.

관리자는 적절한 방법을 통해 가르치고, 결론을 강조하고, 바로잡고, 벌을 주고, 명령을 내리며, 일을 잘 해결할 수 있는 기술을 제공함으로써 이런 훈련을 시켜야 한다. 아이가 목표를 달성하기 위해 매일매일 어려운 일들을 잘 해내는지 감독해야 한다.

앨리슨은 아들 캐머론이 스스로 해야 할 일들을 회피하지 않도록 관리자 역할을 해야겠다고 결심했다. 물론 캐머론이 이 새로운 계획에 즉시 찬성한 것은 아니다! 앨리슨은 아들이 엄마보다는 다른 사람들과 좋은 관계를 맺기를 바랐다. 그래서 아들이 이 훈련을 잘 해낼 때까지 몇 가지 목표를 세우고, 그에 따른 적절한 방법을 사용하며 결과를 관리했다.

간단히 말해 앨리슨은 아들의 미성숙함을 고쳐 가야 했다. 먼저, 아들이 직접 해야 할 일들과 집안일이 적힌 일정표를 만들어 주었다. 맡은 일을 하지 않은 경우에 반드시 징계하겠다고도 말했다. 캐머론은 이제 많은 특권을 잃게 되었고, 게으름에는 반드시 대가가 따른다는 사실을 배우게 되었다.

부모가 관리자 역할을 할 때 바운더리는 아주 중요한 몫을 감당한다. 아이에게 제한을 설정하고 주인 의식(자기 문제를 자기 것으로 깨달음)과 책임감(자기 문제를 직접 처리함)을 요구할 때, 명확한 바운더리의 이해는 필수다. 이 문제는 뒤에 가서 좀 더 다루겠다.

공급자로서의 부모 역할

아이들은 아무 대책 없이 세상에 태어난다. 먹을 것이 어디에 있는지, 안전한 곳이 어디인지, 생필품을 어떻게 구해야 하는지 모른다. 마찬가지로 정신적인 욕구를 어떻게 채워야 하는지도 모른다. 그들이 원하는 사랑과 정신적 성장, 지혜, 지지, 지식은 모두 그들의 손이 닿을 수 없는 곳에 있다.

　부모는 아이에게 모든 좋은 것을 제공하는 공급자다. 부모는 아이가 생명을 유지할 수 있도록 바깥 세상의 공급원 역할을 하는 다리와 같다. 부모 자녀 사이에 서로 주고받는 일을 할 때 바운더리는 매우 중요한 역할을 한다. 아이는 자신에게 주어진 것을 어떻게 받아들이고 책임감 있게 사용해야 하는지 배워야 한다. 점차 자신에게 주어지는 요구들을 감당하는 법도 배워야 한다. 처음에는 부모가 모든 것을 공급해 주지만, 점차 아이가 원하는 것을 스스로 얻도록 아이에게 독립심을 심어 줘야 한다.

　아이에게 공급자 역할을 한다는 것은 행복한 은총이지만 어려움이기도 하다. 부모가 바운더리 없이 무한정 아이에게 베풀기만 한다면, 아이는 그렇게 받는 것을 당연한 권리로 생각하고 자기 중심적이며 요구만 하는 사람으로 자라게 된다. 결국 은혜를 모르는 아이로 자란다. 한편 부모가 너무 엄격한 바운더리를 적용할 경우, 아이는 목표 달성의 기쁨을 맛보지 못하고 목표에 다가가려는 희망조차 포기하기가 쉽다.

　앞으로 자녀 양육 시 바운더리 설정이 어떻게 부모로 하여금 지혜로운 공급자 역할을 하도록 돕는지, 그 과정에서 얼마나 중요한 역할을 하는지 살펴볼 것이다.

책임감을 배우는 데 필요한 것들

캐머론은 자기 방을 깨끗이 치우는 책임에 대해 배우기 시작했지만 여전히 몇 가지가 부족했다.

- 그는 자기 방이 깨끗해야 할 필요를 느끼지 못했다. 그 필요는 엄마만 느꼈다.
- 그는 자기 방을 깨끗하게 치울 동기가 없었다. 그 동기 역시 엄마에게만 있었다.
- 그는 스스로 자기 방을 치울 시간을 내거나 계획을 세우지 않았다. 그 계획은 엄마가 세웠다.
- 그는 일을 체계적으로 해낼 기술이 없었다. 그 기술 역시 엄마에게만 있었다.

이런 상황에서 어떻게 캐머론이 책임감을 배울 수 있겠는가? 그러나 이런 가치관이 캐머론의 외부에서 내면으로 서서히 움직이기 시작했다. 말하자면 이 일에 대한 가치관이 엄마의 내면에만 있었지 정작 본인인 캐머론에게는 없었는데 바운더리를 설정하면서 전환이 일어났다. 엄마는 점점 캐머론의 방을 깨끗이 치울 필요와 동기를 느끼지 못하게 되었고, 방을 치울 시간도 내지 않았으며, 기술을 사용할 필요도 없었다. 대신 캐머론이 이 모든 것을 하게 되었다.

이와 같이 바운더리는 아이의 외부에 있었던 가치관을 내면화하는 과정을 보다 쉽게 만들어 준다. 마침내 아이의 내부에 정착된 바운더리는 이렇게 완성된다. "언제 이렇게 좋은 습관이 몸에 배었는지 모르겠네!"

우리는 이 책에서 아이가 타고나지 않았던 성품을 내면화하는 과정에 대해서도 들려 줄 예정이다. 부모가 아이에게 명확하고 유익한 바운더리를 부여하려는 자세를 가질 때, 아이는 보다 더 적극적인 자세로 하나님과 다른 사람들 앞에서 사랑스럽고 책임감 있고 올바르며 성공적으로 살아갈 수 있게 해주는 동기와 욕구, 기술, 계획을 가지려 하게 된다. 이제 성격이 모든 것을 결정한다는 말이 무슨 뜻인지 알겠는가?

다음 장에서는 부모가 아이에게 심어 주고 싶은 바람직한 성격이 무엇인지 자세히 살펴보겠다.

2.

성격이 아이를 좌우한다

캐머론의 결혼을 눈앞에 그려 보았을 때, 앨리슨은 아들에게 심어 줘야 할 중요한 성품이 '책임감'임을 깨달았다. 당장의 일을 해결하기보다는 오랜 시간을 두고 아들의 성품을 제대로 만들어야겠다는 생각이 들었다. 그녀는 아들이 어떤 성품을 가진 사람이 되기를 바라는가?

물론 부모는 자녀가 책임감 있는 사람으로 자라기를 원한다. 그러나 자신이 원하는 성품을 가진 아이가 어떤 모습인지는 자세히 알지 못한다. 자녀와 관련된 일을 다룰 때, 부모는 먼 훗날을 내다보기보다는 눈앞의 일 또는 바로 다음 일만 생각할 때가 많다.

그러나 부모가 바라는 아이의 모습을 미리 볼 수만 있다면 아이에게 닥친 몇 가지 문제는 잘 해결할 수 있다. 아들이 오늘까지 마쳐야 하는 숙제는 지금 그것을 하느냐 못 하느냐의 문제로 끝나지 않는다. 그것은 아이가 훗날 어른이 되어 결혼과 직업에서 성공할 것인가 실패할 것인가 하는 문제와 연결된다. 이런 깨달음이 매우 중요하다. 그래서 우리는 함께 '당신의 자녀, 20년 후'라는 짧은 여행을 떠나고자 한다. 이 장에서는 우리가 생각하는 책임감 있는 어른에게 꼭 필요한 특징과 그 안에서 기능하는 바운더리의 역할에 대해 살펴보겠다.

사랑

사도 바울은 믿음, 소망, 사랑 세 가지 덕목 중에 "제일은 사랑이라"(고전 13:13)고 말했다. 대부분의 부모들도 자녀를 사랑스러운 사람으로 키우고 싶어한다.

사랑받는 사람들은 세상이 자기 중심으로 돌지 않는다는 사실을 잘 안다. 그래서 자신의 행동이 주위에 어떤 영향을 줄지 미리 생각한다. 심리학 용어로 그들은 주위의 모든 사람과 사물이 자신의 요구와 욕구를 채우기 위해 존재한다고 생각하는 '에고센트릭'(egocentic)이 아니다.

그런데 유감스럽게도 사랑이 가장 넘치는 부모들이 종종 아이를 자기 중심적인 사람으로 키운다. 왜 그런가? 이런 말을 들어 봤을 것이다. "수잔이 어떤 사람인지 아세요? 그 여자는 자기밖에 몰라요." 그런데 수잔 같은 사람이 좋은 집안 출신일 때가 많다. 단지 수잔의 부모가 딸에게 다른 사람의 감정을 존중해야 한다는 바운더리를 설정하지 않은 것이다. 바운더리가 부족한 사람은 수잔처럼 자기 중심적인 사람이 된다. 부족한 바운더리가 수잔의 사랑하는 능력에 영향을 미쳤기 때문이다. 바운더리 없이 자란 아이들은 커서 충동성, 중독, 무책임 등의 문제를 일으키는 어른이 되기 쉬우며, 그런 사람은 결국 사랑받지 못한다.

조지는 낙심한 채 내(헨리) 진료실에 앉아 있었다. 그가 또 실직을 하면서 사랑하는 아내 자넷이 그의 곁을 떠나 버렸기 때문이다. 조지는 재능이 많고 겉으로는 성공한 삶의 조건을 모두 갖춘 것처럼 보였다. 그러나 그는 무책임하게 행동했으며 맡은 일을 끝까지 해내지 못해 몇 번이나 실직을 했다. 상관들은 그의 재능은 인정했지만 그가 해 놓은 일은 마음에 들어하지 않았다. 그의 실패로 가정이 무너질 위기를 몇 번이나 겪게 되면서 자넷은 더 이상 참지 못하고 그의 곁을 떠났다.

"나는 정말 아내를 사랑해요. 그런데 아내는 그것을 몰라요." 조지는 말했다.

"당신은 분명 아내를 사랑하는 것 같군요. 하지만 부인은 그렇게 생각지 않는 것 같습니다. 부인의 눈에는 당신의 무책임한 행동 때문에 자신과 자녀들이 고통당하는 모습만 보일 것입니다. '남편이 우리를 사랑한다면 어떻게 이럴 수 있나?'라고 생각할 테죠. 누군가를 사랑한다면서 그의 기대에 부응하지 않고 사랑만 한다는 것은 있을 수 없는 일이니까요. 열매 없는 사랑은 현실에서 결국 '사랑이 없음'으로 드러납니다. 당신이 준 고통 때문에 부인은 당신이 가족을 사랑하지 않는다고 느꼈을 것입니다."

이런 상황에서는 설령 조지가 아내를 설득해 돌아오게 해도 그것은 또 한 번의 공허한 약속으로 끝날 것이다. 조지에게 필요한 것은 스스로를 통제하고 책임감 있게 행동하는 능력을 갖게 해주는 바운더리다. 아내는 남편의 사랑한다는 '말'이 아니라 '행동'이 필요하기 때문이다.

조지는 자라면서 사랑의 증거를 보여 달라는 요구를 받은 적이 한 번도 없었다. 그의 부모는 훌륭하고 근면했지만 평생 힘든 일을 하면서 살아 왔기 때문에 아들에게는 고생을 시키고 싶지 않았던 것이다. 그들은 조지를 편하게 생활하게 내버려뒀고 집안일도 거의 시키지 않았다. 어쩌다 도와달라고 부탁하거나 책임을 맡겨도 조지는 제대로 하지 못했다. 그때마다 부모는 조지가 일을 그르친 것에 죄책감을 갖기보다는 잘못해도 기죽지 않는 것을 더 중요하게 생각하며 아무 훈련도 시키지 않았다. 결국 조지는 자신에게 주어진 일을 완수하지 못하면 주변의 사랑하는 사람들에게 어떤 부정적인 영향이 미치는지 알 기회를 전혀 갖지 못했다.

그러나 결혼 생활은 달랐다. 그는 지금 그가 사랑하는 사람인 동시에 그에게 무언가를 요구하는 사람과 관계를 맺고 있으며, 이제 모든 것이 산산조각 났다. 다른 사람의 생활에 실제로 영향을 미치며 진실로 사랑하는 사람이 되기 위해 그는 무엇보다 책임감 있는 사람이 되어야 했다. 사랑이란 결국 행동이다.

사랑받는 사람은 다른 사람의 바운더리를 존중한다. "안 돼"라는 말을 받아들일 줄 모르는 사람을 만나 본 적이 있는가? 그때 어떤 느낌을 받았는가? 대체로 존경이나 사랑의 감정 대신에 조종당하고 교묘하게 이용당한다는 느낌이 들면서 화가 나지 않았는가? 다른 사람을 지배하려는 이들은 경계선을 넘어 다른 사람을 소유하려 든다. 그가 아무리 조심스럽게 말해도 당하는 사람의 입장에서는 불쾌한 일이다.

사랑받는 사람은 자신의 충동을 제어할 줄 안다. 예를 들어 많은 알코올 중독자들이 가족을 사랑한다고 말한다. 그러나 그의 음주로 인해 가족들은 큰 고통을 겪고 자신도 끔찍한 죄책감을 느낀다. 그래도 그들은 여전히 술을 마시고, 조지처럼 가족을 사랑한다고 말하면서도 술을 끊지 못한다. 결국 그가 돌봐야 할 관계들을 파괴한다. 또 다른 충동의 문제들, 예를 들어 과잉 성적 행동, 과소비, 과식, 약물 남용, 분노로 인한 공격 역시 사랑을 파괴하는 것으로 결말을 맺는다. 바운더리가 결여

되어 있으면 이런 행동들이 계속된다.

책임감

성숙한 성격의 또 다른 면은 책임감이다. 조지의 결혼 생활은 그의 무책임한 성격 때문에 깨졌고, 그 결과 그는 재정적으로 손해를 입었다. 뿐만 아니라 극심한 혼란에 빠졌으며 꿈이 물거품이 되는 대가를 치렀다.

그렇다면 우리가 책임감이라고 부르는 이것은 도대체 무엇인가? 많은 것들이 마음속에 떠오를 것이다. 그것은 당연히 해야 하는 의무, 또는 도덕적인 의무, 신뢰성이나 믿음직스러움, 아니면 단순히 '직업이 있음'일 수도 있다. 우리가 말하는 책임감은 이보다 의미가 넓다. 우리는 이 단어를 '주인 의식'이라고 표현한다. 자기 삶에 주인 의식을 갖는다는 것은 궁극적으로 자기 삶을 통제한다는 의미다. 주인 의식이 있는 사람은 자신의 삶을 진실로 소유하고 있으며, 하나님과 다른 사람에게 자신의 삶을 설명해야 한다는 것을 안다. 주인 의식이 있을 때 우리는 자기 삶의 모든 순간들이 정확히 자기 것이며, 오직 자기만이 책임을 져야 하고, 아무도 자신을 대신해 살아 줄 수 없음을 깨닫는다.

우리는 언젠가 지나온 삶에 대해 하나님 앞에서 모두 고백해야 할 때가 있다(고후 5:10). 그때 하나님은 우리에게 주신 재능과 자원, 관계, 시간, 행동 등을 통해 무엇을 했는지 책임을 물으실 것이다. 우리는 삶을 위탁받았다. 위탁받은 삶 속에서 무엇을 했는지에 대한 책임은 오로지 자신이 져야 한다.

『No라고 말할 줄 아는 그리스도인』는 바운더리에 무엇이 포함되고, 어떤 특징이 있으며, 바운더리가 무엇을 보호해 주는지에 대해 쓰고 있다. 자기 인생에 정말 책임을 지는 사람이라면 다음과 같은 것에 주인 의식을 가질 것이다.

- 감정
- 태도
- 선택
- 한계
- 재능
- 생각
- 욕구
- 가치
- 사랑

이런 것에 주인 의식을 갖는다는 것은 진실로 책임감 있는 사람이 된다는 뜻이고, 누구나 그런 사람과 관계를 맺고 싶어한다. 책임감 있는 사람은 이런 식으로 말한다. "제가 느끼는 감정들은 제 문제입니다." "제 태도에 문제가 있습니다."

책임감은 에덴동산 시절부터 내려오는 인류의 문제다. 아담은 선악과를 딴 자신의 선택에 대한 책임을 어떤 식으로 피하려 했는가? 하나님이 아담에게 무슨 일이 일어났는지 물어보셨을 때, 그는 하와에게 책임을 돌렸다. "하나님이 주셔서 나와 함께 있게 하신 여자"(창 3:12) 때문이라며 하와뿐만 아니라 은근히 하나님 탓도 했다. 하나님과 하와가 자신의 잘못된 선택의 원인인 것처럼 말이다! 그리고 하와는 그녀를 속인 뱀을 탓했다.

인간은 이후로 줄곧 '주인 의식 결여'라는 문제와 싸워 왔다. 자기 인생에 주인 의식을 갖지 않는다면 우리는 위와 같은 문제들을 통제할 수 없다.

결혼 생활에 어려움을 겪는 부부와 상담을 한 적이 있다. 나는 부부 각자에게 물었다.

"왜 남편과 헤어지려고 합니까?"

"내게 고함을 지르기 때문이에요." 아내가 대답했다.

"왜 부인에게 고함을 지르죠?" 남편에게 물었다.

"왜냐고요? 자꾸 나와 헤어지자고 하잖아요." 남편의 대답이었다.

나는 부부에게 아주 간단한 질문을 했다.

"두 분은 이 상태로 얼마나 지낼 수 있다고 생각하십니까?"

부부는 모두 자신의 행동을 고칠 수 없다고 말했다. 그들은 둘 사이의 문제가 상대방의 탓이라고 생각했다. 이렇게 서로를 향한 행동에 책임지려 하지 않는 한 이들 부부가 변화될 가능성은 거의 없다. 그들을 보고 있자니 아담과 하와가 생각났다.

자녀를 책임감 있는 사람으로 키우려면 아이에게 자신의 바운더리에 속한 들, 이를테면 감정과 태도와 행동이 다른 사람이 아닌 자신의 문제라는 것을 가르쳐야 한다. "누나 때문에 내가 이렇게 했어"라며 누나를 탓하는 아이는 어른이 되어서도 같은 식으로 말할 것이다. 책임감 있는 어른은 언제 "제 잘못입니다. 제 책임입니다"라고 말해야 하는지 분명히 안다. 그런 깨달음이 있어야 자신을 통제하는 능력이 자랄 희망이 있다.

자유

피해 의식에 싸인 사람을 만나 본 적이 있는가? 그들은 자기 인생에 선택권이 없다고 생각한다. 어쩌다 보니 이렇게 살게 되었고, 무슨 일이 그들 앞에 놓여 있든 자신은 어쩔 도리가 없다고 생각한다.

한 여성이 열심히 일하고 싶은데 동료가 자꾸 자기 방에 들어와 일을 방해한다고 불평했다. 자기가 일을 못하는 것은 동료의 탓이라고 했다.

"일에 방해가 된다면서 왜 그녀와 계속 이야기를 하세요?"

"무슨 뜻이죠?"

"동료가 당신 방에 들어와 일을 방해하는데 왜 수다를 들어 주느냐는 거죠."

"그럼 어떡해요. 안 나가고 계속 이야기하는데."

"할 일이 있다고 간단히 말하거나 사무실 문 밖에 '업무 중. 방해하지 마세요'라고 쓰면 되잖아요."

그녀는 나를 멍하게 쳐다보았다. 자신이 어떤 선택을 하거나 행동을 할 수 있다는 생각을 한 번도 한 적이 없었던 것이다. 그동안 그녀는 자기 의지와 상관없이 일들이 일어나고 자신은 어쩔 도리가 없다고 생각했다. 그 밖의 여러 방법을 제시하자 그녀는 그런 방법도 있었냐며 놀라워했다.

나는 동료에게 문제를 직접 이야기하는 것에서부터 상관에게 전후 사정을 이야기하고 부서 이동을 요청하는 것에 이르기까지 대여섯 가지 방법을 더 알려 주었다. 그것은 그녀에게 완전히 새로운 생각이었다. 그녀는 여태껏 삶이나 인간관계에서 자기에게 선택의 자유가 있다는 것을 전혀 배우지 못했다.

조도 비슷한 경우였다. 회사가 몇 가지 정책을 새롭게 바꿨는데 바뀐 일들은 그가 해결하기 버거운 것이었다. 그 일로 그는 매우 우울해했다.

"그래서 어떡할 겁니까?"

"어떡하다니요? 그게 무슨 뜻이죠?" 조가 다시 물었다.

"그렇게 싫은데 무슨 일을 할 수 있겠냐는 뜻입니다."

그는 잠자코 나를 바라보았다. 이력서를 가지고 다른 회사를 선택할 수 있다는 것과 싫어하는 일을 일주일에 50시간씩 붙들고 있어야 희생자가 되지 않을 수 있음을 그가 깨닫게 되기까지 오랜 시간이 걸렸다.

아이들은 자기 삶에 책임감을 가져야 한다. 뿐만 아니라 자신이 선택한 일에 책임질 수만 있다면 어떤 방식으로도 살 자유가 있음을 아는 건전한 바운더리를 갖고 자라야 한다. 책임감 있는 사람은 무한한 선택의 자유가 있다.

우리는 스스로를 희생자라고 생각하는 사람들이 많은 사회에서 살고 있다. 오늘날 많은 사람들이 마치 자신에게 인생의 선택권이 없으며, 모든 일들이 마땅히 자기를 위해 이루어져야 하는 것처럼 행동한다. 그렇지 않으면 스스로 어떤 일을 하거나 변화시킬 힘이 없다고 생각한다. 다음의 제안은 미래의 자녀에게 아주 좋은 기회를 제공해 줄 것이다. 즉 자녀를 자기 삶을 통제할 수 있는 아이로 키운다면, 아이는 다른 사람들보다 앞서갈 것이고 성공은 보장된 것이나 다름없다! 누구보다 빨리 성공적인 삶을 향해 출발하는 것이다.

주도성

제리는 데이브와의 관계에 대해 이야기했다. 그녀는 데이브의 유머와 감수성과 동정심을 모두 사랑했지만 솔선해서 일하는 능력이 부족한 것에 대해 고심하고 있었다. 데이브와 새로운 일, 예를 들어 함께 운동하기로 했어도 정작 그 시간이 되면 그를 채근하지 않으면 아무 일도 할 수 없었다. 항상 그의 등을 '밀고 올라가는' 느낌이었다.

나는 데이브의 상관도 그녀처럼 느낄 것이라고 생각했다. 데이브는 자신이 맡은 일을 하기는 했다. 그러나 항상 외부의 압력을 받아야 겨우 끝내는 식이었다. 적극적으로 일하지 않는 그의 태도에 사람들은 화를 냈다.

보통 사람들은 서로 주도권을 잡으려고 한다. 인간이 하나님의 형상대로 지음받았다는 것은, 어떤 일을 새로 시작할 능력이 있는 존재로 창조되었음을 의미한다. 주도성의 문제는 종종 바운더리 문제에서 발생한다. 데이브는 바운더리가 제공하는 목표 지향적인 행동 구조가 결여되어 있었다. 주도성은 바운더리를 훈련하는 아주 중요한 방법으로서 아이에게 가르쳐야 할 덕목이다.

몇 년 전 친구와 그녀의 열 살 난 아들과 함께 있을 때였다. 우리가 이야기를 나누는 동안 어린 아들이 자꾸 끼어들면서 "난 할 일이 없어요. 심심해요. 나 뭐 하고 놀아요?" 하면서 불평을 했다. 친구는 주변에 놀 만한 것들이 충분히 있는 것을 보고 아들에게 말했다. "데이비, 재미있는 놀이를 찾는 것도 네 책임이야." 얼마 지나지 않아 아이는 친구를 한 명 사귀었다.

최근에 나는 우연히 그 친구를 만나 서로 사는 얘기를 나눴다. 그녀는 대학에서 마지막 학기를 보내고 있는 데이비가 지금 얼마나 재미있게 지내는지 이야기했다. 그 이야기를 들으면서 나는 생각했다. '데이비는 여전히 인생을 재미있게 사는 것에 책임질 줄 아는군.'

추리 작가 마가렛 밀러는 "인생이란 우리가 무언가 계획을 세우는 동안 엉뚱한 일이 닥치는 것"이라고 말했다. 그러나 대부분의 사람들에게 인생이란 자신이 관리하고 세운 목표를 부지런히 추구하는 것이다. 사람들은 자신의 달란트를 받아들이고 살아가면서 만나는 모든 일에 최선을 다해 달란트를 적용하고 늘려 간다. 그리고 '자기 인생을 즐겨야 할 책임감'에 따른 결과를 받아들인다. 한편 그렇게 하지 않는 사람은 대부분 그들이 맡은 일이나 목표를 주도적으로 설정하거나 완성하지 못한다. 대신에 다른 사람이 그 일을 해주기를 바란다. 아니면 자기 행동으로 인한 결과에 보석금을 내고 책임을 면제받는다.

현실 존중

누군가가 이렇게 말했다. "현실은 살기 힘들지만 맛있는 스테이크를 얻을 수 있는 유일한 곳이다." 그렇다. 현실은 살기에 힘들지만 인생의 좋은 것들을 얻을 수 있는 유일한 장소다. 인생을 창조적으로 살아가려는 사람은 반드시 현실적이고 건강한 감각을 갖고 있다. 현실 감각이 있다는 것은, 지금 살아가는 세계에서 자신이 한 행동에 따르는 결과를 경험한다는 의미다. 이 문제에 대해서는 다음 장에서 깊이 다루겠지만, 지금 이 말의 의미를 잠깐 짚고 넘어가자.

간단히 말해 모든 사람들은 가상이 아닌 현실 속에서 자신의 행동에 따르는 당연한 결과들을 인식해야 한다는 것이다. 성숙한 사람들은 이와 같은 개념을 자기 삶을 훌륭하게 만드는 데 사용하고, 불행한 사람들은 이해하지 못하고 '현실'의 벽에 머리를 거듭 부딪히며 괴로워한다.

적극적인 면에서 보자면 "열심히 공부하고 최선을 다하면 그만큼의 보상을 거두게 되는 것"과 같다. 최근에 대학 때부터 친했던 친구를 만나 함께 시간을 보냈다. 그는 대학 2학년 때 전공을 의과대학 의예과로 바꿨다. 내가 보기에도 그는 유기 화학과 물리학과 그와 비슷한 과목들을 정말 열심히 공부했다. 겨우 1년 반 만에 그는 해야 할 공부를 거의 따라잡았고 마침내 본과 입학 허가를 받았다. 그는 노력하면 열매를 거둔다는 사실을 마음에 깊이 새겼다. 그의 인생은 지금도 그 사실을 보여 주고 있다.

그는 지금 대도시에서 아주 존경받는 심장외과 전문의가 되었다. 자신의 일을 사랑하고 그 분야에서 최고가 되었다. 많은 사람들이 그를 존경하고 그의 업적을 칭찬한다. 사람들은 존경할 만한 심장 전문의를 볼 때 "뿌린 대로 거둔다"는 진리를 일찍이 깨달은 한 대학생은 보지 못하고 이렇게 말한다. "나도 저 사람처럼 잘 되고 싶다." 단지 그가 거둔 열매만 보고 쉽게 말하는 것이다.

우리는 누군가가 이룬 업적 앞에서 무엇이 그들을 그렇게 위대하게 만들었는지는 보지 않고 단순히 업적 자체만을 본다. 그 결과 무언가 신비한 힘이 작용했을 것이라고 생각한다. 초인간적인 능력이나 비결 같은 게 있을 것이라고 잘못 생각한다. 운이 좋았다든가 하늘이 도왔다고 말하기도 한다.

그러나 현실은 그의 업적이 단번에 이루어진 것이 아니라 한 과제, 한 과정, 하루를 보내면서 차근차근 이루어진 것이라고 말한다. 우리는 아이가 이런 식으로 생각하도록 가르쳐야 한다. 그래야 자기도 노력하면 위대한 일을 이룰 수 있음을 배우고, 적극적으로 이런 현실을 존중하는 건강함도 얻을 수 있다.

그러나 현실에는 두 가지 측면이 있다. 게으르고 자기 일에 성실하지 못한 사람은 그 대가를 치르게 되어 있다. 속도 위반에 대한 대가는 운전자가 치러야 한다. 행동은 실제적인 결과를 낳는다. 이 사실을 깨닫는다면 좋은 보상을 받을 수 있다는 희망과, 어리석은 선택을 하거나 일을 완수하지 못하면 맞이할 고통스러운 현실을 피하려는 욕구가 함께 부딪히는 가운데 일을 해나가게 된다.

우리 중에도 현실을 존중하지 않는 사람들이 있다. 그들은 계속해서 어리석은 선택을 하고, 걷잡을 수 없는 파멸이 눈앞에 닥칠 때까지 자신의 행동이 가져온 결과를 피하기 위해 다른 사람들을 이용하거나, 아니면 차례로 닥쳐 오는 끔찍한 실패들을 겪을 수밖에 없다. 왜 자신이 같은 실수를 계속하는지 의아해 하면서 말이다.

이런 일들을 여러 차례 보면서 우리는 사람들이 그런 일을 하는 진짜 원인이 건강한 현실 감각을 갖게 해주는 바운더리의 부족에 있음을 알았다. 그들은 자신이 저지른 행동의 대가를 맛보기 전에 다른 사람이 대신 내준 보석금으로 형(刑)을 면제받은 경험이 여러 번 있었을 것이다. 그래서 이제는 문제가 생겨도 자신이 아닌 누군가가 그 결과를 책임져 줄 것이라고 생각한다.

성숙한 어른은 건전한 현실 존중 의식을 갖고 있다. 그들은 자신이 좋은 일을 해야 결과가 좋을 것임을 안다. 세상 대부분의 일들이 그렇다. 일하지 않거나 잘못된 일을 하면 당연히 결과가 나쁘리라는 것도 안다. 이렇게 현실의 좋은 점과 나쁜 점을 모두 깨달으면 지혜롭게 행동하게 된다.

물론 좋은 사람에게도 나쁜 일이 일어날 수 있다. 그때조차도 좋은 행동으로 대응한다면 결과는 보다 더 나아질 것이다. 설령 그렇지 않더라도 그리스도인은 영생할 최후의 현실, 즉 천국에서 모든 것이 응답되리라는 것을 알고 있지 않은가.

성장

한동안 보지 못했는데 예전보다 훨씬 나은 삶을 살고 있는 지인을 길에서 우연히 만난 적이 있는가? "정말 잘됐다" 하며 그가 이룬 성취를 축하하고 훈훈한 마음으로 돌아온 적이 있는가? 좋은 일들이란 대개 다음과 같다.

- 친구가 몸무게를 27킬로그램이나 뺐다.
- 이혼 직전의 부부가 화해해 지금은 아주 잘 지내고 있다.
- 취업에 어려움을 겪던 사람이 좋은 회사에 들어갔다.
- 말썽꾼이 개과천선했다.
- 술독에 빠져 살던 사람이 절제하며 살고 있다.
- 실연으로 괴로워하던 사람이 좋은 인연을 만나 잘 살고 있다.

아직 형편이 어렵지만 점점 나아지고 있는 사람을 만났을 때에도 같은 느낌을 받는다.

- 소규모로 사업을 시작했지만 점점 성장하고 있다.

- 아는 사람 하나 없이 빈손으로 귀농해 잘 정착하고 있다.
- 중년에 직업을 바꾸고 새로운 기술을 배워 자리를 잡아 가고 있다.
- 수줍음이 많았는데 이제는 친구를 폭넓게 사귀고 있다.

힘든 장애, 특히 자신의 성격을 극복하고 점점 좋은 쪽으로 성장하고 있는 사람들의 이야기는 우리에게 도전이 된다. 별 볼 일 없던 사람이 괜찮은 사람으로 바뀌고, 예전보다 더 좋게 변화되고 성장하는 모습을 보는 것은 얼마나 즐거운 일인가. 한 사람의 변화와 성장을 감동적으로 그려 낸 영화를 보며 우리는 또 얼마나 감동을 받는가.

이렇게 성장할 수 있는 능력은 성격에 따라 좌우된다. 부모의 훌륭한 양육법은 아이가 훗날 인생에서 어려움을 만났을 때 잘 적응할 수 있는 성격을 만들어 준다. 성격은 자신이 바뀌어야 하는 어려운 상황에 처했을 때도 지혜를 얻게 하고 능력을 향상시켜 준다.

성숙한 사람의 좋은 성격은 어려움을 극복할 수 있는 다음과 같은 능력을 부여해 준다.

- 고통스러운 감정에서 회복되는 능력
- 부정적인 상황에서 긴장감을 견디며, 책임을 완수할 때까지 편안함이나 만족을 미루는 능력
- 훌륭하게 질 줄 알고, 슬퍼할 줄 알며, 극복하거나 바꿀 수 없는 일에 대해서는 더 이상 문제 삼지 않는 능력
- 자신의 잘못을 인정하는 능력
- 현실 앞에서 방향이나 태도를 바꾸는 능력
- 용서하는 능력

• 자신의 문제에 주인 의식을 갖는 능력

이런 능력이 있는 사람은 어려운 시험이 닥쳤을 때 오히려 성장할 수 있다.

최근에 한 큰 단체의 직원 문제에 대해 상담을 한 적이 있다. 그 단체의 임원 중 한 명이 궁지에 몰렸다. 그의 행동과 업무 수행 능력이 회사의 기대 수준에 미치지 못했기 때문이다. 그는 재능이 뛰어났지만 스스로 변화되지 않는 한 회사에서 쫓겨날 것 같았다. 그는 여러 주의 사업체를 관리하고 책임지는 고위직에 승진한 지 얼마 안 된 터였다. 그가 맡은 새로운 직책은 전보다 더 차원 높은 문제 해결 능력과 직원 관리법을 필요로 했다.

예를 들어 그는 직원들과 본사 사이의 의견 대립을 해결해야 했다. 이 문제를 어떻게 해결하는가에 따라 그는 퇴사를 하느냐 마느냐 하는 기로에 섰다. 그러나 그는 감정적인 상황에 놓인 사람들을 다루는 능력이 부족했고 일을 더욱 곤란하게 만들었다. 그러면서도 변화된 상황에서 즉시 성공을 거두고 싶어했다.

그는 새로운 기회와 요구에 부응하는 대신에 정반대로 행동했다. 그러면서도 회사와 상관에게 자신이 옳다는 것을 인정하라고 요구했다. 사실 그는 성숙한 사람에게서 찾아볼 수 있는 능력이 아주 부족했다. 힘든 감정을 잘 다루지 못했고 그대로 분출해 행동으로 드러냈다. 그는 실패를 견딜 수 없었고 인정할 수 없었으며 다음에 어떻게 행동해야 할지 계획을 세우지도 못했다. 그는 변화에 기꺼이 적응하려 하지 않았다. 그러면서도 즉각적인 결과를 원했고 변화된 상황에서는 당분간 아무 열매도 맺을 수 없었다. 그는 힘든 상황에 부딪치면 먼저 다른 사람을 비난하며 책임을 회피했다. 주변에서 변화를 요구해도 자기 방침을 계속 밀고 나갔다.

마침내 그의 자리는 그보다는 재능이 떨어지지만 성품이 더 좋은 사람으로 대체되었다. 그가 성숙한 성격을 가졌더라면 어려운 상황을 잘 극복했을 텐데 그러지 못해 안타깝다. 성장 과정을 살펴보니 그는 어릴 때부터 반항적인 성장 패턴을 보였다. 그는 현실의 요구를 수용하라는 요구를 한 번도 받은 적이 없었다. 항상 자기가 하고 싶은 대로 했고, 자신의 매력과 재능을 그 성격을 고수하는 데 사용했다.

이런 재능 낭비를 피하기 위해 부모는 아이에게 현실을 바꾸려 하지 말고 자신이 변화될 것을 요구해야 한다. 바운더리는 아이로 하여금 자신에게 기대되는 좋은 성품이 무엇이며, 그런 기대에 부응하기 위해 어떻게 성장해야 하는지 알게 해준다.

정직함

정직하지 않은 사람은 늘 고통과 재앙 사이 어디쯤에 있다. 상담가로서 나는 인간관계의 문제보다도 부정직함으로 인해 생기는 고민들이 훨씬 많음을 경험으로 알고 있다. 부정직함은 사람 사이에 배신을 부추기고 친밀함을 없애며 성숙을 방해한다. 정직하려고 애쓴다면, 그럴 능력이 있다면 그는 성장할 수 있다.

정직은 부모가 아이에게 아주 어릴 때부터 정직하기를 요구하고, 정직할 수밖에 없는 환경을 만들어 주는 데서 시작된다. 정직하면 손해를 볼지 모른다는 두려움을 느낄 때 아이들은 자연스레 진실을 감춘다. 그러므로 부모는 이러한 본능적인 거짓 성향을 극복할 수 있는 분위기를 만들어 줘야 한다. 이때 도덕적인 규범과 안전 장치 사이에서 미묘한 균형을 잘 맞춰야 한다.

나는 몇 달 동안 새라와 톰 부부와 함께 상담을 했다. 어느 날 새라가 말했다. "이제 다 끝났어요. 이제 더 이상 톰을 믿을 수 없고 그러고 싶지도 않아요."

"무슨 일이 있었어요?" 톰이 또 다른 부정을 저질렀을 것이라고 생각하면서 나는 그녀에게 물었다. 불과 몇 년 전에 일어났던 남편의 부정 행위를 새라는 아직 극복하지 못하고 있었다.

"그는 신용카드 대금을 해결할 돈이 충분하니 걱정하지 말라고 했거든요. 그런데 오늘 미납 독촉장을 몇 장씩이나 우편으로 받았어요." 그녀는 흐느끼기 시작했다. "이런 식으로는 더 이상 살 수 없어요."

새라가 슬퍼한 이유는 돈 문제가 아니었다. 진짜 문제는 톰이 돈 문제에 정직하지 않다는 것이다. 새라는 돈 문제를 해결할 능력이 있었다. 그러나 카드 대금 지불 능력에 대해 톰이 정직하지 않았기 때문에 그녀는 늘 늪에 빠진 듯 허우적거리며 살았다. 그녀는 톰의 거짓말을 번번이 알아냈다.

배우자가 하는 거짓말은 보통 사소한 것들이다. 그러나 아무리 사소한 일이라 해도 숨기거나 거짓말을 하면 부부 간의 신뢰가 깨지고 만다. 상처 입은 배우자들은 이렇게 호소한다. "문제가 뭔지는 상관없어요. 제발 진실을 말해요. 그래야 해결 방법을 찾을 수 있잖아요."

거짓말쟁이에 대한 슬픈 질문은 "왜"다. 왜 진실을 말하기보다 거짓을 말하기가 쉬운가? 잘못을 고백하는 것보다 거짓말이 더 큰 화를 불러일으키는데도 왜 속이는가? 이미 거짓말로 문제를 일으켰으면서도 왜 또 다른 거짓말을 꾸며 내는가?

보통 그 대답은 그 사람의 성장 과정과 성격 형성 과정에 있다. 그는 자신이 저지른 잘못 때문에 생기는 분노와 부끄러움, 벌, 비난, 버림받을지도 모른다는 두려움을 느낀다. 그래서 진실을 숨긴다. 그러다가 발각되었을 때 처음에 우려했던 모든 두려운 일들, 즉 분노와 부끄러움, 벌, 비난, 버림받음을 당한다. 그러나 이런 일을 당하는 것은 자신이 거짓말을 했기 때문이라는 사실을 이해하지 못한다.

바운더리는 진실을 말할 수 있도록 돕는다. 진실함을 요구하는 것 외에도 잘못의 결과를 알게 해주는 안전 장치도 제공한다. 아이들은 자신이 잘못했을 때 오게 될 분노나 벌, 부끄러움, 비난, 버림받음 등과 같은 막연한 결과들을 예상하기보다 방에서 혼자 반성의 시간을 가진다든지, 텔레비전 시청권을 잃는다든지, 외출 금지라든지 하는 구체적인 벌을 예상할 수 있어야 한다. 아이들은 자신의 행동에 따르는 구체적인 결과를 생각하지 못하고 막연히 두려운 결과를 예상하기 때문에 거짓말을 하게 된다.

자신을 초월함

시편 기자는 이렇게 말했다. "그는 우리를 지으신 이요 우리는 그의 것이니"(시 100:3). 사람들에게 가장 중요한 질문은 이것이다. "하나님은 누구신가?" "나인가 아니면 하나님인가?" 그 대답에 따라 인생의 모든 방향이 결정된다.

자신이 하나님이 아니라는 것을 아는 사람들은 자신의 존재를 초월해 하나님을 우러러본다. 그들은 하나님과 그분의 가치에 따라 자신의 삶에 명령을 내린다. 그들은 이곳의 삶이 자신만을 위한 것이 아니라 하나님을 섬기기 위한 것임을 안다. 그들은 가장 큰 계명인 "네 마음을 다하고 목숨을 다하고 뜻을 다하여 주 너의 하나님을 사랑하라"(마 22:37)는 말씀을 이해한다. 삶의 의미와 방향, 존재의 근거를 하나님께 둔 사람에게는 인생과 어려움, 자신의 한계와 실패, 그리고 자신에 대한 다른 사람들의 죄를 뛰어넘을 수 있는 능력이 허락된다. 삶의 현실을 초월할 수 있는 하나님에 대한 믿음 없이, 또 하나님의 실체를 느끼지 않고서 인간이란 존재는 크게 제한될 수밖에 없다.

하나님에 대한 의식이 없는 사람들에게 가장 슬픈 일은, 다른 사람들이 그들을 경험하는 방식에서 일어난다. 다른 사람들은 자신은 하나님이 아니며 인생은 자기 중심으로 도는 게 아니라는 사실을 알지 못하는 그들과 계속 부딪힐 수밖에 없다. 영원히 자기 중심으로 살아가는 그들은 다른 사람들을 한 인간이 아니라 하나의 목표물로 여기기 때문이다.

자신을 초월한다는 의미는 자신의 존재를 넘어 다른 사람의 존재 가치를 아는 것이다. 이것을 이해하지 못하는 사람들은 다른 사람들을 섬기기보다는 세상과 다른 사람들이 자신을 섬겨 주기만을 기대한다.

자신을 초월할 수 있는 능력을 가진 사람들은 자신을 넘어 다른 사람들과 하나님을 위해, 자신이 누릴 수 있는 즉각적인 행복보다 그들이 좀 더 중요하다고 여기는 미덕을 위해 산다. 보다 높은 가치를 위해, 또 다른 사람과 하나님을 위해 자신의 만족을 미룰 수 있다. 간단히 말해 그들은 인생이 자기보다 큰 것임 알기 때문에 그런 일을 요구받을 때 순종함으로써 자신보다 더 큰 존재가 되어 간다. 겸손함은 그들을 본래의 모습보다 위대한 존재로 만들어 준다. 이것은 정말이지 최고의 역설이다. 교만은 패망을 가져오지만 겸손은 진정한 영광을 가져온다.

어려운 주문

양육 방식에 따라 아이의 성격이 형성된다는 사실에 부모들은 적잖이 당황해 한다. 타고난 대로 살거나 있는 그대로 그럭저럭 사는 것이 훨씬 쉬워 보인다. 그러나 성격이 좋아야 한다는 요구는 정말로 중요하며 보다 고차원적이다. 앞에서 말했듯이 아이의 성격은 그가 살아갈 미래의 삶을 결정한다.

스티븐 코비는 베스트셀러 『성공하는 사람들의 7가지 습관』에서 "내면의 목표를 갖고 행동하라"고 말한다. 내면의 목표를 갖고 일을 시작하는 것은 성공하는 사람들의 특징 가운데 하나다. 훌륭한 양육을 받은 사람들의 특징이기도 하다. 우리는 부모의 가장 큰 목표가 아이를 좋은 성품을 가진 사람으로 성장시키는 데 있다고 생각하며 그 목표에 좀 더 다가가고 있다.

그런데 아이를 좋은 성품을 가진 사람으로 키우려면 부모가 먼저 좋은 성품을 가져야 한다. 아이에게 바운더리를 잘 만들어 주려면 부모가 먼저 바운더리를 가져야 한다. 이것이 다음 장의 주제다.

3.

아이도 바운더리가 있는 부모를 원한다

나(존)는 초등학교에 다닐 때 '문제아'라는 말을 처음 들었다. 두 선생님이 웨인이라는 같은 반 친구에 대해 말하는 것을 우연히 들었다. 한 선생님이 다른 선생님에게 이렇게 말했다. "웨인이 문제아라는 것을 그 아이가 우리 반에 들어오기 전부터 알았어요."

나는 웨인을 알고 있었기 때문에 그 말의 의미를 얼른 알아차릴 수 있었다. 나는 웨인을 좋아했지만 내 눈에도 그는 늘 통제 불능처럼 보였다. 난폭하고 억지를 잘 부리고 툭하면 남의 일에 끼어들고 선생님에게 버릇없이 굴었다. 어느 토요일 그의 집에 가 보기 전까지 나는 그가 왜 그렇게 행동하는지 알지 못했다.

웨인의 부모님은 아주 좋은 분들이었다. 그러나 아들의 일에는 거의 개입하지 않았다. 예를 들어 웨인과 나는 거실에서 농구공을 던지면서 매우 소란스럽게 뛰어놀았다. 누가 뭐라고 하기 전까지 우리는 꽤 오랫동안 시끄럽게 했다. 그때 웨인의 엄마가 와서 애원하는 미소를 지으며 말했다. "웨인, 재미있게 노는 걸 방해해서 미안하지만 너무 시끄러우니 다른 곳에 가서 놀면 안 될까?"

웨인은 아랑곳하지 않았고 우리는 계속 놀았다.

잠시 후 웨인의 아버지가 들어와서 호통을 쳤다.

"이놈들, 도대체 그만두라고 몇 번이나 말해야 알아들어?"

그제서야 우리는 거실에서 나와 이층에 있는 웨인의 방에서 계속 드리블을 하며 놀았다. 아마 아래층에 있던 사람들은 미칠 지경이었을 것이다. 웨인은 집에서 거의 자유 방임 상태였다.

문제아는 저절로 문제아가 되지 않는다. 일반적으로 모든 문제아의 환경에 문제가 있다. 건전한 바운더리를 가진 아이가 아무 근거 없이 생겨나는 것도 아니다. 비록 우리는 천성적으로 우리를 구속하는 바운더리에 저항하지만, 어쨌든 그것들을 발전시키기도 하고 그렇지 못하기도 한다.

어디에서 바운더리의 충돌이 생겼는지, 어디에서 문제가 생겼는지 궁금할 때마다 이 말씀을 기억하라. "너희를 떠낸 반석과 너희를 파낸 우묵한 구덩이를 생각하여 보라"(사 51:1).

그리스도인이면서 심리학자인 나(존)와 동료 헨리 우리 두 사람은 서로 다른 두 환경에서 살고 있다. 종교의 세계에서는 때때로 "이게 다 아이의 죄악 된 본성 때문"이라면서 문제를 일으킨 아이들을 꾸짖는다. 그러나 상담의 세계에서는 '아이에게 무슨 일이 생겼기 때문'으로 보고, 아이의 행동을 통제하지 못하는 부모를 나무란다. 모든 경우마다 반드시 좋은 사람과 나쁜 사람이 있다.

이런 견해가 완전히 옳은 것은 아니다. 사실 새로운 학설은 이보다 더 심하다. 지금 우리의 모습은 두 가지 힘 가운데 근본적으로 어떤 영향의 결과인가? 우리를 둘러싼 환경인가, 아니면 우리의 책임인가? 우리가 받은 양육 과정, 주요한 인간관계, 환경이 주로 우리의 성격과 태도를 만든다. 그러나 우리를 둘러싸고 있는 인간관계와 환경에 어떻게 반응했는지, 즉 변명으로 대응했는지 아니면 책임 있게 대응했는지 역시 우리가 어떤 사람으로 성장하는가에 영향을 미친다.

바운더리 문제에 어려움을 겪는 자녀를 두었거나, 자녀가 책임감 있고 정직하게 자랄 수 있도록 다만 돕기를 바라지 않는가? 어느 쪽이든 이 장은 부모에게 죄책감을 더하기 위해 쓴 것은 아니다. 오히려 아이가 바운더리를 배우는 데 유용한 가장 중요한 요소를 제시하고자 한다. 그것은 바로 바운더리를 가진 부모다.

부모의 양육 태도에 따라 아이는 달라진다

내 친구 웨인이 문제아라는 사실을 잊지 말라. 그 문제가 웨인의 것이고, 그가 계속 그런 식으로 문제를 일으킨 사실도 간과해서는 안 된다. 그런데 여기에 다른 법칙을 적용할 수 있다. "부모의 행동에 따라 반응하는 아이의 행동을 해석해야 한다"는 것이다. 이것은 보통 한 사람의 행동을 판단할 때 부모의 관점이 아니라 아이의 동기, 욕구, 성격, 환경 등 아이의 입장에서 바라보는 것을 뜻한다.

웨인의 경우를 보자. 그는 무례하고 권위를 존중하지 않으며 통제 불능의 아이다. 사람들은 몇 가지를 보고 웨인의 행동을 분석할 수 있다. 그는 충동적이고 이기적이며 성숙하지 못하다. 이것은 모두 사실이다. 그런데 사람들은 그의 부모에 대해서는 알지 못한다.

웨인은 부모의 행동 양식에 반응하며 그런 태도를 길러 왔다. 그는 부모가 허락하는 범위 안에서 행동했다. 그는 엄마가 갈등을 싫어하고 마음이 약하다는 것을 알고 있다. 그래서 엄마의 약한 마음을 이용한다. 아버지는 소리를 잘 지르고 다혈질이다. 이 점을 알고 있는 웨인은 아버지가 호통을 칠 때까지 자기가 하고 싶은 대로 다했다. 게다가 아버지가 호통을 쳐도 그 자리만 피하면 어떤 못된 짓도 계속할 수 있음을 알고 있다. 아버지는 끝까지 결과를 추궁하기보다는 그 자리에서 소리만 지른 다음, 아이가 이제 바르게 행동할 것이라고 여기고 읽던 신문을 다시 보기 때문이다.

일반적으로 아이들은 자신이 어떻게 행동해야 하는지 잘 모른다. 자기 삶을 어떻게 대해야 바르게 사는 것인지 잘 알지 못한다. 그렇기 때문에 하나님은 아이들에게 그들을 사랑하고 삶의 바른 자세를 가르쳐 주며 성숙한 어른이 되도록 인도해 주는 부모를 주셨다. 강아지에게 복종 훈련이 필요하듯 아이들 역시 훈련과 같은 외부의 도움이 필요하다.

기본적으로 아이들은 부모가 만들어 주는 수준 이상으로 성숙해지지 않는다. 즉 부모가 얼마나 책임 의식이 있는가, 책임감에 대해 어떻게 가르쳤는가에 따라 아이가 얼마나 책임감을 잘 배웠는지를 알 수 있다. 아이들은 자신의 내면에 그런 의식을 스스로 키울 수 없다. 양육받는 방식에 따라 반응하고 적응할 뿐이다.

아이들이 세상에 가장 우선적으로, 그리고 기본적으로 적용하는 마음의 밑그림은 가정에서 만들어진다. 가정은 아이들이 현실과 사랑, 책임과 선택, 자유에 대한 기본 개념을 형성하는 곳이다. 그러므로 부모가 아이를 하나님의 법대로 키운다면 그는 바깥 세상에서도 성공할 것이다. 한편 아이가 무책임하게 행동했을 때 그로 인해 찾아온 고통을 부모가 대신 막아 준다면, 그는 훗날 문제를 많이 일으키는 어른이 되기 쉽다.

자녀의 문제 앞에서 부모가 자문할 수 있는 가장 유용한 질문은, "왜 저 녀석이 계속 동생을 때릴까?"가 아니라 "이 문제에서 내가 책임질 부분은 무엇인가"다. 이런 자문은 '아이 눈 속에 있는 티 대신 자기 눈 속에 있는 들보를 빼라'(마태복음 7장 1-5절을 보라)는 말씀 때문에 당장은 고통스러울 것이다. 그러나 이런 식으로 문제에 접근할 때 경솔하게 아이를 바꾸려 하기보다는 아이를 향한 부모의 자세를 고칠 수 있다.

아이에게 바운더리 의식을 발전시켜 줄 수 있는 바운더리를 가진 부모가 되고자 한다면 이 책만으로는 충분하지 않다. 우리는 우리 자신을 연구해야 한다. 우리의 바운더리 중 어디가 약한지를 찾고 정보를 구하며 도움을 청해야 한다. 먼저 『NO라고 말할 줄 아는 그리스도인』을 읽는 것이 큰 도움이 될 것이다. 이런 자료들은 우리 인생에서 하나님과 함께, 그리고 성장하는 다른 사람들과 함께 잘못된 바운더리를 고치고 성숙한 바운더리를 가진 사람이 되는 길로 우리를 안내한다.

아이에게 바운더리를 세우는 세 가지 방법

아이가 바운더리를 잘 갖추도록 영향력을 행사하는 세 가지 방법이 있다.

가르치라

아이에게 신발끈을 묶는 법, 자전거를 타는 법, 자기 방을 깨끗이 치우는 법 등을 가르쳐야 한다. 많은 것을 배우고 기술을 익힐 수 있도록 아이를 학교에 보내야 한다. 또한 바운더리를 가르쳐야 한다. 바운더리는 적절한 시기에 "안 돼"라는 말을 들을 수 있고, 그렇게 말할 수 있는 능력이다.

바운더리 개념과 법칙은 명백하고 확실하다. 절대로 모호하고 어려운 관념이 아니며 현실과 하나님의 법과 일상 생활에 근거한다. 결국 부모는 아이에게 직접 바운더리에 대해 가르칠 수 있고, 아이 역시 충분히 배울 수 있다. 부모는 아이의 경험에 맞는 말을 하고 아이를 도우며 새로운 상황에 적용시킬 수도 있다. 아이의 성장과 발전에 따라 가르침을 명확하게 하거나 변경할 수도 있다.

예를 들어 아이에게 '바운더리'라는 말을 써도 될까 두려워하지 말라. 바운더리는 아주 쓸모 있는 말이다. 아이가 계속 화를 내면서 소리를 지르면 평온해질 때까지 잠시 기다리라. 그러고 나서 말하라. "질, 우리집에는 소리지르는 것을 허락하지 않는 바운더리가 있단다. 화를 내는 건 괜찮아. 왜 화가 났는지 말하는 것도 괜찮아. 하지만 소리 지르는 건 안 돼. 그건 다른 사람들을 괴롭히는 일이야. 계속해서 소리를 지르면 방과후에 노는 시간이 없어질 것을 각오해야 돼."

더 나아가 아이에게 바운더리를 가르칠 때는 단순한 실제 적용보다 바운더리 법칙을 가르치라. 어린아이들도 "자기 행동에 책임을 진다"는 것이 무슨 말인지 이해한다. 이 말은 자기 방을 깨끗이 치우는 것, 학교에서 좋은 점수를 받는 것, 식탁에서 예절 바른 것, 화나 짜증이 날 때 조절하는 것 등에 대해 책임져야 한다는 것을 의미한다. 아이는 자신이 끝내지 못한 일에 대해 자신이 아닌 누구에게도 비난을 돌릴 수 없다.

바운더리 개념은 이와 같이 가족의 일상 가운데 하나로 재빨리 자리잡고, 아이는 다른 분야에서도 바운더리를 적용하는 법을 알게 될 것이다. 네 살 된 소년이 형에게 이렇게 말했다. "그 장난감은 가져가지 마. 그건 내 바운더리야." 부모는 어릴 때부터 아이에게 부지런히 바운더리를 가르쳐야 한다(신 6:6-7).

다음은 아이들의 연령에 맞는 몇 가지 광범위한 바운더리 지침들이다.

출생에서 12개월까지. 태어나서 처음 1년 동안 아기는 기본적인 신뢰를 형성하기 위해 엄마 아빠와 긴밀한 유대를 맺어야 한다. 이 시기의 바운더리는 아주 최소한이어야 한다. 아기의 내면에는 욕구 불만을 참는 구조나 아량이 없기 때문이다. 이 시기의 엄마는 아이가 편안해 하고 사랑을 느낄 수 있도록 아기를 보호하고 양육하며 욕구를 해결해 줘야 한다.

1세에서 3세까지. 이 시기의 아이들은 "안 돼"라는 말에 따라야 한다는 것을 배우고, 따르지 않으면 무슨 결과가 오는지 알 수 있다. 이것은 대개 위험한 상황에 처했을 때, 아이가 화낼 때, 폭력을 휘두를 때, 그 밖의 상황에 적용된다. 아이가 처음에는 부모의 논리를 이해하지 못할 수 있다. 그러나 부모가 "안 돼"라고 말했을 때 그 말에 순종하면 좋은 것이 따르고, 그 말을 무시하면 불편한 일이 따른다는 것 정도는 이해할 수 있다.

3세에서 5세까지. 이 시기의 아이들은 자신이 왜 책임을 받아들여야 하는지, 책임을 받아들이지 못했을 때 어떤 결과가 오는지 좀 더 잘 이해할 수 있다. 또한 책임에 대해 부모와 대화를 나눌 수 있다. 친구들과 사이좋게 지내는 법, 권위에 반응하는 법, 상대방을 존중하면서도 의견 차이를 좁히는 법, 집안일을 거드는 법 등을 배우는 것은 모두 이 시기에 명확히 형성되어야 할 바운더리다. 자신의 바운더리를 지키지 못했을 경우 혼자 반성하는 시간을 갖게 하거나, 장난감을 갖고 놀지 못하게 하거나, 텔레비전 시청이나 재미있는 놀이를 금지시키는 등의 대응이 이 나이에 효과적이다.

6세에서 11세까지. 이 단계는 가정 밖의 세계, 즉 학교, 과외 활동, 교회, 친구들에게 투자하는 시간이 늘어나는 것과 비례해 아주 부지런해야 하는 시기다. 이때의 바운더리 문제는 가정과 친구들, 숙제, 학교 공부, 목표 설정, 시간과 돈에 대한 예산 세우기와 같이 여러 일들의 균형을 적절히 맞추는 것이다. 이 나이에 어울리는 무책임의 대가는 친구와의 만남, 자유, 집에서 누리는 특권을 제한하는 것이다.

12세에서 18세까지. 사춘기는 어른이 되기 전의 마지막 단계다. 이 시기에는 진로, 성적인 성숙, 사랑의 선택, 가치관 등에서 부모로부터 벗어나 자신의 주체성을 견고히 하는 것이 가장 큰 문제다. 부모가 아이에게 영향을 미치는 통제자의 위치에서 벗어나 '탈 부모'를 시작해야 할 때이기도 하다. 아이가 십대일 때는 인간관계, 가치관, 계획 세우기, 장기 목표 설정 등과 같은 문제에서 아이를 도와야 한다. 이 시기에 아이가 바운더리를 벗어난 행동을 했을 때는 되도록 자연스러운 대가들, 예를 들어 용돈 금지 또는 학교 평가에 따른 보상 등을 이용하는 것이 좋다.

이 시기에 꼭 기억해야 할 한 가지는, 세 살 먹은 아이처럼 행동하는 십대에게는 성숙한 십대가 누릴 수 있는 자유를 줘서는 안 된다는 것이다. 자유는 책임지는 데서 오기 때문이다. 자유는 생물학적인 나이에 따라 주어지는 선물이 아니다.

모범이 되라

모범이 된다는 것은 가르치는 것과는 다르다. 아이들은 어른들의 세계에서 부모가 얼마나 바운더리를 잘 적용하고 있는지 보고 배운다. 그들은 부모가 자신들을 어떻게 다루는지, 배우자를 어떻게 대하는지, 직장에서 어떻게 지내는지 지켜본다. 그리고 좋든 나쁘든 부모를 모방한다. 아이들은 부모를 바라보며 더 크고 힘센 그들처럼 되고 싶어한다. 아빠의 신발을 신어 보거나 엄마의 립스틱을 바르면서 어른인 척 해본다. 이런 점에서 바운더리는 '배우는 것'이 아니라 '감화되는 것'이다.

모범이 된다는 것은 부모 노릇에만 국한되지 않는다. 기본적으로 모든 시간, 다시 말해 아이가 부모에 대해 보고 듣는 모든 순간에 적용된다. 많은 엄마들이 아이가 엄마가 말한 대로가 아니라 행한 대로 행동하는 것을 보고 적잖이 당황한다. "내가 얼마나 아이를 바르게 가르쳤는데…"라고 놀라서 외친다. 실제로 엄마는 그렇게 가르쳤을 것이다. 그러나 아이는 종종 엄마와 아빠의 말이 행동과 일치하는지 그 여부를 판단한다.

보통 가정 내의 평범한 규칙들이 좋은 예다. 집에서 실시하는 많은 규칙과 특권, 즉 취침 시간, 텔레비전 시청 기준은 아이와 어른에게 각기 다르게 적용된다. 그러나 몇몇 규칙은 가족 구성원 모두에게 동일하게 적용되어야 한다. 한 가지 실제 예를 들자면 "다른 사람이 말할 때는 방해하지 않고 잘 듣는다"는 규칙이 그러하다. 이런 규칙이 있는데도 어떤 부모는 아이가 학교에서 있었던 일들을 두서없이 늘어놓는 것보다는 자신의 말이 더 중요하다고 생각해서 아이의 말을 종종 가로챈다.

어쨌든 가정에서 어떤 규칙이 가족 간에 충돌을 일으켰을 때, 아이는 자신의 모델인 부모가 어떻게 상대방을 존중하면서 일을 해결하는지 지켜본다. 꼬마 제레미가 "엄마, 제 말을 방해하지 마세요"라고 말했을 때 엄마가 화를 내거나 아이의 말을 무시하지 않고 "네 말이 맞아. 미안해"라고 사과한다면, 아이는 부모에게 다른 사람을 존중하기, 주인의식 갖기, 사과하기, 집안의 규칙 따르기 등을 배우게 된다.

이런 것들은 선하고 건전하며 성숙한 어른의 모습일 뿐만 아니라 현실의 규범이기도 하다. 아이들은 안심하고 계속 지킬 수 있는 규범을 필사적으로 찾는다. 이것이 바로 제레미의 엄마가 "제레미, 네가 몰라서 그러는가 본데 엄마 말이 네 말보다 훨씬 더 중요해. 그러니 내가 먼저 말해야겠다"는 식으로 대응하면 안 되는 이유다. 그런 식으로 행동한다면 나중에 제레미가 어떤 규칙을 위반했을 때, 사과하고 자기 잘못을 바로잡는 대신에 자신의 행동을 합리화하고 변명하는 모습을 반복하게 될 것이다. 아이들은 착해지려는 욕구보다 어딘가에 소속되려는 욕구가 더 강하다. 집안의 규칙에 순종해야 한다는 바운더리에 아이가 편안하게 속할 수 있도록 돕는다면 아이는 그렇게 될 것이다. 반면에 그런 바운더리에 반발하도록 키운다면, 아이는 반항하는 자세와 성품을 갖게 될 것이다. 부모가 어떤 모범을 보여 주느냐가 아이를 똑바로 키우는 열쇠다.

좋은 습관을 내면화하도록 도우라

내면화한다는 것은 그것을 자신의 일부로 만드는 것이다. 어떤 사실을 그저 눈으로만 보고 배우는 게 아니라 보다 더 생생하게 배우는 것이다. 한 가지 사실을 현실에서 경험하는 것이다.

무엇을 '아는' 방법에는 두 가지가 있다. 지적인 방법과 경험적인 방법이다. 우리는 로맨틱한 사랑의 정의를 지식적인 '알기'로 말할 수 있다. 그러나 진짜 사랑에 빠진다면 이야기는 아주 달라진다. 경험으로 '알게' 되었기 때문이다.

지적으로 아는 것과 경험으로 아는 것이 다르다는 사실 앞에서 부모는 당황할지도 모른다. 그러나 다음과 같은 사실을 받아들인다면 아이를 더욱 활기차고 풍성하게 키울 수 있다. 즉 단지 말로만 바운더리 훈련을 하면 쓸데없이 시간과 말만 낭비하게 될 것이다. 그러나 아이와 함께 '행하는' 바운더리 훈련을 한다면, 아이는 그 경험을 내면화하고 기억하며 소화시키는 가운데 그것을 현실을 이해하는 일부로 만들 것이다.

아내 바비와 나는 최근에 일곱 살 된 아들 리키와 다섯 살 된 베니와 함께 재정적 책임에 대해 의논하기 시작했다. 우리는 아이들에게 매주 자기가 맡은 일을 하는 조건으로 약간의 용돈을 주고 있었다. 아이들은 받은 용돈에서 십일조를 내고 일부는 저금한 다음 나머지를 썼다.

처음 시작했을 때 아이들은 돈이 생기는 것을 아주 쉽게 생각했다. 돈을 갖는 것은 좋아했지만 돈에 대한 책임 의식은 없었다. 아이들에게 돈은 멋진 것이었고 항상 좀 더 필요했다. 아내와 나는 아이들에게 사고 싶은 것이 있으면 용돈을 한번에 다 쓰지 말고 저금을 좀 더 하라고 여러 번 충고했다. 아이들은 그 말을 한 귀로 듣고 한 귀로 흘렸다. 그것은 아이들의 잘못만도 아니다. 아이들은 원하는 것을 사지 못하거나 파산해 본 적이 없기 때문이다.

어느 날 아이들은 갖고 싶은 장난감을 사느라 돈을 다 써 버렸다. 이틀 후 오랫동안 그들이 원했던 만화책이 나왔다. 아이들은 용돈을 넣어 둔 지갑으로 달려갔다. 그러나 지갑은 저절로 채워지는 기적을 만들지 못하고 완전히 비어 있었다. 아이들이 도움을 청했지만 우리는 단호하게 말했다. "용돈을 그냥 주는 법은 없어. 빌려 주지도 않겠어. 용돈은 매주 정한 날짜에 줄 거야." 아이들은 집안일을 더 하면 용돈을 더 주겠느냐고 물었다. 우리는 물론 안 된다고 말했다.

그러자 아이들은 울기 시작했다. 우리는 할인 구매 기회를 잃어버린 것이 얼마나 큰 손실인지 강조했다. 하지만 지갑은 채워 주지 않았다. 몇 시간 후에 베니가 말했다. "다음 할인 때까지 아주 오래 기다려야 한단 말이에요." 정말 아이들은 그렇게 오래 기다렸다.

다음 번에 용돈을 받는 날, 아이들은 얼마나 저금하고 얼마나 아껴 써야 하는지 궁리하면서 돈을 떼어 다람쥐처럼 저장했다. "돈을 지금 다 써 버리면 다음에는 가질 수 없다"는 현실을 내면화하기 시작한 것이다.

아무리 여러 번 설교하고 잔소리를 해도 이와 같은 교훈을 내면화하기는 힘들다. 부모가 아이에게 바운더리 의식을 심고 발전시키기 위해 아이를 키우며 견고하게 바운더리를 실천할 때만 그 일은 가능하다. 부모는 떡갈나무 같아야 한다. 아이가 거듭 나무에 머리를 부딪히다가 결국 나무가 자신보다 더 단단하다는 것을 깨달은 다음 나무 주위를 돌 때까지 끄떡없이 버티는 나무여야 한다.

바운더리를 가르칠 때의 장애물들

"뜨거운 것을 못 참겠거든 부엌 밖에 있으라"는 말은 이제 옛말이 되었다. 자녀 양육 시 뜨거운 것이란 아이가 부모의 바운더리를 미워해도 참고 견디는 것이다. 이 부분에서 부모와 아이는 각기 다른 노력을 감당해야 한다. 아이는 부모의 결심을 시험해 자신이 원하는 것을 얻어낸다. 부모는 아이의 시험들, 말하자면 화내는 것, 토라지는 것, 짜증내는 것, 그 밖의 여러 가지를 견뎌야 한다.

성경에서 가장 실패한 양육의 예로 다윗 왕과 그의 아들 아도니야를 들 수 있다. 다윗은 위대한 지도자였지만 아들에게 바운더리를 세우는 일에는 소홀했다. 성경에 이렇게 나온다. "그의 아버지가 네가 어찌하여 그리하였느냐고 하는 말로 한 번도 그를 섭섭하게 한 일이 없었더라"(왕상 1:6). 여기에 '섭섭하게 하다'는 말의 히브리어는 '불쾌하게 하다' 또는 '성나게 하다'라는 뜻이다. 그로 인해 아도니야는 자기 중심적이고 신실하지 못한 사람으로 성장했으며 왕위를 찬탈하려고 했다(열왕기상 1-2장을 보라).

바운더리를 가르치는 것은 매우 어렵다! 부모들 대부분이 자녀에게 바운더리 심는 훈련을 지속하는 것에 갈등을 느낀다. 다음은 부모가 반드시 알고 있어야 할 몇 가지 장애물들이다.

아이에게 의존함

"왜 매들린 집에서 못 자게 해요?" 열세 살 된 비버리는 엄마 서맨더에게 우는소리로 푸념했다. 엄마는 주저하듯 말했다. "애야, 이번 주에 벌써 이틀이나 집 밖에서 보냈잖니? 내일 학교도 가야 하고…. 다음에는 꼭 매들린 집에 보내 줄게."

"엄마 때문에 난 친구도 못 사귀어요! 엄마 때문에 아무것도 못한다고요. 아무것도!" 비버리는 단언하듯 소리를 지르고 씩씩거리며 이층 방으로 올라가 버렸다.

서맨더는 딸과 갈등이 생길 때마다 겪는 과정을 또 반복하기 시작했다. 서맨더는 딸이 행복하고 자신과 친하게 지내 주기를 진심으로 원했다. 딸과의 관계는 서맨더를 지탱하는 중요한 힘이었다. 딸이 차갑게 대하는 것보다 더 고통스러운 일은 없었다. 잠긴 딸의 방 문 앞에서 그녀는 말했다. "엄마가 너무 심했던 것 같아. 너도 힘들게 일주일을 보냈을 텐데. 그래, 하룻밤 정도면 그리 나쁠 것 같지 않구나."

그제서야 방 문이 활짝 열리고 딸은 엄마를 껴안으며 환호했다. "엄마가 최고예요!" 서맨더는 다시 한 번 딸과의 관계를 회복했다. 그러나 딸이 성장하면서 겪어야 할 고통의 기회를 자신도 모르게 또 한 번 가로막고 말았다.

십대 자녀가 성장하는 데 사랑보다 더 위대한 요소는 없다. 부모는 충분하고 친밀한 사랑으로 아이를 키워야 한다. 그러나 이 친밀함은 때로 아이를 향한 부모의 욕구와 혼돈될 수 있다. 이것을 '의존'이라고 부른다. 이런 경우에 부모는 애초에 세웠던 양육의 법칙과 반대로 가게 된다.

우리 대부분은 가족을 향한 아주 강한 욕구가 있다. 우리는 소속할 곳을 원하고, 그곳에서 환영과 이해를 받고 싶어한다. 하나님이 그런 욕구를 갖도록 우리를 창조하셨다. "하나님이 고독한 자들은 가족과 함께 살게 하시며"(시 68:6). 우리는 성장하면서 짝을 찾고 둥지를 튼다. 이것은 인간에게 유익하고 필요한 과정이다. 가족을 이루는 것은 우리 욕구에 부합된다.

그러나 부모가 자신의 부적절한 욕구 때문에 아이의 친밀감과 애정을 원할 때 문제가 생긴다. 아이는 자기도 모르게 부모에게 동정심과 유대감과 사랑을 주는 데 익숙해진다. 한참이나 어린 나이 때부터 아이가 부모 노릇을 하게 되는 것이다.

예를 들어 상담받으러 온 의뢰인 중 한 사람은 많은 형제들 속에서 자랐는데, 한번은 엄마에게 왜 그렇게 아이를 많이 낳았느냐고 물었다고 한다. 엄마는 이렇게 대답했다. "내가 어린 시절에 겪었던 외로움을 다시는 경험하고 싶지 않아서 그랬어."

그런 아이들은 기꺼이 부적절한 욕구를 가진 엄마 또는 아빠의 역할을 하게 될 것이다. 그들이 이런 위치를 원한 것은 아니다. 단지 부모와 자녀의 관계로 인해 아이가 그 역할 속으로 들어가게 된 것이다. 아이가 아빠의 정서적인 욕구를 위로하고 격려하며 돌보는 식으로 관계가 형성된다면, 아이는 자연히 부모 역할을 떠안게 된다.

이런 관계 속에서 자란 아이는 나중에 다른 사람을 전적으로 돌봐야만 마음이 편하거나 우울증 또는 강박증의 문제를 갖는다. 뿐만 아니라 자녀에게 의존하는 부모는 아이에게 적절한 바운더리를 설정할 때 자신의 역할을 제대로 하지 못하고 아이와 협상하는 지경에 이른다. 어떤 사람의 사랑이 꼭 필요한데 그 사람이 화를 내며 말하지 않거나 죄책감을 가질 경우에 사랑을 잃어버릴 위험이 있다면, 그에게서 무언가 권리를 빼앗거나 그와 부딪치기란 아주 어려운 일이다.

결과적으로 아이는 적절한 훈련을 받지 못하게 되고, 자신이 원하는 것을 갖기 위해 그 사랑을 이용하는 법을 배운다. 비록 부모와 자녀 모두가 깨닫지 못한다 할지라도 이것은 자녀가 정서적으로 부모를 협박하는 것이다. 그러니 부모는 자녀와의 관계가 끊어질까 봐 당연히 모든 것을 좋게만 유지하려고 애쓴다.

힘들겠지만 자신에게 정직하게 묻기 바란다. "나는 아이로부터 얻는 사랑을 잃어버릴까 봐 '안 돼'라고 말하기를 두려워하는가?" 그렇다면 다른 곳에서 그런 사랑의 관계를 형성할 수 있도록 노력해야 한다. 이런 욕구는 좋은 것이고 하나님이 우리에게 주신 것이다. " 사람이 혼자 사는 것이 좋지 아니하니"(창 2:18)라고 성경은 말한다. 아이가 어른이 되려면 많은 힘든 일들을 견딜 수 있을 만큼 강인해야 한다. 부모가 아이에게 짐이 되어서는 안 된다. 아이에게서 벗어나 자신의 욕구를 채워 줄 수 있는 친구들과 교회와 그 밖에 격려받을 수 있는 지지 모임을 찾으라.

아이와 자신을 지나치게 동일시함

트로이와 아내 캐더린은 들떠 있었다. 잠깐이지만 세 살 된 아들 개빈을 떼어놓고 오랫만에 둘만의 데이트를 하게 되었기 때문이다. 그들은 멋진 저녁 식사를 하고 음악회에 갈 계획을 세웠다. 아이를 돌봐 줄 아주머니가 오자 개빈은 그녀에게 수줍게 인사했다. 그러나 엄마 아빠가 코트 입는 것을 보자 통곡하기 시작하더니 엄마의 다리를 붙들고 떨어지지 않았다.

"갑시다, 여보." 트로이가 아내의 팔을 끌어당겼다. "아이는 괜찮아질 거예요." 그러나 캐더린은 얼어붙은 것 같았다. 아이가 눈물을 뚝뚝 흘리는 것을 보면서 지금 얼마나 외롭고 버림받은 심정일까 생각하니 마음이 찢어질 것 같았다. 그녀는 아이의 고통과 슬픔을 같이 느꼈고, 떼어놓고 나가기에는 아이가 아직 어리다는 생각이 들었다. 아무래도 계획을 미루는 게 좋을 것 같았다. "여보, 우리 다음에 가는 게 좋겠어요." 캐더린은 남편에게 애원했다. "아이가 너무 놀라서 울잖아요." 남편은 한숨을 쉬면서 코트를 벗었다. 저녁 데이트는 그걸로 끝이었다.

부모는 대개 아이에게 만족을 미루는 법을 가르치기 힘들어한다. 아이의 감정에 자신의 감정을 이입하기 때문이다. 물론 부모는 아이의 고통과 공포, 외로움에 공감해야 한다. 그럴 때 아이는 자신의 감정을 부모가 이해하고 인정해 준다는 안도감으로 내면을 채워 간다. 그리고 자기 감정을 어떻게 다루고 사용해야 하는지 배운다. 그러나 어떤 부모들은 부모 자신이 느끼는 고통과 아이의 고통을 혼동하고, 아이가 겪는 고통을 실제보다 더 심각하게 생각한다. 자신의 문제를 아이에게 투사하는 것이다. 아이는 그저 불편한 정도로 느끼는 일을 엄마는 큰 충격으로 여긴다든지, 단지 막연하게 느끼는 십대의 불안을 아빠는 거의 공포 수준으로 받아들이는 것 등이 그러한 예다.

이것은 종종 부모 자신이 해결하지 못한 문제에서 비롯되기도 한다. 예를 들어 캐더린은 어린 시절에 부모에게 정서적으로 버림받은 경험이 있다. 캐더린의 부모는 그녀가 완벽하게 행하지 못했을 때, 오랫동안 그녀에게 말을 하지 않는 식으로 사랑을 거둬들이거나 관계를 단절했다. 캐더린은 어른이 되어 결혼한 후에도 남편이 직장에서 늦게 오거나 출장을 가면 걱정되고 불안해 하며 아무도 자신을 돌봐 주지 않는 듯한 외로움을 느꼈다. 그녀는 이런 감정을 떨쳐 버리려고 애썼지만 소용없었다. 어린 시절에 버림받았던 경험이 결혼 생활에서 불쑥불쑥 그 모습을 드러냈다.

캐더린은 아들 개빈이 그녀의 다리를 붙들 때 자신의 감정을 '읽었다.' 아이의 울음 소리가 그녀의 상처를 예리하게 찌르며 마음을 꿰뚫었다. 두 사람의 경우는 분명 달랐다. 개빈은 결코 버림받은 게 아니었다. 캐더린이 살뜰하게 보살핀 덕분에 개빈은 사랑이 넘치는 양육을 받고 있었다. 아이의 눈물은 사랑받지 못한 상처 때문이 아니라 단지 세 살짜리 아이가 엄마와 떨어져 있는 것을 배우는 데 필요한 정상적인 슬픔이었다.

아이가 겪는 사소한 고통을 참을 수 없다면 부모는 자신의 고통을 아이에게 투사하고 있는지도 모른다. 자신의 과거를 돌아보면서 혹시 치유되지 않은 문제가 있는지 살펴보라. 그리고 문제를 해결해 줄 수 있는 현명한 상담자를 찾으라. 아이 역시 '상처'와 '해로움'을 분간할 수 있는 부모가 필요하다.

'사랑'과 '거리 두기'가 상반된다고 생각함

열두 살 난 론이 점수가 형편없는 성적표를 들고 집에 돌아왔을 때, 수지는 남편 키이스에게 말했다. "이제 론에게 책임을 물을 때가 된 것 같아요. 담임 선생님 말로는 론이 머리는 좋은데 수업 시간에 빈둥거리기만 한대요. 수업 태도를 고칠 때까지 휴대폰을 압수하든, 저녁에 못 나가게 하든, 게임을 금지시키든 뭐라도 해야겠어요."

"성적이 문제가 된다는 것은 나도 알아요." 키이스가 대답했다. "하지만 론은 우리의 사랑을 확인하고 싶어해요. 그런 벌을 주면 우리가 자기를 미워한다고 생각할지도 몰라요. 그러다가 나쁜 친구들이라도 사귀면 어떡해요? 그러니 우선 론과 차분히 앉아서 의논해 봅시다. 나는 론이 곧 나아질 거라고 확신해요."

예상했겠지만 론은 그후로도 오랫동안, 4년 후에 직업 학교를 중퇴하고 군에 입대할 때까지 나아지지 않았다. 군대에 가서 정신을 차리기는 했지만 그전까지 많은 기회와 시간을 잃어버린 것은 얼마나 큰 손실인가! 키이스는 아들에게 기본을 세우고 냉정하게 '거리를 두는 것'과 '사랑을 잃어버리는 것'을 동일하게 생각하는 흔한 실수를 저질렀다. 그는 아들과 화목한 상태를 위태롭게 할지도 모르는 어떤 일도 원하지 않았다.

많은 부모들이 이 문제를 잘못 이해하고 있다. 그들은 혹시라도 자녀와의 관계가 틀어질까 봐 의견 차이를 드러내거나 대립과 갈등을 두려워한다. 그래서 아이가 정말 완전히 실패할 때까지 아무 충고도 하지 않고 두고 보기만 한다. 실제로 사랑하는 것과 사랑하기 때문에 '잠시 거리를 두는 것'은 상반된 일이 아니다. 사실 좀 떨어져 있는 것을 감당할 수 있는 정도까지가 자녀를 진심으로 사랑할 수 있는 범위다.

사랑하는 사람과 한 번도 의견이 다르지 않다면 그거야말로 크게 잘못된 것이다. 어떤 사람들은 자신과 다른 사람이나 다른 태도에 두려움을 갖는다. 그런 두려움은 사랑을 몰아낸다. 성경은 "온전한 사랑이 두려움을 내쫓나니"(요일 4:18)라고 말한다. 누군가와 전혀 떨어져 있을 수 없다면 우리는 그 사람을 진정으로 사랑할 수 없다. 사랑이란 상대방에게 더 많은 자유를 주고, 그 사람이 그 사람다워질 수 있도록 해주는 것이다.

키이스가 아빠로서 해야 했던 가장 큰 사랑의 행동은, 론에게 자신의 선택에 따라 어떤 대가를 치러야 하는지 자세히 설명하여 아이가 성숙해지도록 돕는 것이었다. 그는 자기 인생을 어떻게 경영해야 하는지에 대해 의견이 다른 두 사람의 분리된 모습을 보여 줬어야 했다. 그러면서도 그가 아들을 얼마나 깊이 사랑하고 아들에게 최고의 것을 기대하고 있는지도 보여 줬어야 했다.

부모가 지속적으로 아이에게 바운더리를 설정할 때 아이는 보호와 사랑을 받고 있음을 느낀다. 부모가 자신의 자유, 즉 확실한 규범 안에서 자기 인생을 선택할 자유를 존중한다는 것과 자신과 함께 자유를 보호하고 발전시켜 갈 것임을 아이는 안다.

자녀를 바로잡기 위해 진실을 이야기할 때 우리 마음속에 사랑이 정말로 사라지는 것 같은 느낌이 들지도 모른다. 또 자녀에게 친밀하게 다가가고자 할 때 차마 정직하게 바른 말을 할 수 없음을 느낄 수도 있다. 그렇다면 우리는 우리를 격려해 주는 사람들과 함께 신실하고 정직한 사람이 되기 위한 작업을 먼저 시작해야 한다. 좋은 사람들이 우리를 더 가까이, 더 사랑으로 이끌어 줄 것이다. 그리고 나쁜 것들은 사라질 것이다. 하나님의 성품 안에서는 사랑과 진리가 친구라는 사실을 기억하라. "의(진리)와 화평(긍휼)이 서로 입맞추었으며"(시 85:10).

참다가 폭발함

캐롤은 자신의 좋은 성품 중 하나가 인내심이라고 생각한다. 그녀는 다른 사람들의 문제를 '큰 그림'으로 볼 줄 알고, 변화와 결과를 기다려 주며 부드럽게 위로하는 능력이 있다. 그러나 이렇게 좋은 성품도 고집 센 다섯 살짜리 딸 테스를 양육할 때는 종종 시험대에 오른다.

하루는 마트에서 장을 보는데 테스가 장난감과 아이스크림을 사 달라고 크게 소리를 지르며 떼를 썼다. 캐롤은 아이가 곧 그치기를 기대하며 못 들은 척하는 것이 제일 좋은 방법이라고 생각했다. 그러나 테스는 한 걸음을 뗄 때마다 더 큰 소리를 지르며 떼를 썼다.

마침내 우연히 만나 같이 쇼핑을 하던 캐롤의 친구가 참다못해 한마디 했다. "캐롤, 딸내미 버릇 좀 고쳐야겠다."

캐롤은 얼굴이 화끈 달아올랐다. 쇼핑을 마치고 차에 돌아왔을 때 테스는 과자를 달라고 또 떼를 썼다. 캐롤은 아이를 꾸짖었다. "너, 오늘 엄마를 너무 화나게 했어! 아까부터 참았는데 해도 너무하는구나. 집에 가면 네 방에 들어가 있어. 아빠에게 오늘 있었던 얘기를 다 할 때까지 나올 생각도 하지마. 알았어?" 캐롤의 참을성이 어느 정도였는지 모르지만 큰 소리로 딸을 야단치는 동안 인내심은 모두 사라지고 말았다. 겁에 질린 테스는 집에 돌아오는 내내 울었다. 캐롤은 엄마로서 죄책감과 무력감을 동시에 느꼈다.

캐롤은 자신도 모르게 '참다가 폭발하는' 식으로 테스를 대한 것이다. 처음에 아이가 적절치 못한 행동을 해도 조금 있으면 나아지겠지 하며 참기만 했다. 그러나 상황은 점점 더 악화되었고 캐롤의 화도 수위가 점점 더 높아졌다. 마침내 그녀가 애써 참았던 말들이 한꺼번에 터져 나왔다. 결국 테스는 상처를 입었고 겁에 질렸다. 부모의 일관성 없는 태도는 대개 부모의 이런 믿음에서 나온다. "아이의 나쁜 버릇이나 생각은 금세 고칠 수 있어." 그러나 불행히도 우리가 사는 세상은 그렇지 않다. 전염병에 걸리거나 지붕에 구멍이 났을 때 우리는 절대로 그런 식으로 대처하지 않는다. 일반적으로 문제는 나빠지면 나빠졌지 결코 저절로 좋아지지 않는다.

아이들도 마찬가지다. 그들의 내면에는 자신의 요구나 부적절한 행동을 제어할 장치가 없다. 성경은 "아이의 마음에는 미련한 것이 얽혔으나"(잠 22:15)라고 말한다. 아이들은 부모가 자신들을 고치고 제한하고 행동의 결과에 책임지게 하는 외적인 바운더리가 되어, 그들의 내면에 바운더리가 정착될 때까지 지속적으로 적용시켜 주기를 바란다. "세 살 버릇이 여든까지 간다"라는 속담이 있다. 자녀의 행동은 아주 어릴 때부터 일관성 있게 다루는 것이 중요하다.

'참다가 폭발하는' 것은 아이에게 자신이 원하는 건 무엇이든 끝까지 고집을 부려야 얻을 수 있음을 가르쳐 준다. 아이는 열 번을 잘못해도 그중 아홉 번은 벌을 면할 수 있으며, 나머지 한 번 정도 폭발하는 부모의 분노는 어떻게든 참고 넘기면 된다고 생각하게 된다. 생각해 보라. 얼마나 괜찮은 확률인가? 성공 확률이 90퍼센트인 주식이 있다면 그곳에 투자하고 싶지 않겠는가? 이런 식으로 자녀를 가르치지 않으려면 처음부터 자녀의 문제에 직면해야 한다. 이와 같이 일관된 양육 태도를 유지할 수 있게 친구들에게도 도움을 청해야 한다. 그래야 아이가 아무리 떼를 써도 자신이 원하는 것을 모두 가질 수 없는 세상에 잘 대비하도록 가르칠 수 있다.

느슨해짐

아이들은 부모가 마음이 약해져 자신들이 원하는 것을 해주려고 하는 것을 기가 막히게 알아챈다. 많은 부모들이 몇 시간이고 애원했다가 항의했다가 따지고 합리화하며 책임을 면하려고 기를 쓰는 머리 좋은 자녀에게 원칙을 접고 협상의 카드를 내민다. 내 친구 부부는 겨우 5분이면 되는 휴지통 비우기를 안 하려고 매번 50분씩 논쟁하려 드는 아들 때문에 골치를 앓고 있다. 아이는 자기에게 맡겨진 일을 하지 않을 수만 있다면 시간이 얼마나 걸리든 상관하지 않았다.

아이들은 부모에게 도전하고 또 도전한다. 그들은 쉽게 포기하지 않는다. 나중에 부모가 좀 더 엄격한 바운더리를 적용하려고 할 때면 더욱 거세게 저항할 것이다. 오랫동안 이런 식으로 시달릴 경우 부모는 공명정대한 하나님처럼 행동하기가 쉽지 않다. "이번 한 번만 봐 주려고 해요. 아이와 싸우면 뭐하겠어요"라고 말하는 부모들의 심정을 충분히 공감한다. 어떤 경우에는 그렇게 하는 것이 옳을 때도 있다. 그러나 매번 아이들이 자기 책임을 소홀히 하는 것을 그대로 두면 스스로 책임지는 어른으로 자랄 수 있는 아이의 능력은 손상될 것이다.

부모가 아이의 도전에 지쳐 간다는 것은 다음 두 가지 사실을 의미한다. 첫째, 부모가 어떤 상실감의 상태에 있을지도 모른다. 이것은 부모가 자신을 지지하며 협력해 주는 인간관계에서 떨어져 있거나 자신에게 투자하는 시간이 부족할 때 생긴다. 공허한 곳에 바운더리를 세울 수는 없다. 빈 통을 채우기 위해 규칙적으로 자기를 위한 시간을 내거 도움이 될 만한 인간관계를 가져야 한다. 자녀 양육은 한시적인 일이지 영원히 아이와 자신을 동일시해야 하는 일이 아님을 기억하라. 아이는 부모와 함께 자신이 우주의 중심이 아니라는 것과 자신의 꿈을 추구하는 자유가 있다는 것을 배워야 한다.

둘째, 아이가 끝까지 고집을 부리면 부모가 양보하는 식으로 아이를 훈련시켜 온 것이다. 한 친구가 말했다. "아이를 잘 키우는 비결은, 아이가 조르는 횟수보다 부모가 원칙을 지키는 횟수가 한 번만 더 많으면 돼. 간단해. 부모에게 필요한 건 '한 번만 더 아이를 이기는 것'이야." 수천 번도 넘게 원칙을 지킬 수 있도록 옆에서 응원하는 치어리더가 부모에게 필요하다. 다행인 것은 정말 그렇게 할 경우 아이도 엄마가 정말로 원칙을 지킨다는 사실을 알게 되고, 그런 다음에는 더 이상 헛된 시도를 하지 않으리라는 것이다.

그러나 이 사실을 기억하라. 부모가 갖지 못한 것을 자녀에게 훈련시킬 수는 없다. 바운더리를 말로 가르치지 말라. 부모 자신이 바운더리가 되어야 한다. 아직도 자신에게 바운더리 문제가 있다면 먼저 스스로 올바른 바운더리를 세우라. 그래야 부모와 아이 모두에게 유익하다.

　이제 바운더리를 가진 부모가 되는 것과 바운더리 안에서 자녀를 양육하는 것의 중요성을 충분히 알게 되었고, 그렇게 하려는 결심을 했으리라고 믿는다. 다음 장부터는 10가지 바운더리 법칙을 다룰 것이다. 이 법칙들은 우리가 가정에서 아이들에게 여러 바운더리를 적용할 때 매우 유용하다. 이 법칙들을 도구로 잘 사용한다면 아이에게 책임감을 가르칠 수 있다.

2부

아이에게 필요한 10가지 바운더리 법칙

4.

파종과 수확의 법칙 :
이렇게 하면 내게 어떤 일이 일어날까?

샐리는 온 가족이 함께 디즈니랜드에 가는 멋진 계획을 세웠다. 정오에 출발할 것이므로 아침을 먹으며 출발 전에 해야 할 일을 생각해 보았다. 그녀는 아들 제이슨이 그동안 미뤄 왔던 마당 치우기를 오전 중에 끝내기를 바랐다. 친구네에서 빌려 온 갈퀴와 그 밖의 기구들을 그 날 돌려줘야 했기 때문이다.

    샐리는 제이슨에게 출발 전에 그 일을 '반드시' 해야 한다고 말했다. 오전 11시 30분까지는 일을 '완전히' 끝내야 한다고 얼마나 강조했던지 제이슨은 바로 일을 시작하겠다는 맹세를 할 정도였다. 그러나 한 시간이 지나도 제이슨은 일을 시작하지 않았다. 샐리는 다시 한 번 재촉했다. 다시 30분이 지나서 또 한 번 아들에게 마당을 치우기로 한 약속을 환기시켰다.

다른 일로 바빴던 샐리가 11시 30분이 되어서야 거실에 들어왔다. 그때에도 제이슨은 여전히 텔레비전 앞에 있었다.

"너 지금 뭐하고 있니?" 그녀는 소리를 질렀다. "출발하기 전에 마당을 치워야 한다고 몇 번이나 말했니? 너 때문에 다 늦었어! 어쩜 우리를 이렇게 실망시킬 수 있니."

그녀와 남편, 여동생, 제이슨이 모두 나서서 마당을 치우고 마침내 오후 1시 10분에 출발할 때까지 화가 난 샐리는 계속해서 제이슨을 나무랐다. 디즈니랜드까지 가는 내내 분위기가 냉랭했다. 그날 가족들 모두의 기분은 엉망이었다.

다른 집에서도 비슷한 상황이 일어났지만 결과는 전혀 달랐다. 수잔은 오후에 세 딸을 데리고 쇼핑을 가기로 했다. 그녀는 딸들에게 출발 전에 해야 할 일들을 지시하면서 1시에 출발할 텐데 일을 끝내지 못한 사람은 가지 못한다고 일러뒀다.

수잔은 출발하기 15분 전쯤 둘째 젠이 자기 일을 다 끝내지 못한 것을 알았다.

"너는 가지 않기로 한 것 같구나." 수잔은 젠에게 말했다. "안 됐다. 우리도 네가 못 가서 아쉬워."

"엄마, 그럴 수 없어요. 공평하지 않아요!" 젠이 소리쳤다.

"쇼핑하러 가기 전에 그 일을 마쳐야 한다고 내가 분명히 말했지? 나도 안타까워. 하지만 이따 보자. 지금은 그 일을 저녁 때까지도 못 마쳤을 경우에 대해 생각할 시간이 없어. 사실 그것까지 걱정할 필요는 없겠지. 부디 다른 벌은 피할 수 있는 편을 선택하기 바란다. 우리끼리 재미있는 쇼핑을 하게 되어 미안해! 안녕."

수잔과 두 딸은 즐거운 오후를 보냈다.

실제적인 법칙 가르치기

부모들은 심리적이고 부정적인 대응과 실제적인 대응을 구분하지 못할 때 큰 문제에 부딪힌다. 삶은 실제적인 결과들 위에 서 있다. 화내기, 죄책감 들게 하기, 잔소리하기, 사랑하지 않기와 같은 심리적이고 부정적인 대응들은 대개 사람들을 변화시키는 자극이 되지 못한다. 변화가 약간 있더라도 단지 심리적인 압박을 완화시키려는 일시적인 변화일 뿐이다. 진정한 변화는 대개 자기 행동의 결과로 고통을 겪거나 시간과 돈, 소유물, 좋아하는 것, 중요한 사람을 잃는 일이 실제로 따를 때에만 일어난다.

위의 이야기에서 샐리와 수잔은 근본적으로 같은 상황에 처했다. 그러나 그들이 보여 준 반응은 대조적이다. 샐리는 실제적으로 대응하기보다는 심리적이고 부정적인 대응을 했다. 수잔은 심리적인 대응은 피하고 실제적인 대응을 했다.

간단히 말해, 수잔은 젠에게 뿌린 대로 거두는 파종과 수확의 법칙을 경험하게 했다. 젠은 무책임의 씨를 뿌렸고 그에 따른 결과를 거둬야 했다. 말하자면 그녀가 중요하게 여기는 것을 실제로 못하게 되었다. 그것이 현실적으로 유효한 방법이 아닌가?

뿌린 대로 거두는 법칙에 대한 깨달음은 어른이 되어서도 필요하다. "사람이 무엇으로 심든지 그대로 거두리라 자기의 육체를 위하여 심는 자는 육체로부터 썩어질 것을 거두고 성령을 위하여 심는 자는 성령으로부터 영생을 거두리라"(갈 6:7-8)는 말씀을 깊이 생각해 보라.

제이슨에 대한 샐리의 대응	젠에 대한 수잔의 대응
• 아침 내내 잔소리를 해서 제이슨이 시간에 유의할 필요가 없게 만들었다. • 소리를 지르고 화를 내는 바람에 문제의 초점이 제이슨의 게으름에서 엄마의 화로 옮겨 갔다. '내가 게을러서 어떤 것을 잃게 되었다' 대신에 '나 때문에 엄마가 화가 났다'로 초점이 바뀐 것이다. • 아이의 행동 때문에 피해를 보게 되었다는 태도를 취했다. "너 때문에 다 늦었어." 아이가 가족 전체의 계획과 분위기를 망쳤다며 아이를 혼냈다. • 아이의 변화를 돕는 유일한 감정인 '슬픔' 대신에 다른 나쁜 감정(죄책감, 원망, 분노)을 불러일으켰다. • 가장 나쁜 것은 아이가 엄마의 말을 듣지 않아 엄마를 슬프게 한 것 말고는 자기 행동에 따른 대가를 치르지 않은 것이다.	• 처음부터 잔소리를 하지 않았다. 젠이 원한다면 시계를 볼 수 있다고 생각했다. • 문제의 초점이 자신에게 오지 않도록 젠에게 감정적으로 대응하지 않았다. • 아이의 행동으로 인해 피해를 보지 않았다. 젠의 행동이 가족의 계획이나 분위기를 망치지 않도록 스스로를 잘 관리했다. • 젠에게 감정적으로 대응하지 않음으로써 젠 자신이 손해 보는 경험을 하게 했다. • 자기 행동 때문에 자신이 중요하게 여기는 것을 못하게 되는 대가를 치렀음을 젠에게 확인시켜 줬다.

자신의 잘못에 상응하는 대가를 치렀을 때 거기에서 교훈을 얻지 않겠는가? 실제로 손해를 봐야 우리는 행동을 바꾼다.

파종과 수확의 법칙은 긍정적이든 부정적이든 우리가 매일 만나는 법칙이다. 하나님은 그 법칙을 전 세계에 퍼뜨리셨으며, 우리는 그 법칙 위에서 얼마든지 인생을 세워 갈 수 있다. 긍정적인 면에서 우리는 그 법칙에 의존해 다음과 같은 좋은 일들을 일어나게 할 수 있다.

- 열심히 일하면 직장에서 성공할 수 있다.
- 거래처를 여러 번 방문하면 그만큼 물건을 많이 팔 수 있다.
- 성경을 공부하고 하나님을 찾으면 하나님과의 관계에서 영적으로 성장할 수 있다.
- 관심 있는 사람들에게 마음을 열고 함께 시간을 보낸다면 관계를 발전

시킬 수 있다.

또한 그 법칙에 따라 나쁜 일들을 일어나게 할 수도 있다.

- 먹고 싶은 대로 마구 먹으면 체중이 늘거나 심장병이 생길 수 있다.
- 사람들에게 소리를 지르면 그들은 상처를 입고 관계는 멀어질 것이다.
- 직장에서 최선을 다하지 않으면 만족할 수 없는 수준에 머물고 만다.
- 생각 없이 소비생활을 하면 재정의 어려움을 겪고 자유를 잃을 수 있다.

파종과 수확의 법칙에서 긍정적인 면은, 우리가 힘을 어떻게 쓸 것인가에 대해 합리적으로 인식하고 우리의 삶을 제어할 수 있게 된다는 것이다. 이것은 하나님이 의도하신 바이며, 하나님은 우리가 좋은 열매를 거두기 위해 우리의 재능과 삶을 투자할 때 기뻐하신다(마 25:14-30). 성경 말씀과 인생의 경험은 둘 다 우리에게 노력하고 부지런하며 책임감을 갖는 것이 유익함을 보여 준다.

파종과 수확의 법칙에서 부정적인 면은, 우리가 자초할 수 있는 나쁜 일들에 대해 건강한 두려움을 갖게 된다는 것이다. 결과에 대한 건강한 안목을 가질 때 우리는 현실감을 잃지 않고 올바른 방향으로 나아갈 수 있다. 예를 들어 대인 관계의 실패를 통해 오히려 성공적으로 사랑할 수 있는 방법을 배우는 것이다.

파종과 수확의 법칙을 배우지 않으면 우리는 삶의 긍정적인 면과 부정적인 면을 모두 잃는다. 일을 잘하고 부지런해지려는 동기를 갖지 못하는 동시에 게으름과 무책임, 그 밖의 성품의 문제들을 두려워하지 않게 된다. 두 가지 상황 모두 고통으로 결론을 맺는다. 말하자면 현실적으로 좋은 것을 잃고 나쁜 일을 만나게 된다.

제이슨이 배웠던 것에 대해 생각해 보자. 그는 이런 것들을 배웠을 것이다. "내가 할 일을 다 할 필요는 없어. 다른 사람이 대신 해줄 테니까. 내가 안 해도 큰일은 나지 않아. 책임 같은 건 날려 버려. 어쨌든 디즈니랜드에 가게 되었잖아. 손해 본 게 없어. 물론 사람들이 뭐라고 하겠지. 못 들은 척하면 돼. 그까짓 잔소리 듣는 건 문제도 아니야. 어쨌거나 장래에 만날 직장 상사와 아내를 어떻게 대해야 할지 한 수 배웠네."

누가 '불쌍한 처지'가 되었는가?

아이가 자기 행동에 따른 결과를 스스로 책임지게 해야 한다. 그래야 부모가 아니라 아이가 책임의 필요성을 느낀다. 아이에게 결과를 책임지게 해야 아이가 문제를 자기 것으로 받아들인다.

어느 날 나는 친구 집에 가서 아홉 살 난 친구 아들에게 같이 나가서 농구를 하자고 제안했다.

"안 돼요. 집에 있어야 해요." 친구 아들이 말했다.

"왜?" 내가 물었다.

"엄마가 전화할 때 제가 방해했거든요. 그래서 제가 '불쌍한 처지'가 되었어요."

"내가 불쌍한 처지가 되었다." "내 행동 때문에 내게 곤란한 문제가 생겼다." 아이에게 책임을 묻는 일이 그에게 가르쳐 준 교훈이 바로 이것이다. 그러나 아이의 행동이 아이 자신에게 문제가 되지 않는 경우가 너무나 많다. 무언가를 잘못했다고 해서 자신이 소중히 여기는 것을 잃는 일도 없다. 부모가 아이의 문제를 대신 짊어지기 때문이다. 아이가 자기 문제를 스스로 걱정하고 해결해야 한다는 점을 기억하라. 부모의 역할은 아이가 그렇게 하고 싶어지도록 돕는 것이다. 결과를 책임지게 해야 아이에게 동기가 생긴다.

젠은 자신의 게으름이 엄마의 문제가 아니라 자신의 문제임을 배웠다. 그래서 다음 번에도 정한 시간까지 일을 마치지 못했을 때, 자신이 소중히 여기는 것을 잃게 될 것이라는 경고를 듣는다면 젠은 시계를 보며 계획을 세울 것이다.

그러나 제이슨은 자기 행동이 자신의 문제임을 아직 배우지 못했다. 그것은 여전히 엄마의 문제일 뿐이다. 엄마만 걱정하고 긴장하고 발을 동동 구른다. 제이슨이 놀이공원에 가는 데는 아무 지장이 없다.

부모 노릇을 해야 되는 상황에서 어떻게 할지 생각할 때 다음의 질문들을 기억하기 바란다.

- 이것은 누구의 문제인가?
- 아이가 문제를 경험하도록 돕기 위해 나는 무슨 일을 할 수 있는가?
- 아이가 문제를 경험하지 못하도록 나는 어떻게 아이를 막고 있는가?

나이와 내용은 변하지만 법칙은 동일하다

파종과 수확의 법칙은 자녀의 삶에서 가장 기본적인 교훈 가운데 하나인 '절제'(갈 5:23)를 가르쳐 준다. "내가 내 삶의 질을 결정한다"는 것을 배우는 것이다. 집에 홀로 불쌍하게 남을 것인지 놀이공원에 갈 것인지가 자신의 선택에 달려 있음을 깨닫는다. 맡은 일을 하면 놀 수 있지만 그렇지 않을 경우 대가를 치러야 한다. 어느 쪽을 선택하든 내 삶은 부모가 아니라 내가 결정한다는 것이다.

걸음마하는 아이에게는 "만지지 마. 안 그러면 저쪽에 있는 의자에 혼자 앉아 있어야 해"라고 말해 줘야 한다. 아이가 자라 소년이 되면 "자전거를 타고 길 모퉁이를 돌 땐 속도를 줄이렴. 안 그러면 자전거를 못 타게 될 거야"라고 말해 줘야 한다. 그 말은 십대에게는 "담배 피우지 마라. 안 그러면 용돈이 절반으로 줄 거야"가 될 것이다.

물론 아이가 좋은 선택을 할 때는 반대의 일들이 일어난다. "규칙을 잘 지켰으니 원하는 만큼 거기에서 놀아도 돼." "정한 구역에서 조심스럽게 자전거를 탔으니 좀 더 멀리까지 나가는 것에 대해 생각해 보자." "담배를 끊었으니 이번 여름 캠프에 대해 이야기해 볼까?"

아이가 처한 상황에 따라 세세한 사항들이 항상 달라진다. 이것은 어른이 되어서도 마찬가지다. "장난치지 않는다면 식탁에서 음식을 먹어도 좋아." "할당량을 다 팔면 지역 전체를 관리해도 좋습니다." 이와 같이 내용은 바뀌어도 법칙은 동일하다. 좋은 선택을 하면 그렇지 않을 때보다 삶이 확실히 더 좋아진다.

이러한 공식을 가르치고자 한다면 아이에게 자유를 주고 스스로 선택하게 하며 그에 따라 적절하게 대응하면 된다. 자녀가 책임감 있게 일을 잘 해내면 칭찬하고 선택의 자유를 더 넓혀 준다. 그리고 맡은 일을 성실하게 했기 때문에 더 많은 혜택을 누리는 것임을 강조한다.

한편 아이가 나쁜 선택을 해서 손해를 본 안타까운 심정에도 충분히 공감해 줘야 한다. "거봐, 내가 뭐라고 했어?" 하는 식으로 말하지 말라. 아이에게 공감하는 말은 다음과 같다.

- "오늘 놀지 못하게 되어 안 됐다."

- "게임을 못하게 되어 속상하지? 나 같아도 속상하겠다."
- "배고프겠다. 굶으면 정말 힘든데."

이 말들을 다음과 비교해 보라.

- "울긴 왜 울어. 진즉에 내 말을 들을 것이지."
- "불공평하단 말은 하지 마. 네가 자초한 일이야. 결과는 네가 거둬야지."
- "제멋대로 굴더니 굶게 됐네. 너 때문에 우리도 식사가 늦어졌어. 다시는 그러지 마."

아이는 두 번째 유형으로 말하는 사람을 쉽게 원망할 수 있다. 그럴 경우 상황을 힘들게 만든 자신의 행동을 고치려 하기보다는 자신을 기분 나쁘게 만든 부모에 대한 섭섭함에 더 초점을 맞추게 된다. 아이가 그릇된 선택을 했더라도 현재의 심정에 충분히 공감해 주라. 공감은 부모와 자녀 사이에 벽 대신에 다리를 놓는다.

자유, 선택 그리고 대응의 조화

부모의 목표는 부모가 원하는 것을 하도록 아이를 조정하는 것이 아니다. 부모의 목표는 아이가 원하는 것을 할 수 있는 기회를 주고, 잘못된 행동을 할 때 그에 상응하는 곤란을 겪게 하는 것이어야 한다.

하루 종일 외출 금지 당하는 것을 누가 좋아하겠는가? 이런 방법으로는 아이가 어떤 일을 하도록 만들지 못한다. 우리는 다만 아이가 스스로 선택하게 하고, 파종과 수확의 법칙이 실제로 구현되도록 해야 한다. 무책임의 씨를 뿌리면 고통의 열매를 거두고, 책임 있는 행동의 씨를 뿌리면 유익한 열매를 거둘 테니 당연히 후자의 길을 선택하도록 말이다.

어린 조이는 모순되는 두 가지를 원하고 있었다.

1. 내 마음대로 행동하고 싶어.
2. 그 일이 내게 좋은 것이 되기를 원해.

조이의 엄마도 역시 두 가지를 원하고 있다.

1. 그 일이 조이에게 좋은 것이기를 원해.
2. 조이가 옳은 일을 하기를 원해.

엄마는 조이가 책임감 있는 어른으로 자라기 위해 해야 할 일들이 무엇인지 알고 있으며, 조이가 자신의 삶을 잘 꾸려 가도록 특권, 자유, 상, 벌 등을 적절하게 사용해 가르치고 있다. 자신의 임무가 조이가 원하는 것을 두 가지 모두 얻을 수는 없음을 확실히 알려 주는 것임을 안다면 그녀는 잘하고 있는 것이다. 아이는 두 가지 중 하나만 가질 수 있다. 만약 자기 방법대로 할 일을 선택한다면 결과는 그에게 유익하지 않을 수 있다. 결과가 좋게 되었다면 그것은 그가 선택을 잘했기 때문이다. 부모는 아이가 거두는 열매를 조정해야 한다.

마찬가지로 어른도 두 가지를 다 가질 수는 없다. "나는 성공하고 싶다"와 "나는 매일 무엇이든 내 마음대로 하고 싶다" 중에서 한 가지만 선택해야 한다. 아이가 그래야만 하는 것처럼 말이다.

여기에서 중요한 것은, 아이가 직접 두 가지 중 하나를 선택해야 한다는 것이다. 그것이 자유의 본질이며 절제의 근본이다. 절제는 자유와 선택 없이 존재하지 않는다. 부모의 임무는 다만 자녀에게 적절한 자유와 선택의 기회를 주고 그 결과를 관리하는 것이다. 기본적인 신학의 진리 가운데 하나를 기억하라.

자유 = 책임 = 결과 = 사랑

이 모든 것이 균형을 이루고 있다면 잘하고 있는 것이다. 자녀가 자유롭게 선택하고 행동의 결과에 책임을 진다면, 부모는 올바른 이유로 올바른 일을 하는 아주 성실한 아이 한 명을 키우고 있는 것이다.

그중 어느 하나가 균형을 이루지 못한다면, 예를 들어 책임질 수 있는 것보다 더 많은 자유가 부여된다면 성품의 문제가 생긴다. 또는 책임만 주어지고 선택할 자유가 없다면 아이는 노예나 로봇과 다를 바가 없어 기꺼운 마음이 아니라 명령에 의한 복종과 원망하는 마음으로 선택을 할 것이다. 또는 자유와 책임은 있는데 자유를 잘못 사용한 결과 고통당하는 경험을 하지 못했다면, 아이는 성품의 문제를 갖게 되고 결국 무책임하고 불성실한 사람이 되고 말 것이다.

아이들은 제한된 자유 안에서 선택을 하고, 그로 인한 결과를 만들어 내며 성실함을 개발해 간다. 어른들도 다르지 않다. 자유를 주고 책임을 요구하고 결과에 대한 보상이 주어지는 가운데 철저하게 성실한 사람이 되어 간다.

아이의 성장을 방해하는 부모

부모들은 아이가 스스로 택한 행동으로 인해 고통을 겪는 상황을 차마 내버려두지 못한다. 그들을 대신해 보석금을 내주고 어떻게든 자유롭게 해주고 싶은 것이 부모의 자연스러운 심정이다.

여기 한 가지 테스트가 있다. 다음 날 아침에 제출해야 하는 숙제를 급하게 하겠다고, 그것도 밤늦게 불쑥 들고 온 아이를 돕기 위해 쩔쩔맨 적이 얼마나 되는가?

"엄마, 숙제하는 데 풀이 필요해요."
"미안하다. 풀이 없구나."
"풀이 꼭 필요해요. 내일까지 숙제를 내야 해요."
"언제 숙제를 받았는데?"
"두 주 전에요."
"왜 풀을 미리 준비하지 않았니?"
"까먹었어요."
"이 시간에 문을 연 문방구가 어디 있다고. 마트에 가려면 차로 20분은 가야 해. 너 어쩜 그럴 수 있니?"
"죄송해요, 엄마. 하지만 이 숙제는 안 하면 안 돼요. 점수가 깎인단 말이에요."
"으이구, 차에 타렴."

(실망해서 화를 내는 엄마도 있지만, 전혀 신경 쓰지 않는 엄마도 있다.)

위의 엄마와 미래에 대한 안목을 가진 다음의 엄마를 비교해 보라.

"엄마, 숙제하는 데 풀이 필요해요."

"미안하다. 풀이 없구나."

"풀이 꼭 필요해요. 내일까지 숙제를 내야 해요."

"어떤 선생님이 학용품 챙길 시간도 주지 않고 이 시간에 숙제를 내주셨니?"

"아니에요, 엄마. 선생님은 학교에서 숙제를 내주셨어요."

"언제?"

"두 주 전에요."

"그러면 학용품을 준비할 시간이 두 주나 있었구나?"

"네, 하지만 저는 집에 풀이 있는 줄 알았어요."

"그것 참 안 됐다. 지난번 숙제할 때도 갑자기 펠트지를 내놓으라고 하더니 이번에는 풀이네. 아무튼 집에는 풀이 없어. 시간도 너무 늦었어. 풀 없이 숙제하는 방법을 생각해 보는 게 좋겠다. 알아서 잘 해보렴."

두 번째 엄마는 미래를 내다보며 아들에게 더 나은 미래를 보장하는 좋은 성품을 길러 주기 위해 오늘 무엇을 가르쳐야 하는지 알고 있다. 그녀는 아들에게 좋지 못한 성품이 서서히 나타나고 있음을 보았다. 아이가 준비물을 급하게 구한 게 이번이 처음이 아닌 것이다. 아이가 미리 생각하고 책임감 있게 계획을 세우고 정한 시간 내에 숙제를 해놓았다면, 한밤중에 급박하게 아이의 숙제를 도와줘야 하는 문제는 생기지 않았을 것이다.

두 번째 엄마는 무조건 아이를 도우려는 첫 번째 엄마와는 다르다. 그녀는 앞으로 아들의 인생을 어렵게 만들지도 모르는 성격이 자라는 것을 보았다. 그녀가 본 아들의 미래 모습은 이런 것이다.

- 상사에게 제출할 과제를 미루다가 막판에 급히 해보지만 결국 직장을 잃는다.
- 세무 자료에 손도 대지 않고 있다가 제출 기한을 넘겨 국세청에서 세무 조사를 받는다.
- 자기 책임을 다하지 않고 항상 다른 사람들에게 의존하려는 경향 때문에 인간관계가 무너진다.

그래서 그녀는 아이가 파종과 수확의 법칙을 깨달을 수 있는 기회를 방해하지 않기로 결심했고, 그 법칙을 원래대로 적용했다. 아이는 미루기의 씨를 뿌렸고 계획성이 부족한 것 때문에 벌을 받아야 했다. 결과적으로 아이는 나중에 어른이 되어 배우는 것보다 훨씬 더 싼 값에 아프지만 귀한 교훈을 얻을 것이다. 학교에서는 어떤 손실을 입었는지 모르지만 어른이 되어 같은 행동을 했을 때 입을 손실보다는 훨씬 적을 것이다.

그 법칙은 부모들이 방해만 하지 않는다면 자연스럽게 작동된다. 그러나 부모들은 너무 자주 그 법칙의 흐름을 방해한다. 아이가 법칙의 교훈을 배우기도 전에 끼어든다. 그렇게 되면 아이는 자기 대신 보석금을 내줄 사람이 다 없어질 때까지 그 법칙을 배우지 못한다. 마약 중독자나 무책임한 사람들은 주변의 모든 사람들로 하여금 자기 대신 대가를 치르게 하고 넌더리를 내게 만든다. 부모가 할 일은 아이의 잘못된 행동에 보석금을 내줌으로써 나중에 다른 사람들이 괴로움을 겪게 되는 대신에, 지금 아이가 직접 고통을 당하고 그 가운데서 치유될 수 있도록 하는 것이다.

그러자면 부모는 아이가 징계로 인해 고통당하는 것에 편안한 마음을 가져야 한다. 성경은 "무릇 징계가 당시에는 즐거워 보이지 않고 슬퍼 보이나 후에 그로 말미암아 연단 받은 자들은 의와 평강의 열매를 맺느니라"(히 12:11)고 말한다.

'아픈'(painful)이란 그리스어는 '비통한, 마지못해 하는, 심한 슬픔'을 의미한다. 결코 아름다운 말은 아니지만 훈련의 열매를 얻으려면 아픔이 있어야 한다. 그러나 부모들은 자녀의 고통을 지나치게 자신의 고통과 동일시하기 때문에 파종과 수확의 법칙을 방해한다. 아이가 자라서 훗날 그 고통을 겪을 게 아니라 지금 경험하게 하라. 고통은 반드시 필요하다. 무책임의 결과가 훗날 실직이나 이혼이 아니라 지금 약간의 혜택을 잃는 것일 때 확실하게 고쳐야 한다.

아이가 고통당하는 것을 의연하게 지켜보기가 너무 힘들다면 그런 마음을 극복할 수 있도록 도와줄 사람을 찾으라. 부모에게 과거의 상처, 바운더리의 결여, 또는 술이나 마약에 중독된 가족 때문에 어린 시절에 형성된 불건전한 심리가 있을지 모른다. 그런 부모는 아이가 필요한 태도를 갖출 수 있도록 전문 상담가나 지지 그룹의 도움을 반드시 받아야 한다.

은혜와 진리의 조화

성숙해지려면 은혜와 진리를 어떻게 조화시켜야 하는지 여러 번 언급했지만 뒤에 가서 더 이야기하겠다. 간단히 말해 사람을 성장시키는 비결은 언제나 은혜를 더하는 진리다. 한 사람에게 은혜(무조건적인 호의)와 진리(바운더리를 세우는 것)를 지속적으로 베푼다면, 부모는 아이를 훌륭한 인격자로 키우기 위해 가장 위대한 일을 하고 있는 것이다.

은혜는 지지, 자원, 사랑, 동정, 용서, 그리고 하나님의 속성과 관계된 모든 것을 포함한다. 진리는 삶을 구성하는 뼈대다. 진리를 통해 우리는 우리의 삶이 어떻게 될 것인지 추측할 수 있다. 실제로 진리는 삶이 어떤 식으로 진행되고 있는지 말해 준다. 파종과 수확의 법칙은 성공적인 삶의 기본이다. 부모는 아이에게 무엇이 유익한지 거듭 이야기해야 한다. 어떤 식으로 일해야 하는지, 훌륭하게 잘 살려면 어떻게 해야 하는지 말해 줄 수 있다.

그러나 부모의 가르침과 설교가 아이 자신의 경험을 통해 내면의 진리로 뿌리내리기까지 그것은 아이에게 단지 이론이고 잔소리이며 뻔한 넋두리일 뿐이다. 아이뿐만 아니라 누구에게나 진실이 진리가 되기 위해서는 관념이 아닌 현실이 되어야 한다. 엄마가 아무리 이것이 좋다, 저것이 유익하다고 말해도 아이가 그것을 진실로 알려면 그것이 실제가 되어야 한다. 그리고 그것을 실제로 만들어 주는 것이 부모의 임무다. 그래야 진실이 진리가 된다.

파종과 수확의 법칙 지키기

파종과 수확의 법칙을 실제화하는 방법은 무수히 많다. 그러나 결국은 부모의 창의성에 달린 문제다. 몇 가지를 제시하자면 다음과 같다.

- 아이가 잘못했을 때 그로 인한 결과가 자연스럽게 드러나도록 하라. 예를 들어 영화 보러 갈 준비를 늦게 하면 영화를 보지 못하게 되는 것이다. 저녁 식사 시간에 계속해서 늦으면 밥을 못 먹게 되는 것이다. 숙제를 미루면 벌점을 받는 것이다. 자기 몫의 집안일을 하지 않으면 다른

가족이 힘들어지는 것이다. 어디에 가는지 부모님에게 말하지 않고 다니면 외출 금지를 당하는 것이다.

- 심각한 잘못을 저질렀을 때를 고려해 작은 일에 징계를 남발하지 말라. 일반적으로 우리는 논의하고 있는 대응들은 아이를 나쁜 성품으로 이끌 위험이 있는 행동을 위한 것이다. 아이를 대할 때는 때로 유연함과 이해가 필요하다. 회사에서도 아플 때는 병가를 낼 수 있지 않은가. 학교에서도 정당한 사유가 있는 결석은 용납한다. 그러나 아이가 매사에 변명을 한다면 그것은 변명이 아니라 자기 합리화다. 먼저 설득이나 경고, 대화를 하고 그것이 실패했을 때 다음 단계인 징계로 넘어간다.

- 즉각 대응하라. 아이가 어릴수록 즉각 대응해야 한다. 아주 어린 아이에게는 강력하게 "안 돼"라고 말하기, 잠시 놀이를 중지시키기, 격리하기, 엉덩이 때리기, 그 상황을 끝내기 등과 같은 대응이 효과적이다.

- 감정적인 대응을 피하고 실제적으로 대응하라. 분노, 죄책감, 수치심으로는 아이의 행동을 고칠 수 없다. 스마트폰 및 컴퓨터 사용, 텔레비전 시청, 용돈 등이 줄어드는 실제 고통 속에서 아이는 훨씬 더 잘 배운다.

- 아이가 부모의 감정에 신경을 쓴다면 감정적인 대응을 해도 좋다. 아이의 행동으로 인해 부모나 다른 사람의 마음이 상했다면, 아이에게 그 점에 대해 말하고 당시에 마음이 어땠는지에 대해서도 이야기하라. "네가 엄마한테 그렇게 말해서 슬펐어. 그런 소리는 듣고 싶지 않구나. 거리감이 느껴지거든. 앞으로 버릇없이 말하면 듣지 않을 거야. 예의 없이 말하는 아이와는 이야기하고 싶지 않아. 하지만 바른 태도로 말한다면 얼마든지 기쁘게 들을 준비가 되어 있어."

- 아이의 나쁜 행동으로부터 부모와 다른 가족들을 보호할 수 있는 대응책을 생각하라. 말하자면 부모 자신의 바운더리가 최고의 바운더리다.

"말다툼하며 식사를 하고 싶지 않아. 지미, 네 방에 가 있는 게 좋겠다. 싸우지 않고 밥 먹을 준비가 되면 다시 오렴. 분명히 말하지만 식사 시간은 7시 30분까지야. 그후에는 먹을 수 없어. 후식은 저녁 식사를 한 사람에게만 줄 거고." "거실은 가족 모두의 공간이야. 오갈 때마다 네 물건들이 발에 걸리지 않으면 좋겠어. 저녁 때까지 장난감들이 거실에 널려 있으면 모두 압수할 거야. 되돌려 받으려면 대가를 치러야 한단다."

친구의 딸은 할 일 많은 엄마를 붙들고 끝없이 질문하고 이야기를 하려 했다. 그럴 때 친구는 딸에게 이렇게 말한다. "이야기할 시간이 끝났단다."

"엄마, 난 아직 끝나지 않았어요."

그러나 친구의 대답은 명확하다. "네 말이 아직 끝나지 않은 것은 알아. 하지만 나는 듣는 것을 끝냈단다."

자신의 바운더리가 최고의 바운더리다.

- 선택의 기회를 되도록 많이 주라. 가족이 함께 움직여야 해서 한 가지 선택만 할 수 있는 상황이더라도 다른 선택의 여지를 주라. 예를 들면 이렇다. "너는 우리와 같이 가서 즐거운 시간을 보내는 선택을 할 수 있어. 그렇지 않은 편을 선택할 수도 있고. 어느 쪽이 좋니? 우리와 함께 하는 게 힘들다면 다음에 영화 보러 갈 땐 참고할게."
- 대응하기 전에 아이가 잘못된 행동을 할 수밖에 없었던 이유가 있는지 확인하라. 두려움이나 의학적, 감정적 문제가 있는 건 아닌지 점검하라. 아이가 고통, 상처받은 느낌, 무력감, 또는 표현하기 힘든 감정의 상태를 행동으로 드러내고 있는지도 모른다. 예를 들어 가정에서 이혼, 부부

싸움, 이사와 같은 일이 생길 때 아이들이 스트레스를 행동으로 드러내거나 퇴행 현상을 보이는 것은 이상한 일이 아니다. 그 고통은 부모나 친구들에게서 받은 상처를 직접 나타내는 것일 수 있다. 아이들은 무수히 많은 경로를 통해 상처를 받는다. 아이의 잘못된 행동은 종종 단순히 금지한다고 해서 고칠 수 없고, 다른 종류의 보살핌이 필요한 깊은 고통의 표현일 수 있다. 공감에 대해 쓴 장을 보라.

- 잘못된 행동에 대해 아이와 대화를 나누라. 대화는 아이와 부모의 관계가 평안할 때 하는 것이 좋다. "넌 언제 그런 식으로 행동하고 싶니? 난 네가 정말 궁금하고 너를 이해하고 싶어. 엄마에게 말하고 싶은 것이 있니? 혹시 화난 일은 없니? 속상했던 적은? 다음에 또 이런 일이 생길 때 어떻게 하면 좋을지 네가 한번 생각해 보면 좋겠어."

상과 벌에 대한 더 많은 이야기들

휴지통 비우기 같이 작은 일을 시켰더니 아들이 "그러면 뭐 해줄 거예요?"라고 물었다던 한 엄마가 물었다. "어떻게 해야 아이에게 지혜롭게 보상할 수 있을까요?" 나는 대답했다. "시킨 일을 하지 않으면 힘든 시간을 보내게 될 것이라고 아들에게 말하세요." 그녀는 재미있다는 듯이 나를 바라보았다. 우리는 상과 벌에 대해 흥미로운 토론을 했다.

다음 두 가지 경우에는 상을 주는 것이 좋다.

1. 새로운 기술을 익혔을 때
2. 어떤 일을 탁월하게 해냈을 때

다음 두 가지 경우에는 상을 주지 않는 것이 좋다.

1. 문명화된 일반인으로서 나이에 걸맞는 일을 할 때(인간관계에 필요한 예의 지키기)
2. 당연한 일을 할 때(노동, 직업 등)

칭찬, 간식, 용돈, 놀이공원, 칭찬 스티커 같은 상들은 새로운 것을 배우는 데 영향력 있는 스승이 될 수 있다. 노력이 많이 필요한 새로운 책을 읽게 할 때는 단시간 내에 만족을 주는 상과 같은 동기 부여가 필요하다. 특히 아이들이 새로운 능력을 익힐 때는 상이 필요하다. 보통 기대한 것보다 탁월하게 해냈을 때도 상은 좋은 보상이 된다. 학교나 회사에서도 보상의 성과를 인정한다. 장려금과 다양한 보너스는 고용인들에게 중요한 동기 부여가 된다.

문명화된 시대에 보통 교양을 지닌 사람들에게는 일반적인 행동이 기대된다. 시민 공동체, 고용주, 학교, 친구, 배우자는 모두 그들과 관계를 맺고 있는 어른들에게 일정 수준의 행동을 기대한다. 아이들은 일찍부터 책임 있는 삶을 사는 데 필요한 기술들을 배워 왔다. 이 기술들은 상이 없어도 반드시 익혀야 하는 것들이다. 그렇지 않으면 대가를 치러야 한다.

상은 기저귀 떼기 훈련을 하는 두 살짜리 아이에게 주는 것이지 어른에게 주는 것이 아니다. 제시간에 출근했다고 해서 상을 주지는 않는다. 그게 당연하다. 그러나 특별한 사유 없이 결근하거나 몇 시간씩 지각을 하면 감봉되거나 어떤 식으로든 징계를 받을 것이다.

보상이 있어야 일을 한다는 태도를 아이가 갖지 않도록 주의하라.

대신에 임무를 다하지 못하면 대가를 치러야 한다는 것을 가르치라. 그래야 오늘날 많은 사람들이 갖고 있는 특권 의식, 즉 '나는 당연히 어떤 것을 받을 자격이 있다'는 생각을 고칠 수 있다. 그런 사람들은 가족의 모든 구성원이 자기 역할을 다 해야 한다는 것을 좀 더 배워야 한다. 자신이 맡은 몫보다 더 많은 일을 했다면 우리는 그에 상응하는 특별한 보상에 대해 이야기할 수 있다.

그러나 우리는 모든 사람에게 최소한의 것을 기대한다. 예수님은 "명한 대로 하였다고 종에게 감사하겠느냐"(눅 17:9)라고 말씀하신다. 현실에서는 최소한의 행동에 대한 상으로 아무 잔치도 베풀지 않는다. 반면에 실패했을 때는 문명화된 사회가 가진 최소한의 기대를 채우기 위해 많은 벌들이 주어진다.

현실을 친구처럼

삶이 우리의 요구를 채워 줄 것이라고 기대하지 말라. 오히려 우리가 삶의 요구를 채우면서 성숙해질 수 있다. 파종과 수확의 법칙은 우리가 삶의 요구를 채울 수 있게 해준다. 삶의 요구를 채우지 못했을 때 우리는 고통을 경험한다. 변화 없이 머물러 있을 때의 고통이 변화로 인한 고통보다 커질 때, 비로소 우리는 자신의 행동을 고치게 된다. 행동이 초래한 결과 속에서 고통받을 때 우리에게 변화되어야겠다는 동기가 생긴다.

그런 점에서 현실은 우리의 적이 아니라 친구다. 현실이 요구하는 방법대로 행하면 아주 훌륭한 상을 받을 수 있다. "내 아들아 나의 법을 잊어버리지 말고 네 마음으로 나의 명령을 지키라 그리하면 그것이 네가 장수하여 많은 해를 누리게 하며 평강을 더하게 하리라 인자와 진리가 네게서 떠나지 말게 하고 그것을 네 목에 매며 네 마음판에 새기라 그리하면 네가 하나님과 사람 앞에서 은총과 귀중히 여김을 받으리라"(잠 3:1-4).

성숙한 사람은 좋은 방법이 최선의 길임을 안다. 현명하게 사는 것, 좋은 선택을 하는 것, 올바른 일을 하는 것이 좋은 삶으로 가는 길이다. 그러나 아이들의 마음속에 있는 현실은 적이다. 결과에 대한 보상은 아이들에게 현실이 정말로 그들의 친구가 될 수 있음을 가르쳐 준다. 자신의 행동에 변화가 필요한 것과 현실의 요구를 채우는 것이 인생을 점점 더 좋아지게 한다는 것을 알게 된다. 결국 삶은 많은 것의 통제를 받고 있다. 현실의 요구들을 채우는 씨를 뿌린다면 유익을 거둘 것이고, 현실을 회피하는 씨를 뿌린다면 결국 그 대가를 치를 것이다.

아이를 사랑으로 돌보면서 삶에서 일찍 현실과 친구가 되도록 가르치라. 그것이 비용이 덜 들고 보다 더 안전하다. 당장은 항상 제시간에 가족과 함께 저녁 식사를 하는 유익을 누리게 될 것이다.

그러자면 아이가 올바른 일에 책임감을 가져야 한다는 것을 배워야 한다. 다음 장에서는 그 일들이 무엇인지 이야기하겠다.

5.

책임의 법칙: 자기 마차는 자기가 끌라

나(존)의 아들 리키와 베니는 어릴 적 여느 형제들처럼 자주 다퉜다. 그럴 때면 우리 부부는 중재자와 재판관 노릇을 했다. 우리 둘 중 한 명이라도 식탁에 앉아 있으면 그들은 달려와 서로 형이나 동생이 얼마나 자기에게 못되게 굴었는지 이르기 바빴다. 그때마다 우리는 누가 옳고 그른지 결정해 주거나, 장난감을 돌려주라든지 사과하라든지 하는 식으로 문제 해결 방법을 제안했다.

이런 식의 조정은 우리가 이 일에 점점 더 많은 시간을 쓰고 있다는 사실을 알아차릴 때까지 계속되었다. 내가 일을 하거나 아내와 대화하려고 자리에 앉을 때마다 아이들이 달려와 매번 하던 일을 멈추고 중재에 나서야 했다. 아이들은 점점 더 우리의 미미한 지혜에 의존하기 시작했다. 마침내 나는 한 가지 아이디어를 냈다.

"우리 이런 식으로 한번 바꿔 보자." 나는 아이들에게 말했다. "지금부터는 너희 둘이 먼저 문제를 해결하기 전에는 아빠나 엄마에게 올 수 없어. 스스로 문제를 해결해 보렴. 그래도 안 되면 우리에게 와. 그런데 우리에게 와서 해결할 경우에는 잘못한 사람이 벌을 받아야 해."

시간이 조금 걸렸으나 두 아들은 그대로 하기 시작했다. 아이들에게는 두 가지의 동기가 부여되었다. 첫째, 잘못한 쪽은 부모에게 벌을 받지 않고 문제를 해결하기 위해 열심히 협상을 했다. 둘째, 아이들은 사소한 말다툼 정도는 부모의 개입 없이도 문제를 해결할 수 있다는 데 자부심을 가졌다.

실제로 아이들이 싸우는 것을 보고 있던 어느 날, 나는 끼어들지 말지 망설이다가 혹시 도움이 될까 해서 다가갔다. "얘들아, 무슨 일이니?"

베니는 초조하게 나를 돌아보며 말했다. "아빠, 우린 지금 문제를 해결하고 있는 중이에요."

나는 마음을 가다듬고 조용히 돌아섰다. 내가 꼭 필요한 때가 아니었다.

두 아들은 한 가지 중요한 바운더리의 교훈을 배우고 있었다. 자신들의 싸움에 스스로 책임을 져야 한다는 것이다. 아이들은 그것이 다른 누군가의 문제가 아니라 자신들의 문제라는 것을 알아야 했다. 그들의 삶은 그들 소유의 작은 빨간 마차이고, 그들의 임무는 누군가가 마차를 끌어 주기를 바라지 않고 스스로 끄는 것이다. 이것은 아이들이 자신과 관련된 일에 관심을 가져야 하며 다른 사람의 문제는 떠맡지 않아야 한다는 것을 의미한다. 그들은 스스로를 책임져야 하고 다른 사람의 책임은 다른 사람에게 맡겨야 한다(뒤에 나오는 '사랑하기 vs 감싸기'에서 더 살펴보겠다).

성숙한 사람의 특징 중 하나가 자신의 삶과 소망과 문제에 책임을 지는 것이다. 직장에 지각을 했다면 도로가 막힌 것을 탓하면 안 된다. 직장에서 성공하고 싶다면 그에 필요한 교육을 받아야 한다. 화가 났다면 누군가가 자신의 감정을 진정시켜 주기를 기다리기보다는 자신을 화나게 한 요인을 찾아 처리해야 한다. 성숙한 사람은 다른 사람을 비난하거나 자신을 대신해 문제를 해결해 줄 사람을 찾으려 하지 않고 스스로 나서서 문제를 해결해야 한다고 본다.

반면에 미성숙한 사람은 자신을 희생자로 생각하며 누군가가 나서서 끊임없이 자신의 문제를 해결해 주기 바란다. 무언가에 중독된 사람을 정의하는 말에 이런 것이 있다. "자기 빚을 대신 갚아 줄 누군가가 있는 사람." 그러나 성경은 '각각 자기의 짐을 져야 한다'(갈 6:5)고 가르친다.

아이가 스스로 책임을 지는 일은 저절로 일어나지 않는다. 아기는 태어나 처음 1년 동안은 그와는 반대되는 일, 즉 의존하고 요구하는 것을 배우기에 바쁘다. 아기는 엄마가 주는 사랑과 편안함을 누리고 신뢰를 배우는 데 열심이다. 아기의 삶은 실로 다른 사람의 손에 달려 있다. 아기는 누군가의 적절한 관심 없이는 생존할 수 없다. 그러나 그때에도 자신의 필요를 채우는 역할에 책임을 다하는 법을 배운다. 불편하면 울음으로 뭔가가 잘못되었음을 엄마에게 알린다. 안아 달라고 팔을 내밀고 내려오고 싶으면 밀어낸다. 하나님은 우리가 인생을 시작할 때부터 자기 짐을 자기 어깨에 매는 법을 배우게 하신다.

아이에게 바운더리를 훈련시킬 때 한 가지 중요한 사실은, 자신의 문제에 자기가 서서히 책임져야 한다는 사실을 깨닫도록 도와야 한다는 것이다. 처음 시작할 때는 부모가 짐을 지더라도 결국에는 아이가 스스로 자기 짐을 져야 한다.

이것을 많은 사람들이, 특히 어린 시절에 감정적으로 상처를 입은 사람들이 어려워한다. 성숙한 어른이 되는 데 필요한 돌봄과 안전 또는 적절한 훈육을 받지 못했기 때문이다. 대신에 원치 않았던 분노와 거리감, 과도한 비판 같은 것을 받았다. 그들은 그 상처에 대한 책임을 자신에게 문제를 일으킨 사람에게 묻지 못하고 스스로 치유해야 했다. 사실 불공평한 일이다.

하지만 에덴동산의 타락 이후 불공평한 일들은 계속되지 않았는가? 착한 사람들에게도 나쁜 일들이 일어난다. 우리는 우리에게 상처를 주는 사람들의 지배 아래에서 살아가면서 정의를 기다린다. 그런 불공평한 상황에서는 슬퍼하고 용서하고 성장해 가는 하나님의 해결법을 택하는 편이 훨씬 더 낫다. 하나님이 우리에게 공평과 정의를 요구하지 않으셨음을 기억하라. 그보다는 우리를 위해 십자가를 지실 만큼 우리와의 관계를 중요하게 여기셨다. "그리스도께서 경건치 않은 자를 위하여 죽으셨도다"(롬 5:6).

세미나의 한 청중이 이렇게 물었다. "현재의 내 모습에서 얼마큼이 나의 책임이고, 얼마큼이 환경의 결과입니까?" 그는 부모가 그에게 얼마나 영향을 주었는지 알고 싶어했다.

정말 재미있게도 헨리와 나는 한 사람의 삶에 대한 책임이 자녀와 부모에게 각각 몇 퍼센트씩 있는가에 대한 논문을 나눠 쓴 적이 있다. 우리가 논문을 같이 내놓았을 때 그 수치는 정확히 일치했다. 우리는 책임의 70퍼센트는 자녀에게, 30퍼센트는 부모에게 있다고 보았다.

이 수치는 확고 부동하지는 않으나 다음과 같은 결론을 반영한다.

즉 우리가 설령 학대를 받으며 양육되었더라도 어떤 식으로 그 환경에 반응했는지가 현재의 성품과 성격을 결정하는 주요 요인이라는 것이다. 아이는 자신의 성장에 관한 대부분을 책임져야 한다.

아이가 책임져야 하는 것들

아이가 책임져야 하는 삶의 측면들을 우리는 그들의 '보물' 또는 '중요한 가치가 있는 것'이라고 부른다. 천국은 밭에 있는 보물과 같아서 우리가 가진 모든 것을 팔아 소유할 만한 가치가 있다고 예수님은 말씀하셨다(마 13:44).

보물의 일부는 우리의 성품이다. 즉 우리가 사랑하고 일하고 섬기는 방식이다. 이땅에서뿐만 아니라 하늘나라에서도 성장하려면 우리는 자신의 성품을 보호하고 개발하며 성숙시켜야 한다. 아이가 소유해야 하는 몇 가지 보물을 살펴보겠다.

감정

셰릴은 진퇴양난에 빠져 있었다. 열한 살인 아들 나단이 자기 뜻대로 안 되면 버럭 화를 냈기 때문이다. 그 나이에 그런다는 것은 심각한 일이다. 나단은 엄마에게 소리를 지르고 발을 구르고 문을 쾅쾅 닫고 물건을 던지기까지 했다. 그러나 셰릴은 나단이 억눌린 감정을 분출할 곳이 필요하고, 그렇지 않으면 아이가 못 견딜 것이라고 생각했다. 그래서 나단이 '자신을 표현하게' 내버려두거나 그저 달래기만 했다. 그러나 아이의 행동은 갈수록 심해졌다.

마침내 한 친구가 셰릴에게 말했다. "너는 나단을 분노조절장애자로 키우고 있어." 셰릴은 너무 놀라 몇 가지 조언을 구했다.

마침내 셰릴은 약간의 도움을 받아 나단의 공격적인 분노에 접근하는 방법을 바꿨다. 그리고 아들에게 말했다,

"네가 왜 그렇게 화났는지 알아. 네가 속상한 것을 보면 엄마도 속상해. 하지만 너의 과격한 감정이 엄마와 가족을 모두 불안하게 만들고 있어. 그래서 제안을 하나 하려고 해. 화가 나면 솔직하게 말해 주렴. 그것이 우리와 관련된 것이라면 기꺼이 함께 문제를 해결하기 위해 노력할 거야. 하지만 소리 지르고 욕하고 발을 구르고 물건을 던지는 것은 용납할 수 없어. 앞으로 그렇게 행동한다면 예의를 찾을 때까지 컴퓨터나 휴대폰 없이 네 방에 들어가 있어야 해. 그리고 아까 소란 피운 것에 대한 벌로 너는 집안일을 해야 해. 우리는 네가 감정을 다스릴 수 있도록 돕고 싶어."

처음에 나단은 엄마의 말을 믿지 않았다. 그러나 셰릴은 결코 물러서지 않았다. 얼마간 아이의 행동은 더 과격해졌다. 그것은 예상한 일이었다. 아이는 부모가 이 일에 정말 진지하다는 것을 확인할 필요가 있기 때문에 처음에는 더욱 심하게 반발한다. 셰릴은 나단의 행동에 대응하면서 끝까지 노력했다. 하지만 속으로는 나단이 감정을 분출할 출구를 더 이상 찾지 못하게 될까 봐 몹시 걱정했다. "화내는 것이 더 심해지지 않을까?" "아이의 영혼이 피폐해지는 건 아닐까?"

그러나 우려했던 일은 일어나지 않았다. 초기에 저항하던 시간이 지나고 나단은 조용해졌다. 분노를 터뜨리는 일이 차츰 줄어들었다. 아이는 자신의 문제를 위기의 심정으로 표현하지 않고 그냥 문제 자체로 엄마에게 가져와 함께 해결하기 시작했다.

나단의 속마음에서는 그가 감정의 주인이 되는 일이 일어나고 있

었다. 아이는 감정을 하나님이 창조하신 방법대로, 영혼의 상태를 표현하는 신호로 사용하기 시작했다. 화를 낼 수는 있다. 그러나 감정에 휩싸여 통제 불능이 되기 전에 분노의 원인을 확인하고 문제를 해결해야 한다. 나단은 그의 보물들 가운데 하나인 감정을 자신의 것으로 소유하게 되었다.

태도

태도는 감정과 다르다. 태도는 우리가 다른 사람과 문제에 대해 보이는 자세나 견해다. 예를 들어 사람들은 나름대로 자기 인생을 살면서 어느 정도 확실한 태도를 가진다. "내가 원하는 것은 어떻게든 가지겠다"는 태도는 자기 중심적인 태도다. 좀 더 성숙한 사람은 "내가 살면서 열심히 일한 결과를 가지게 될 것"이라는 태도를 갖는다.

태도는 사랑, 결혼, 직업, 영성을 포함해 일생 동안 하게 될 중요한 결정들의 기초가 된다. 다음은 아이가 태도를 개발해야 할 영역들이다.

- 자신에 대한 이해(장점, 단점, 좋아하는 것, 싫어하는 것)
- 가족 내의 역할
- 친구들
- 하나님(하나님은 누구신가, 하나님과 관계 맺는 법)
- 학교(무엇에 흥미가 있는가, 의무는 무엇인가)
- 일
- 도덕적 문제(성, 마약, 폭력 집단)

아이가 좋은 태도를 갖기 위해서는 두 가지 도움이 필요하다. 태도란 그들 스스로 해결하고 결정하는 것이라는 점, 다른 사람의 태도가 자신과 같지 않을 수 있다는 점을 알려 줘야 한다. 그리고 자신의 태도가 가져온 결과에 스스로 책임져야 한다는 점도 알려 줘야 한다

예를 들어 아이가 가족을 대하는 태도가 "가족 모두의 필요가 나의 필요만큼이나 중요하다"라기보다는 "가족은 나의 필요를 채워 주기 위해 존재한다"는 식일 수 있다. 그런 태도가 자신과 다른 사람들에게 얼마나 상처를 주는지 알려 주라. 공동체에 속하는 것의 중요성과 공동체에서 필요를 채우는 법을 아이에게 가르치라. 그리고 실제로 경험하게 하라.

예를 들면 이렇게 가르쳐야 한다. "몰리, 형이 이야기할 때 기다리지 않고 자꾸 끼어들면 네가 이야기할 차례는 내일쯤에나 올 거야. 우리는 너의 학교 생활에 대해서도 정말 듣고 싶어. 그래도 차례를 기다려야지." 그래야 다른 사람의 감정을 배려하는 태도를 기르는 데 도움이 된다.

예수님의 '들보와 티의 법칙', 즉 네 형제 눈 속의 티를 보기 전에 먼저 네 눈 속의 들보를 빼라(마 7:1-5)는 말씀을 실제로 경험하도록 가르친다면, 아이는 매우 친절한 태도를 갖게 될 것이다. 다시 말해 문제가 생겼을 때, 언제든 먼저 그 문제가 생기기까지 자신이 저질렀을지도 모르는 일은 없는지 살펴보라고 가르치는 것이다. 세상의 모든 태도가 이런 주제와 관련되어 있다. 다음은 몇 가지 예다.

상황	티	들보
학교에서 한 친구가 내게 심술을 부렸다.	그 애가 정말 밉다.	내가 혹시 그 친구의 기분을 상하게 한 것은 아닐까?
성적이 낮다.	선생님의 기준이 이상하다.	나의 공부 습관에 문제가 있는 것은 아닐까?
부모님의 허락을 받지 못했다.	부모님은 불공평하다.	내가 해야 할 일을 안 한 것은 아닐까?
형이 나를 때렸다	형은 나쁘다.	형을 화나게 만든 후, 먼저 울음을 터트려서 희생자 역할을 자초한 것은 아닐까?

행동

아이들은 사랑, 가르침, 본보기, 경험을 통해 사적으로나 공적으로 어떻게 행동해야 하는지 배운다. 그들은 자기 행동에 스스로 책임져야 한다는 것을 배워야 한다.

원래 아이들은 '충동적이고 무질서한' 존재다. 아이들은 생각이나 가치, 타인에 대한 생각과 같은 요소의 개입 없이 자신의 감정을 바로 행동에 연결시킨다. 그들의 감정과 행동 사이에는 바로 연결된 선이 있다. 그러나 이런 행동이 어른이 되어서도 계속된다면 아이는 중독자가 되거나 인격적 장애를 겪을 수 있다. 아이들은 자신의 감정을 단순히 행동으로 나타낸다. '감정대로 행동하면 무슨 일이 일어날까?' 하는 생각은 하지 않는다. 아이(또는 바운더리를 배우지 못한 어른)는 다음과 같이 움직인다.

- 원인: 아빠가 텔레비전을 더 못 보게 해서 화가 났다.

- 결과: 나는 불평하고 화를 냈다. 그리고 모든 것이 날아가 버렸다.

바운더리가 있는 아이는 다음과 같이 행동한다.

- 원인: 아빠가 텔레비전을 더 못 보게 해서 화가 났다.
- 생각: 나는 화를 낼 수 있다. 하지만 텔레비전 시청보다 더 많은 것을 잃을 수 있다. 아빠의 말을 듣는 것이 낫겠다.
- 결과: 숙제하러 간다.

아이에게는 감정과 행동 사이를 조정해 주는 요소가 아직 제대로 갖춰져 있지 않다. 그러나 하나님은 부모에게 (비록 아이가 협조하지 않더라도) 아이 안에 그런 요소를 세울 수 있는 도구들을 주셨다. 즉 부모는 아이가 절제하지 못하고 충동적으로 행동하면 그에게 더 큰 고통을 당하게 할 수 있다. 아이가 자신의 행동을 얼마큼 통제할 수 있는가에 대해 많은 부모들이 과소 평가하고 있다(3장에 나오는 '연령에 맞는 바운더리 지침'을 보라).

자기 생각과 의지를 가진 정상적이고 건강한 아이들은 자기 행동에 주인 의식을 갖는 법을 얼마든지 배울 수 있다. 부모는 아이에게 확인, 가르침, 경험의 단계를 통해 그들 안에 있는 감정과 행동 사이에 중재자를 세울 수 있다.

- 확인 단계. 아이의 감정이 현실적이든 아니든 진심이며 정말인지 확인하라.
- 가르침 단계. 분노와 욕구에 따라 행동하는 것이 타당하지 않음을 말해

주라. 대화를 하거나 필요한 것을 얻는 방법을 바꾸는(예를 들어 요구하기보다는 정중히 부탁하기) 식으로 감정을 다루는 법을 가르치라.
- **경험 단계.** 아이가 아직 적절하게 행동하지 못한다면 그런 행동이 가져온 결과에 따라 대응하라. 그런 다음 자기 행동에 좀 더 주인 의식을 갖게 되었을 때 칭찬하라.

예를 들어 내가 알고 있는 한 가정의 두 딸에게는 문제가 있었다. 외향적인 테일러가 내성적이고 조용한 헤더를 자주 방해하는 것이다. 부모는 딸들과 함께 앉아 말했다.

"테일러, 우리에게 하고 싶은 말이 정말 많다는 것을 알아(확인). 하지만 헤더가 말할 때 끼어드는 것은 무례한 일이야. 헤더가 기분이 나쁠 거야. 헤더가 말을 마칠 때까지 네가 조금 참았으면 좋겠어. 그렇게 할 수 없다면 네가 자제력을 키울 때까지 헤더에게 말할 시간을 두 배로 더 줄 거야. 이런 방법이 네게 도움이 되면 좋겠어. 안 그러면 끼어드는 너의 습관 때문에 사람들이 너를 좋지 않게 생각할 거야(가르침)."

테일러는 그 말을 듣고 정말 그 시스템이 작동하는지 시험했다. 테일러의 부모는 꿋꿋이 규칙을 지켰다. 테일러는 이틀 저녁 내내 엄마와 아빠가 학교에서 있었던 일을 들어 주지 않자 너무나 슬퍼했다(경험). 그러고 나서 일어난 재미난 일을 테일러 엄마가 내게 말해 주었다.

"셋째 날 밤이었어요. 헤더가 이야기를 하고 있을 때 테일러의 얼굴에 갑자기 생기가 돌더라고요. 우리에게 이야기하고 싶은 중요한 일이 생각났나 봐요. 테일러는 숨을 한 번 쉬더니 입을 열었어요. 헤더는 이야기를 하려다 말고 멈췄죠. 갑자기 침묵이 흐르자 테일러의 표정이 달라졌어요. 지난 이틀 동안 어떻게 하다가 말할 기회를 잃어버렸는지 생각난 거죠. 그 순간 테일러는 우리를 바라보고 히죽 웃으며 말했어요. '헤더, 방금 뭐라고 했어?' 우리는 정말 배꼽 빠지게 웃었어요."

만세! 테일러는 성령의 열매(갈 5:23)이자 성숙의 필수 요소인 절제를 개발하기 시작한 것이다. 절제는 동물과 인간을 구분하는 덕목이며 아이들이 자기 행동에 책임을 지도록 돕는다. 아이들은 감정을 그대로 행동에 옮겨서는 안 된다. 그 전에 다른 방법으로 감정을 표현하고 깊이 생각하며 상징화할 수 있다. 또한 만족을 늦출 수 있다. 아이들은 감정적으로 반응하는 법은 늘 통제할 수는 없지만, 감정을 행동으로 옮기는 것은 통제할 수 있음을 배워야 한다.

아이가 이해해야 하는 것

"어려워요" vs "못해요"

자기를 책임지는 것에 대해 배울 때 필요한 또 한 가지는 '할 수 없는 일'과 '어려운 일'을 구별하는 것이다. 아이들은 이 두 가지를 하나로 본다. 그들은 즐거운 일이 아니면 할 수 없다고 생각한다. 그래서 어렵고 불편한 일은 할 수 없기 때문에 누군가가 대신 해줘야 한다고 생각한다. 그 누군가는 바로 바운더리 없는 부모다.

즐겁지 않은 일은 할 수 없다는 생각은 아이들이 자신의 삶과 문제가 다른 사람의 책임이 아니라 자기 책임임을 배우는 데 방해가 된다. 그런 아이는 어려운 일을 만나면 힘들다고 쉽게 포기하거나 그 일을 대신해 줄 누군가를 찾는다. 아니면 시험 볼 때 부정 행위를 하는 것과 같이 손쉬운 방법을 찾는다.

그것은 모두 작은 일에서부터 시작된다. 최근에 나는 다섯 살 아들

베니와의 관계에서 그런 상황을 느꼈다. 베니가 저녁을 먹다가 주스를 엎질렀다. 얼른 휴지를 건네주자 아이는 흘린 주스를 잘 닦았다. 그러고 나서 무심코 주스 닦은 휴지를 내게 다시 주었다. 나도 아무 생각 없이 휴지를 받으려고 손을 내미는 순간 멈칫했다.

나는 말했다. "베니, 우리가 지금 뭘 하고 있는 거지? 휴지는 네가 갖다 버릴 수 있는데." 베니는 정말 아무 문제 없이 일어나 휴지를 버리고 왔다. 화를 내거나 항의하지 않았다. 그냥 일어나서 휴지를 버리고 왔다. 그리고 우리는 저녁 식사를 계속했다. 그것은 나와 베니 사이에서 일어난 생각의 전환이었다.

베니에게 튼튼한 두 다리가 있고 휴지를 잘 버리고 올 능력이 있다면, 나는 휴지를 받으려고 손을 내밀면 안 되었다. 그것은 아이가 할 수 없거나 어른의 도움이 필요한 일이 아니었다. 그 일이 내게 정말 중요한 교훈이 된 것은 그것이 베니의 잘못이 아니었기 때문이다. 그것은 내 잘못이었다.

부모가 기대하는 생활 양식을 자기 것으로 확실하게 받아들이기 전까지 아이는 가능한 한 책임을 피하기 위해 모든 방법을 동원할 것이다. 우리가 이 책에서 여러 방법을 제시하기는 하지만 아이들에게 바운더리를 가르치기란 결코 쉽지 않다. 말로만 가르쳐서는 충분하지 않다. 부모 자신이 바운더리의 본이 되어야 한다. 아이와 함께 바운더리를 세워야 한다. 다시 말해 아이에게 삶에 대한 책임감과 현실감을 심어 주는 것이 부모가 할 일이다.

자신이 책임져야 하는 일이 무엇인지, 다른 사람의 도움이 필요한 일은 무엇인지 배우는 것이 성숙의 일부다. 갈라디아서 6장은 한 가지 역설을 가르친다. "각각 자기의 짐을 질 것이라"(5절). 그러나 "너희가 짐을 서로 지라"(2절)고 하신다. 얼핏 보기에 우리가 자신의 문제와 다른 사람의 문제를 모두 해결해야 한다는 말씀 같다. 우리의 삶이 정말 그래야 한다고 생각하는 사람도 있다.

그러나 성경은 진실로 그렇게 가르치지 않는다. 그리스 단어들이 그 차이를 설명해 준다. 『NO라고 말할 줄 아는 그리스도인』에서 말한 것처럼 우리가 서로 져야 하는 짐(burdens)은 재정적, 의학적, 감정적 위기처럼 우리의 삶을 압도하는 큰 돌덩이(boulders)다. 한편 스스로 져야 할 짐(loads)은 배낭(knapsacks), 즉 직장, 학교, 친구, 가족, 교회에 대한 의무 이행과 같은 일상적인 책임이다.

아이들은 종종 자신의 배낭을 큰 돌덩이로 보고 부모가 문제를 해결해 주기를 바란다. 부모는 그런 기대를 저버려야 한다. 그리고 아이 스스로 하기에 힘이 부치는 일들(차로 이동하기, 돈 벌기, 위기에 대처하기)에 대해서는 부모에게 도움을 청해야 하지만, 자신이 해결할 수 있는 일들(성적, 행동, 과제)은 스스로 처리해야 한다는 인식을 심어 줘야 한다.

이것은 책임의 또 다른 측면으로서 아이들에게는 분명히 부모 도움이 꼭 필요한 일과 문제가 있다. 삶이란 것이 만만치 않다. 우리 중 누구도 모든 일을 혼자 다 할 수는 없다. 매사를 혼자 해결하려는 외로운 카우보이 유형은 사실 정서적으로 건강하지 못한 것이다. 성경은 우리에게 "피곤한 손과 연약한 무릎을 일으켜 세우[라]"(히 12:12)고 가르친다. 우리 모두는 인생의 바다를 항해하기 위해 격려와 사랑, 충고, 다른 사람들의 지혜가 필요하다.

위기에 처했을 때, 난감한 문제에 부딪혔을 때, 혼자 해결할 수 없는 문제에 직면했을 때 아이가 주저하지 않고 부모에게 도움을 요청할 수 있어야 한다. 부모는 아이가 "수학에서 낙제점을 받았어요. 도저히

풀 수 없었어요", "여기 경찰서예요", "저 임신했어요"와 같은 말도 안심하고 털어놓을 수 있는 곳으로 가정을 만들어야 한다. 그런 상황에서 가족은 아이에게 울타리이자 문제 해결을 돕는 마음의 고향이 되어야 한다.

그럼에도 이 같은 상황에서 아이는 여전히 책임을 배워야 한다. 아이가 해야 할 일은 다음과 같다.

- 교만하거나 문제를 부인하지 않고 정직하고 겸손하게 문제를 인식한다.
- 문제를 회피하거나 문제가 사라지기를 막연히 바라지 않고 다른 사람에게 직접 도움을 청한다.
- 도움을 구할 수 있는 믿을 만하고 인격적인 사람을 선택한다.
- 문제 해결을 위해 자신의 역할을 다한다.
- 도움받은 것을 중요하게 여기고 감사한다.
- 경험에서 교훈을 얻어 잘못을 되풀이하지 않는다.

살다 보면 나쁜 일들을 만나게 마련이다. 그러나 아무 일도 할 수 없을 것 같은 순간에조차 여전히 우리가 해야 할 일이 있다. 차에 치였다면 당신은 분명히 피해자다. 그럼에도 불구하고 다리를 절면서라도 스스로 병원에 가야 하고 재활 치료를 받아야 한다. 절친한 친구가 멀리 이사를 간 것은 당신의 잘못이 아니다. 그러나 마음을 나눌 또 다른 좋은 친구를 찾는 것은 스스로 해야 할 일이다. 인생에서 아이가 전혀 책임질 수 없는 '큰 돌덩이'는 별로 없다.

사랑하기 vs 감싸기

내가 중학교 2학년 때 과학을 가르치던 사우스올 선생님이 몸이 편찮아 다른 선생님이 대신 수업에 들어오셨다. 그분은 경험이 없고 마음이 여렸다. 인기 많은 아이였던 빌이 새로 오신 선생님을 힘들게 했다. 선생님이 칠판을 향해 돌아서면 못되게 이름을 불러 댔고, 결국 선생님은 울면서 교실을 나가셨다.

다음 날 사우스올 선생님은 무척 화가 나셨다. 선생님은 어제 이름을 갖고 장난친 학생이 누구인지 물으셨다. 우리는 누구인지 다 알고 있었지만 아무도 빌의 이름을 말하지 않았다. 사우스올 선생님은 학생 한 명 한 명에게 다가가 장난친 학생의 이름을 알고 있는지 물으셨다. 우리는 모두 곤란한 지경에 빠졌다. 거짓말을 하든지 진실을 말하든지 해야 했다. 서른 명의 아이들이 차례로 사우스올 선생님의 눈을 바라보았고, 나를 포함해 모두가 거짓말을 했다.

제이라는 아이만 "빌이 그랬어요"라고 대답했다. 빌은 제이의 증언으로 벌을 받았다. 빌은 오랫동안 제이에게 엄청 화를 냈다. 빌과 그의 친구들은 제이를 따돌렸고, 제이는 자신이 한 일 때문에 어려움을 겪었다.

몇 년 후 나는 제이에게 그때 왜 그랬는지 물었다. 제이가 그렇게 한 것은 선생님에게 특별한 대우를 받거나 점수를 따기 위해서가 아니었다. 그는 빌이 벌을 피해 가는 것에 동의할 수 없었다고 했다. "빌도 내 친구야. 하지만 상대가 누구라 해도 옳은 것은 옳고 틀린 것은 틀린 거지. 거짓말까지 하며 빌을 감싸야 한다고 생각하지 않았어."

나는 제이의 확신에 감탄했다. 그는 나쁜 행동을 한 친구를 감싸 주지 않기 위해 친구들에게 따돌림당할 위험을 감수했다. 제이는 '돕기'

와 '감싸기'를 구분할 줄 알았다.

이 차이를 아는 것이 아이가 책임감을 배우는 과정에서 배워야 하는 중요한 교훈 중 하나다. 아이는 자신에 대해 책임을 져야 하고 다른 사람들을 향한 책임도 져야 한다. 아이는 가족과 친구들에게 관심을 갖고 그들을 돕기 위해 노력해야 한다. 그러나 책임은 다른 사람의 잘못된 행동이 가져온 결과까지 감싸고 도는 것은 삼가할 것을 명령한다.

이런 일은 저절로 이루어지지 않는다. 아이들은 엄청난 자기 중심성과 믿을 수 없을 정도로 강한 친구와의 의리 사이에서 흔들린다. 그들은 자신의 책임과 친구에 대한 책임의 차이를 알지 못한다. 특히 우정과 관련해 배려와 방어를 똑같이 취급할 때가 많다(예를 들어 자기가 잘못했는데도 친구가 대신 벌받아 주기를 바란다).

이러한 혼란은 발달 과정 중 하나다. 아이가 성장해 차츰 독립할 시기가 되면 집을 떠나 다른 사회 조직에 속하려고 한다. 특히 십대 후반은 삶의 중심이 집 안이 아니라 집 밖에 있다. 이 과정에서 그들은 친구들과는 결합하고 부모에게는 저항한다. 부모가 자신의 감정, 문제, 열정, 음악을 이해하지 못한다고 느낀다. 그래서 성격이 잘 맞는 친구들끼리 친밀한 소집단을 만들고 자신의 생각과 감정과 비밀을 나누면서 시간을 보낸다.

이것은 아이에게 좋은 일이다. 그러나 부모는 아이가 적정한 한계 안에서 자신만의 삶과 친구들을 갖는 것을 허용해야 한다. 아이는 여전히 책임의 법칙이 가족뿐만 아니라 친구들에게도 적용된다는 것을 배워야 한다. 아이는 몰래 담배를 피거나 시험 때 커닝하는 친구에 대해 누설하지 말라는 또래 집단의 강한 압력에 저항할 줄 알아야 한다. 자기 문제를 대신 해결해 주고 감정을 돌봐 주고 행복하게 만들어 주기를 요구하는 친구에게 "안 돼"라고 말할 줄 알아야 한다.

아이는 이런 것을 책에서 배우지 않는다. 아이는 '사랑하기'와 '감싸기'를 가정에서 배운다. 엄마와 아빠와 형제가 개인의 유익을 위해 자신을 이용하지 않는 모습을 보면서 다른 사람의 잘못을 대신 책임지지 않고도 그를 사랑할 수 있음을 배운다. 다른 사람에게 공감하면서도 그에게 유익하지 않는 일이나 그의 짐에 대해서는 "안 돼"라고 말할 수 있음을 배운다. 그럴 때 더욱 자유롭게 인간관계 속으로 들어간다. 아이가 넘어져 무릎이 까졌더라도 얼른 달려가 일으켜 주지 말고 아이 스스로 일어나 반창고를 구하게 하라. 아이에게 부모의 힘든 시절을 보여 주고 그럼에도 부모가 스스로를 돌보고 있음을 알게 하라.

'사랑하기'와 '감싸기'의 차이를 배울 때, 아이들은 자기 문제에 대한 책임을 다른 사람에게 떠넘기지 않고, 좋은 성품을 유지하며, 관계의 단절에 대한 두려움 없이 "안 돼"라고 말할 수 있는 친구들을 선택할 줄 알게 된다.

아이가 친구의 잘못조차 감싸고 도는 주된 이유 중 하나는, 그것이 친구를 지키는 유일한 방법이라고 배웠기 때문이다. 아이가 그보다 더 나은 선택을 하도록 도우라. 나는 우리 아이가 뒤뜰에서 친구들과 함께 놀다가 친구들의 의견에 동의하지 않는 모습을 보면 늘 조용히 감사 기도를 드린다. 우리 아이가 선택한 대부분의 친구들은 친구가 다른 의견을 내도 화를 내지 않는다. 아이는 평생 이런 친구들과 사귀고 관계를 유지해 가야 한다.

아이들은 '감싸기'와 '책임'을 헷갈리게 만드는 함정에 빠지기가 쉽다. 예를 들어 외로운 한 엄마는 '딸과 나는 세상에서 둘도 없는 친구야. 딸에게는 못할 말이 없어. 딸도 마찬가지일 거야'라고 생각하며 아이를 키운다. 실제로 이런 경우에 아이는 어릴 때부터 부모에게 부모 역할하는 법을 배우고, 커서도 모든 인간관계에 그런 식으로 접근할 위험이 있다. 실제로 우리는 '주는 사람'이 '받는 사람'과 결혼해서 서로 종속된 결혼 생활을 하는 모습을 많이 보았다. 주는 사람의 어린 시절을 보면 대부분 다음과 같은 부모 아래 있었다.

- 외롭고 빈곤한 부모
- 자신을 통제하기 위해 누군가의 도움이 필요했던 부모
- 자신의 필요와 아이의 필요를 혼동한 부모

자녀는 부모의 은퇴나 노후 보장, 의료를 위한 연금이 아니다. 아이들은 하나님과 자기 자신을 위해 여기에 있다. 아이에게 부모의 연약함과 실패조차 드러내는 것은 바람직하다. 그것을 통해 아이는 어른도 완벽하지 않다는 것을 배운다. 그러나 아이에게 부모의 필요를 채워 주기를 기대하는 것은 또 다른 문제다. 아이에게 부모의 상처로 인한 짐을 지우지 말라. 예를 들어 아이가 부모의 고통을 위로해 주거나 부모의 가장 좋은 친구가 되어 주기를 기대하지 말라는 것이다. 그러한 필요가 있다면 자신의 다른 친구를 찾으라.

아이는 성장하기 위해 해야 할 일이 많다. 우선은 '감싸기'와 '돕기' 사이에서 균형을 이루고, 가족이나 친구들의 순수한 필요를 어떻게 도울지를 배워야 한다. 사랑을 배우는 것은 먼저 공감한 다음 다른 사람을 존중하고 돌보는 의무를 이해하는 데서 시작된다.

작고 약한 꼬마가 어떻게 어른에게 막강한 힘을 행사할 수 있을까? 슈퍼마켓에서 고집을 피우는 아이와 쩔쩔매는 엄마를 본 적이 있다면

당신은 이 딜레마를 관찰한 것이다. 바운더리의 다음 법칙은 이 문제를 다룬다. 아이가 실제로 가져야 하는 힘은 갖게 하고, 가지면 안 되는 힘은 포기하도록 돕는 법칙이다.

6.

힘의 법칙: 나는 모든 것을 할 수 없다. 그렇다고 무능하지 않다

일곱 살 때 『톰 소여의 모험』을 읽고 나(존)도 집을 떠날 때가 되었다고 생각했다. 부모와 형제들이 지겨웠고 그들 없이도 충분히 살 수 있다고 생각했다. 그래서 어느 토요일에 막대기와 빨간색 보자기를 구해서 거기에 생존 필수품인 땅콩버터 샌드위치와 손전등, 나침반, 공, 그리고 꼬마 병정 인형 두 개를 쌌다.

오후에 집을 떠나 숲속으로 난 길을 따라 두 블럭쯤 걸어갔다. 결연한 자세로 어떤 꼬마도 가본 적이 없는 곳까지 갔다. 오솔길이 끝나고 숲이 무성해졌다. 거기서 샌드위치를 먹었다. 날씨가 어두워졌다. 숲속에서 갖가지 소리가 들려왔다. 집에 가야 할 시간이었다.

집으로 돌아오면서 이렇게 생각했던 것 같다. '이게 뭐야. 너무 초라하잖아. 정말 집에 가고 싶지 않아. 아무도 나를 억지로 집에 가게 할 수는 없어. 하지만 난 집에 가야 해." 나는 강하고 독립적이고 싶었지만 나의 무력함 앞에 설 수밖에 없었다.

힘과 아이

언젠가 한 번씩 대부분의 아이들이 이와 비슷한 경험을 한다. 자기는 다 컸고 강해져서 못할 게 없다고 생각하는 것이다. 무슨 일이든 다 할 수 있다는 생각에 스스로를 과신하고 자만심이 강해진다. 그때 부모가 가로막지만 않는다면 아이는 생각만큼 자기가 힘이 세지 않다는 현실에 금세 부딪힌다. 그리고 삶에 적응해 가면서 성장한다. '현실이 내게 맞춰 주기를 바라기'보다는 '내가 현실에 적응해 가는 것'이다. 전자는 정신적으로 병들어 있다는 증거이고, 후자는 건강하다는 증거다.

적절한 바운더리를 개발하기 위해 아이는 힘이나 그 밖의 것들을 통제할 수 있는 능력을 가져야 한다. 힘의 범위는 퍼즐을 함께 맞추는 것에서부터 파티에서 춤추는 것까지, 갈등을 해결하는 것에서부터 우정을 잘 키워 가는 것까지 광범위하다. 세상에서 아이가 생존하고 성장하려면 다음과 같이 적절하고 현실에 기반을 둔 평가 기준을 고려해야 한다.

- 아이가 힘을 행사할 수 있는 일과 그렇지 못한 일은 무엇인가?
- 아이가 통제할 수 있는 일을 얼마큼의 힘으로 행사할 수 있는가?
- 아이는 통제할 수 없는 일을 어떻게 받아들이는가?

예를 들어 하릴없이 집으로 돌아가야 하는 상황에서 나는 무력했다. 내가 아직 어린아이라는 사실을 받아들임으로써 힘이 부족하다는 현실에 적응해야 했다. 그러나 내 감정에 대해서는 힘을 행사할 수 있었다. 나는 여전히 가족이 필요하기 때문에 집에 돌아가야 한다는 사실이 싫었다. 최소한 그런 감정에 사용할 만큼의 작은 힘은 갖고 있었다!

아이와 힘의 역설을 관찰하려면 갓난아기와 부모를 살펴보라. 엄마 몸 밖으로 나온 직후의 갓난아기는 완전히 무력하다. 사실 유아는 다른 어떤 동물들의 새끼보다 오랜 시간 무력한 상태로 있다. 동시에 부모에게 엄청난 힘을 행사한다.

부모는 아기를 중심으로 일의 순서, 가정 생활, 취침까지 다시 계획을 세워야 한다. 그들은 아기를 매우 조심스럽게 옮긴다. 아기에게 옮을지도 모를 온갖 세균을 두려워한다. 그들은 아기가 숨을 잘 쉬고 있는지 확인하기 위해 아기 방에 모니터를 설치하기도 한다. 한동안 아기가 온 생활의 중심이 된다.

그렇다고 해서 아기가 (말을 할 수 있다면) "나는 가족을 좌지우지할 힘이 있어요"라고 말하지는 않을 것이다. 아기는 다만 두려움, 무력감, 분노와 같은 불쾌한 감정과, 안전하고 따뜻하며 사랑과 같은 즐거운 감정 사이를 오갈 뿐이다. "나는 아무 힘이 없고 나 자신을 전혀 통제할 수 없어요"라고 말할 것이다.

이 무력한 상태에서 아기는 자신에게 행사할 힘이 전혀 없다. 그래서 하나님은 아이가 자라서 스스로 힘을 발휘할 수 있을 때까지 부모가 아기에게 힘을 주고 아기를 위해 희생하는 체제를 만드셨다.

힘, 무능, 그리고 바운더리

힘을 적절하게 사용하는 법을 알면 아이가 바운더리를 개발하는 데 도움이 된다. 성숙한 사람은 자신이 힘을 써야 할 때와 쓰지 말아야 할 때를 잘 안다. 그는 전자에 자신을 투자하고 후자는 그냥 지나친다. 아이들은 무슨 일에 힘을 써야 하는지, 무슨 일에는 그렇지 않은지, 그 차이는 어떻게 구분해야 하는지 (보통 집에 걸어 놓는 '자녀들을 위한 기도문'의 내용처럼) 배워야 한다.

아이들은 현실에 기초한 자신의 힘을 이해하지 못한 상태에서 일을 벌인다. 그들은 높은 건물을 맨바닥에서 뛰어오를 수 있다고 생각한다. 파도도 잠잠케 할 수 있을 것이라고 확신하며 기꺼이 대양에 맞선다. 부모와 친구들도 자신과 같을 것이라고 생각한다.

여기에서 첫 번째 문제가 발생한다. 아이는 항상 자기 일이 아닌 것에 힘을 행사하려고 애쓴다. 자기 소유가 아닌 것에는 울타리를 칠 수 없다. 아무리 힘을 행사하려고 해도 결국 진짜 주인이 와서 그 울타리를 무너뜨릴 것이다. 이런 일은 한 아이가 친구들을 못살게 굴 때 일어난다. 그 아이에게 괴롭힘을 당하는 아이들이 정상적이라면 저항을 하든지 그 자리를 피하든지 할 것이다. 그래서 자신을 전능하다고 생각하는 그 아이는 하면 안 되는 무익한 일을 계속 시도하든가, 아니면 그의 환상을 유지시켜 줄 또 다른 약한 아이들을 찾는 악순환의 고리에 걸려들고 만다.

이런 어른의 전형적인 예를 지배하는 남편과 맹종하는 아내에게서 찾아볼 수 있다. 남편은 자신이 아내의 삶을 지배하고 있다고 생각한다. 아내는 자신의 삶을 지배하려는 남편에게 맞서지 않고 잠자코 있음으로써 남편의 환상에 가담한다. 자기 힘의 한계를 인정할 줄 모르는 아이는 커서 그렇게 지배적인 남편이 될 수 있다.

아이가 직면하는 두 번째 문제는, 자기가 통제할 수 없는 일은 기어코 하려고 하면서 자기 힘으로 훈련할 수 있는 일은 부인한다. 전자에 집착한 나머지 후자의 일은 소홀히 한다. 위의 예와 같이 자신이 원하는 대로 움직여 주는 친구들을 '만드는 데' 온 힘을 쏟는 아이는 자신을 관리하는 것, 자신의 선택을 받아들이는 것, 선택한 일에 적응하는 것, 좌절된 욕구에 슬퍼하는 것 등은 등한시한다.

사실 자신의 무능함을 받아들이는 것은 아이에게 영적으로 깊은 의미가 있다. 인간이 가진 실상, 즉 스스로는 죄악에서 벗어날 능력이 전혀 없고 단지 죄악된 상태에 대한 전적인 책임만 있다는 사실을 받아들일 때, 우리는 우리 힘으로는 결코 갚을 수 없는 빚을 하나님의 아들로 하여금 대신 지불하게 하신 하나님의 해결책을 받아들일 수밖에 없다.

그러나 자신이 전능하다는 환상을 붙잡고, 자신의 완전한 실패를 절대로 인정하지 않으면서 자란 아이들은 예수님의 구원이 필요하다는 사실을 깨닫는 데 어려움을 겪는다. 그들은 '좀 더 애쓰면 완벽해질 수 있어'라고 생각한다. 그러나 성경은 연약함을 축복받은 상태라고 가르친다. "우리가 아직 연약할 때에 기약대로 그리스도께서 경건하지 않은 자를 위하여 죽으셨도다"(롬 5:6).

아이의 일인 것과 그렇지 않은 것

부모들은 자녀와 벌였던 힘 겨루기의 기억을 저마다 생생하게 갖고 있을 것이다. 아이들은 집안일, 옷 입기, 특권과 제약, 그리고 친구 등의 모든 영역에서 자신이 전능하다고 주장하며 우긴다. 아이가 통제할 수 있는 일과 통제할 수 없는 일, 그리고 아이의 힘이 미치는 범위를 구분하도록 돕는 것이 부모의 역할이다.

그러나 부모인 우리 역시 훈계를 기꺼이 들으려 하는 좋은 학생은 아니라는 점을 기억하기 바란다. 아이들도 어른들처럼 자신의 한계를 일깨워 주는 것을 좋아하지 않는다. 어쩌면 속으로 그 사람을 한 대 치고 싶어할지도 모른다. 그러나 하나님이 우리에게 정해 주신 의무를 수행할 때는 둔감해지라.

자신이 감당할 수 있는 힘

먼저 아이들은 자신이 할 수 있는 일과 할 수 없는 일이 무엇인지 알아야 한다. 다음은 이런 일의 몇 가지 중요한 측면들이다.

나는 _____할 힘이 없다	나는 _____할 힘이 있다
다른 사람들 없이도 생존하기	내가 의지할 사람들을 선택하기
원하는 것은 무엇이든지 하기	내가 할 수 있는 일을 하기
결과를 피하기	최소의 결과가 나오도록 조정하기
실패를 피하기	실패를 수용하고 배우고 개선하기

의존을 거부하는 것

아이들은 자기 외에 누군가가 도움이 필요하다는 사실을 일깨워 주는 것조차 싫어한다. 그들은 스스로 결정하기를 원하고, 스스로 문제를 해결하려 하며, 부모에게 도움이나 원조를 요청하지 않는다. 그래서 어떤 일이 일어나고 있는지 부모가 미처 알기도 전에 심각한 문제에 빠져들 정도로 독립을 원한다.

여기에서 두 종류의 의존이 자주 혼동을 일으킨다. '기능적인 의존'(functional dependency)은 아이들이 자기 삶에서 책임감을 갖고 임무를 수행하는 것에 저항하는 것과 관련이 있다. 즉 자기가 해야 할 일을 대신 해줄 사람을 찾는 것이다. 십대 아이가 아르바이트나 심부름을 마다한 채 부모에게 용돈을 달라고 손을 내미는 것도 이에 해당한다. 기능적인 의존을 허용하지 말라. 용돈이 떨어졌다면 재정적인 어려움을 느끼게 하라. 그럴 때 일에 적응하는 능력이 생길 것이다.

'관계적인 의존'(relational dependency)은 하나님이나 다른 사람들과 연결되기 위해 필요한 의존이다. 하나님은 우리가 관계적으로 서로 의존하도록 계획하셨다. "홀로 있어 넘어지고 붙들어 일으킬 자가 없는 자에게는 화가 있으리라"(전 4:10).

관계적으로 의존할 때, 우리는 영혼의 짐을 서로 내려놓고 연약하고 가난한 심령을 갖게 된다. 이 궁핍한 상태에서 하나님과 다른 사람들에게 사랑을 받을 때 우리의 내면은 충만해진다. 아이들은 부족한 것이 너무 많기 때문에 특별히 관계에 의존한다. 그러나 시간이 지나고 부모에게 받은 양육이 차츰 내면에 정착되면서 부모로부터 얻어야 할 필요들이 줄어든다. 그동안 엄마와 아빠, 다른 사람들에게서 받은 사랑이 내면화되어 그들을 지탱해 주기 때문이다. 그러나 죽는 날까지 우리를 염려해 주는, 정서적으로 건강한 사람들과의 정기적이고 깊은 관계는 늘 필요하다.

아이에게 관계적인 의존을 장려하라. 성숙하고 건강한 사람에게는 다른 사람들이 필요하다는 사실을 가르치라. 그래야 아이가 스스로를 고립시키지 않는다. 아이는 누군가에게 위로와 이해를 요구하는 것은 어리다는 증거라고 생각하며 두 유형의 의존을 혼동할지도 모른다. 사랑이 필요한 것은 미성숙하기 때문이 아니라, 오히려 사랑의 관계가 우리에게 거대한 용과 싸워서 이길 힘을 준다는 사실을 알려 주라.

아이에게 문제가 있는데도 아이가 스스로 무엇이든 잘 해낼 수 있다며 스스로를 고립시키고 있을 수도 있다. 그런 상황에서는 부모와 아이 사이에 흔히 "오늘 어땠니?" "좋았어요"라는 식의 상투적인 대화가 오간다. 아이의 고립에 직면하라. 훈계하려는 게 아니라 단지 어떤 감정인지 알고 싶을 뿐이라고 아이에게 말하라. 다른 사람은 필요 없다는 착각을 내버려두지 말라.

이런 경우에 아이를 도울 수 있는 한 가지 방법은, 아이가 도움을 청할 때까지 기다리는 것이다. 아이가 넘어졌을 때 울기도 전에 달려가 일으켜 주면, 아이는 도움을 청할 필요가 없었기 때문에 "나는 아주 강해서 엄마가 필요하지 않아"라는 태도를 갖기 쉽다. 그런 점에서 아이가 도움을 청할 때까지 기다리라. 아이가 한계에 부딪히는 것을 보면서 기다리기만 한다는 것은 쉽지 않다. 지켜보는 부모의 마음은 찢어진다. 그러나 그것이 아이가 다른 사람의 도움과 사랑이 필요하다는 것과 그것 없이 살기에는 자신의 힘이 너무 부족하다는 것을 깨달을 수 있는 유일한 길이다.

아이가 다른 사람들의 필요성에 대해 배우는 동안 관계 속에서 무력감을 느끼지 않게 도우라. 가까이 있는 사람들에게 자신이 바라는 것, 필요한 것, 의견을 표현하도록 격려하라. 특히 부모와 아이의 관계 속에서 이런 일들이 필요하다. 가족의 일원이 된 것은 아이가 선택한 일이 아니다. 그것은 부모의 결정이었다. 그러나 어쨌든 아이는 부모와 관계를 맺는 방법은 스스로 선택할 수 있다. 예를 들어 아이가 필요에 따라 부모에게 다가오거나 멀어지려는 리듬을 가지려 할 때 선택의 여유를 주라. 아이가 부모에게서 좀 더 분리될 필요를 확실히 느낄 때 나서서 말리거나 굳이 더 애정을 표현하려 하지 말라. 하지만 아이가 친밀함을 필요로 할 때는 결코 아이를 저버리지 말라. 또한 가족 활동에 대해 의견을 내도록 격려하라. 아이에게 최종 결정권이 있지는 않지만 아이의 의견은 중요하다.

선택에 필요한 힘

아이들은 자신이 원하는 것은 뭐든 할 수 있다고 생각한다. 그들은 무한한 시간과 힘이 있다고 착각한다. 시간 제약이 있다거나 "비용을 계산"(눅 14:28)해야 한다는 것을 모른다. 그래서 어떤 아이는 토요일에 이런 일과표를 만들기도 한다..

오전 9시: 축구 경기하기

오전 10시 30분: 영화 보기

정오: 핫도그 먹기

오후 1시: 스케이트 타기

오후 3시: 파티 가기

오후 5시: 또 영화 보기

이럴 때 부모의 도움이 필요하다. 아이들은 힘과 시간, 활동 계획을 모두 관리할 수 있다고 생각하면서 스스로에게 너무 많은 것을 기대한다. 지나친 계획으로 스스로를 속박하고 너무 많은 일들을 수박 겉핥기 식으로 처리하려다 바운더리 문제가 커질 수 있다.

내 친구 중 한 명이 어릴 때 이런 식이었다. 한 가정의 아내이자 엄마가 된 지금도 그녀는 시간을 아코디언처럼 늘여서 사용하려고 한다. 아이들을 학교에 데려다주고, 쇼핑하고, 친구와 커피를 마시고, 점심 전에 청소를 마칠 수 있다고 생각한다. 정작 현실에서 그녀는 서두르고 좌절하며 만성적으로 늦는 자신을 본다. 그녀는 지금도 자신이 원하는 것을 모두 할 수 있다고 착각하며 일한다.

아이가 너무 많은 것을 하려 한다면 나이와 성숙도를 고려해 그것을 무너뜨리는 시스템을 세워 시간과 힘의 바운더리를 정할 수 있도록 도우라. 예를 들어 부모가 원하는 것보다 더 많은 계획을 세울 때 내버려둬라. 그러나 다음과 같은 조건을 두라.

- 일정 수준 이상의 성적 받기
- 일주일에 네 번은 가족과 함께 저녁 식사를 하고 집에서 시간 보내기
- 정한 시간에 불 끄고 자기
- 피곤하거나 스트레스를 받는다고 불평하지 않기

아이가 자신의 운명을 선택할 수 있도록 스스로를 붙들어 맬 수 있는 밧줄을 여유 있게 주라.

고등학교 다닐 때 나는 학교 공부, 사회 활동, 과도한 운동으로 스트레스와 피로가 쌓이는 징후를 보였다. 어느 날 밤 부모님은 내가 감염성 단핵구증에 걸린 것 같다고 말씀하셨다. 나는 내가 아픈 줄 전혀 몰랐다. 당시에 내가 직접 나의 시간과 힘의 한계를 경험할 수 있게 나를

내버려두셨던 부모님께 늘 감사한다.

결과 피하기

우리 어린 천사들을 구성하는 요소에는 범죄자의 심리도 있다. 아이는 자신의 행동이 초래한 결과를 피해 갈 수 있을 만큼 자신이 강하다고 생각한다. 이것은 아주 자연스러운 일이다. 아담과 하와도 하나님의 눈을 피해서 숨을 수 있다고 생각했다. 아이들은 속이고 거짓말하고 합리화하며 벌을 피하려고 사실을 왜곡한다.

아이들은 자신의 행동을 통제함으로써 나쁜 결과를 방지하는 법을 배워야 한다. 잘못을 숨길 수 있다고 생각할 때 그들은 잘못된 행동을 자제하기보다는 벌을 모면하는 데 초점을 맞춘다. 그 결과는 성품은 성숙해지지 못하고 병들게 된다.

가정의 문화 속에 정직을 일상의 규범으로 만들고, 부정직에 대해서는 아주 강력한 제한을 설정하라. 불순종했을 때보다 속였을 때 더 큰 벌을 주라. 순종했을 때보다 정직했을 때 더 좋은 상을 주라. 아이가 사실을 고백했을 때 격려하고 칭찬해 주라. 거짓의 어둠 속에 사는 것이 모든 게 다 드러난 빛 속에 사는 것보다 훨씬 더 고통스럽다는 사실을 아이가 경험하게 하라. 그래야 자기가 뿌린 씨앗을 거두지 않을 수도 있다는 착각에서 벗어날 것이다.

내가 아는 어느 가정에는 한 가지 규칙이 있다. 잘못을 스스로 고백하면 그에 상응하는 벌을 받는 데서 그치지만, 누군가를 통해 잘못이 드러나면 더 큰 벌을 받게 된다는 것이다. 이 규칙은 밀고자 문제가 생기는 부작용도 있지만, 체포되기 전에 자수하는 범법자에게 관용을 베푸는 현대의 법 체계와 상통한다.

실패 피하기

선천적으로 완벽주의자인 아이들은 자신이 타락의 소산이라는 사실을 떠올리기 싫어한다. 자기만큼은 실수나 실패를 피해 갈 수 있다고 생각한다. 그러나 그들은 잃어버린 완벽함을 슬퍼하고 실패를 수용하며 거기에서 배우고 성장하는 법을 익혀야 한다. 성숙하기 위해서는 달리 선택의 여지가 없다. 실수를 부인하면서 실패하는 삶을 거듭하든지, 아니면 실수를 인정하고 거기에서 유익을 얻든지 해야 한다.

실패를 피할 수 있다는 아이의 생각을 바로잡으라. 아이가 실패를 친구로 삼도록 하라. 부모가 직장이나 집에서 저질렀던 어리석은 일을 이야기해 주라. 가족 중 한 사람이 실수를 지적할 때 변명하고 합리화하면서 방어적인 태도를 취하지 말라. 평범하고 실수하는 것보다 완벽하고 유능한 것을 더 좋아한다는 인상을 아이에게 주지 않게 주의하라. 친구들에게 아이에 대해 이야기할 때, 아이의 장점 가운데 '실패를 인정하는 능력'도 포함시키라. 그 사실을 아이도 분명 알게 될 것이다.

다른 사람들에게 힘 행사하기

일말의 실패 없이 스스로를 완벽하게 통제할 수 있다는 환상을 포기하도록 아이를 도울 때, 부모는 아이가 가진 비슷한 환상, 즉 다른 사람을 힘으로 지배할 수 있다는 생각도 버리도록 가르쳐야 한다. 앞에서 말했던 무력하지만 강력한 힘을 가진 갓난아기를 기억하는가? 이것이 아이들이 삶을 시작하는 방법이고, 부모가 개입하지 않는다면 계속 그런 상태에 머물 것이다. 자녀 양육의 목표는 아이가 다른 사람을 통제할 수 있다는 생각을 포기하고 자신을 관리하는 일에 초점을 맞추도록 하는 것이다. 성령의 열매 가운데 하나가 다른 사람을 통제하는 것이 아니라 절제임을 기억하라(갈 5:23).

갓난아기들은 하루 종일 부모를 필요로 하고 요구하는 것이 아주 많다. 그렇지 않으면 생존할 수 없기 때문이다. 아이들은 성장할수록 어릴 때만큼 절박하게 부모에게 매달리지는 않는다. 자신의 문제를 해결하는 데 필요한 다른 사람들에 대한 기본적인 신뢰와 자신의 능력을 확신하기 때문이다. 그럼에도 아이들은 여전히 자신이 원하는 것을 다른 사람들로 하여금 하게 만들 수 있다고 생각한다. 아이들에게는 책임지는 사랑과 격려, 그리고 자신이 무한한 힘을 갖고 있다는 오해를 깨뜨려 줄 제한이 필요하다. 부모는 이 세 가지 요소를 아이에게 길러 줘야 하는 대리인이다.

아들 리키가 학교에 입학하기 전에 데이비드라는 가장 친한 친구가 있었다. 둘은 하루 종일 싫증도 내지 않고 같이 잘 지냈다. 어느 날 저녁 식사 시간에 리키는 데이비드에게 앤디라는 새 친구가 생겼다고 슬픈 목소리로 말했다. 언제부터인가 데이비드와 앤디는 리키를 빼놓고 자기들끼리 놀았다. 리키는 외톨이가 된 느낌이었다. 나는 이 문제를 해결하기 위해 리키와 이야기를 나눴다.

"리키야, 네 마음을 데이비드에게 이야기해 보는 건 어떨까?"

"네, 해볼게요."

"그래, 데이비드에게 뭐라고 말할 거니?"

"'넌 나만 좋아해야 돼'라고 말할 거예요."

이것이 아이들이 생각하는 방식이다. 두려움 때문인지 아니면 하나님이 되고 싶은 욕망 때문인지 아이들은 자신에게 가족과 친구들을 지배할 힘이 있다고 생각한다. 아이들이 다른 사람들에게 힘을 행사하려는 방법과 이에 우리가 대응하는 몇 가지 예를 들자면 다음과 같다.

다른 사람들에게 힘을 행사하려는 시도	부모의 대응
끝까지 조르면 장난감을 얻을 수 있다.	"부탁은 한 번만 할 수 있어. 그 다음 결정은 내가 할게. 끝까지 조르면 부탁을 들어줄 수 없어."
친구들에게 못되게 굴 수 있다.	"친구들이 너를 피하는 것 같아. 다른 사람들과 어떻게 지내야 하는지 너와 내가 이 문제를 잘 다룰 수 있을 때까지 친구들을 초대하는 건 미루자."
예의 바르게 행동하며 부모님을 도와드리면, 지난번 외출 금지를 어긴 것에 대한 벌은 계속 받지 않아도 될 것이다.	"태도가 좋아진 걸 보니 기쁘구나. 하지만 벌은 계속 받아야 해."
가족이 모두 사용하는 거실을 깨끗이 치우라는 부모님의 부탁 정도는 무시할 수 있다.	"두 번 말하지 않을게. 15분 남았어. 그 후에는 친구들과 게임을 할 수 없단다."
소리 지르고 화를 내는 방식으로 부모님을 협박할 수 있다.	"그런 행동은 나를 힘들게 해. 계속 그러는 건 큰 잘못이야. 네가 합당하게 행동하고 공손하게 이야기 할 때까지 모든 권리를 보류하겠어."
나의 증오가 부모님을 망가뜨릴 수 있다.	"네가 그러면 나는 마음이 불편하고 속상하겠지. 하지만 너의 증오 때문에 내가 화내는 일은 없을 거야. 무서워서 도망가는 일도 없을 거야."

아이가 부모와 다른 사람들을 지배하려는 시도에 위와 같이 대응하며 포기시켜야 한다. 아이들을 교육할 때마다 부딪히는 일이지만, 부모가 이런 식으로 대응하는 처음에 그들은 부모의 말을 믿지 않는다. 그리고 똑같은 상황이 거듭된다. 아이들은 두 번 세 번 부모의 제약에 저항하면서 분노하고 부모를 불신하게 될 수 있다. 그 순간을 참으라. 부모의 바운더리가 진짜라는 것을 깨달은 다음에는 좀 더 침착하게 바운

더리와 그 유익에 대해 이야기를 나눌 수 있게 될 것이다.

이 과정이 잘 진행된다면 아이는 자신과 관계된 세계를 지배할 수 없다는 사실에 슬픔을 느끼기 시작할 것이다. 슬픔은 아이에게 유익하다. 비현실적인 욕망에서 벗어나게 해주기 때문이다. 그러나 다른 사람들을 지배할 수 없다고 해서 무능한 게 아님을 아이는 알아야 한다. 아이는 자신이 중요하게 생각하는 것을 다른 사람들도 느끼게 할 수 있는 영향력이 자신에게 있음을 배워야 한다.

지배(control)와 영향(influence)은 매우 다르다. 지배는 다른 사람의 자유를 부인하지만, 영향은 다른 사람의 자유를 존중한다. 아이에게 이렇게 말하라. "나의 결정에 이의가 있다면 말하렴. 네 의견이 더 훌륭하다면 받아들일게. 하지만 네 의견을 듣고 나서 내가 내린 결정을 받아들일 준비가 되어야 열린 마음으로 네 의견을 들을 거야. 내가 말한 권리를 얻고 싶다면 그에 합당한 행동을 보여 주렴."

상처받은 부모

아이가 부모에게 직접 화를 내거나 제멋대로 군다면 부모는 상처를 받을 수 있다. 부모와 아이는 밀접하게 연결되어 있기 때문에 아이는 부모를 기분 나쁘게 만들 수 있는 힘이 있다. 그러나 아이가 부모의 감정에 관심을 갖도록 조종하기 위해 부모 자식 간의 밀접한 관계를 이용하려는 유혹에 넘어가서는 안 된다. 예를 들어 "그렇게 소리를 지르면 엄마는 슬퍼진단. 엄마가 행복해지려면 네 도움이 필요해"라는 식으로 말하는 부모들이 있다. 이런 말은 아이에게 자신이 전능하다는 생각을 심화시킬 뿐이다. 게다가 다음과 같은 문제를 일으킨다.

- 아이에게 부모 역할을 하게 한다.
- 아이에게 불필요한 죄책감을 심어 준다.
- 아이가 부모의 연약함을 업신여기도록 영향을 준다.
- 자기 행동으로 인한 결과보다 부모의 감정을 먼저 생각하게 한다.

동시에 아이는 자신이 부모에게 상처를 입힐 수 있다는 것과 그렇게 하는 것을 부모가 좋아하지 않는다는 것을 이해해야 한다. 그래야 아이의 마음속에 다른 사람에게 공감하는 책임감을 심어 줄 수 있다. 우리 모두는 자신이 소중히 여기는 사람들에게 상처를 줄 수 있다는 것과 계속 그렇게 행동하면 좋은 관계를 맺거나 유지하는 데 문제가 생긴다는 사실을 알아야 한다. 그럴 때 아이는 다른 사람들에게 미치는 힘에 대해 주인 의식을 갖게 될 것이다.

힘이 발달하는 법칙

부모가 아이와 같이 자신의 것은 소유하고 다른 사람의 것에 대해서는 적응하는 법을 배울 때 기억해야 할 기본 개념을 다음의 그래프로 정리해 보았다.
   아이는 스스로를 통제할 아무 힘도 없이 세상 속으로 들어온다. 대신에 부모를 통제하는 데 엄청난 에너지를 쓴다. 부모의 임무는 아이가 스스로를 통제하는 힘을 점차 키워 가고, 부모와 다른 사람을 통제하려는 시도를 줄여 가도록 하는 것이다.

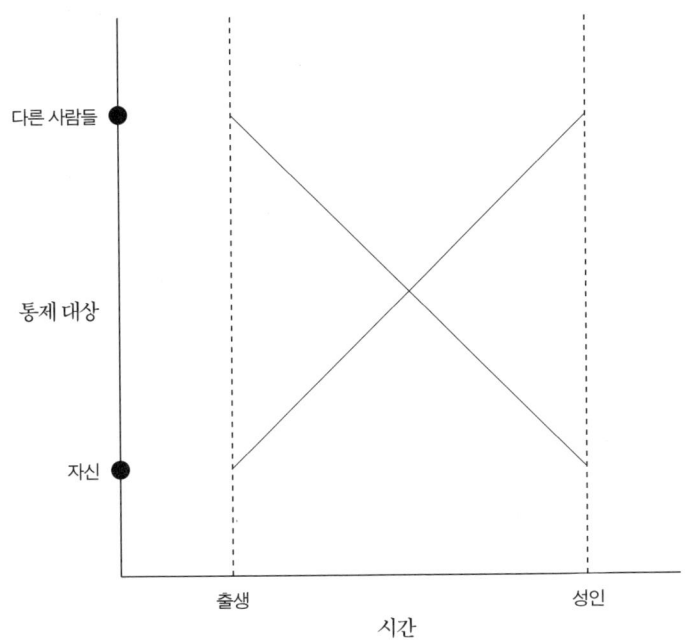

어떤 경우에도 아이와 연결되어 있으라

부모는 아이가 실제로 갖고 있는 힘을 쓸 수 있도록 자신이 전능하다는 착각을 없애는 작업을 하고 있다. 이 작업은 부모가 아이의 마음속에 있는 어떤 욕구들을 없애는 것이다. 그 과정을 아이가 잘 견디려면 부모가 감정적으로 아이와 함께해야 한다. 무력한 것에 대한 두려움, 친구들의 반응을 통제할 수 없다는 것에 대한 좌절감, 실패에 대한 염려를 공감해 주라.

공감은 부모를 지배하려는 아이의 시도를 다룰 때 특히 중요하다. 아이에게 이렇게 말해 줘야 한다. "이 문제를 해결해 가는 동안 나는 어쩌면 화가 나거나 상처를 입을지도 몰라. 그래도 문제를 회피하지는 않을 거야. 설령 네 의견에 동의하지 않고 네게 몇 가지 제한을 두는 경우에라도 나는 너와 같이 있을 거야. 우리 함께 노력해 보자."

전능한 부모가 되지 말라

부모도 자신의 힘에 한계가 있음을 받아들임으로써 아이가 자기 힘의 한계를 수용할 수 있도록 도와주라. 부모 자신의 실패와 연약함, 한계를 인정하라. 그러나 거기에 덧붙여 부모가 실제로 갖고 있는 힘을 인지하라. 이런 일을 할 때는 아이에게 되도록 자유를 많이 주고 통제는 적게 하라. "내가 그렇게 못하게 할 거야"라는 말은 아주 어린 아이들에게나 아주 긴급한 경우에만 사용하라. "네가 그러는 걸 억지로 그만두게 할 수는 없어. 하지만 계속 그렇게 하면 무슨 일이 일어나는지는 말해 줄 수 있어"라고 이야기하는 편이 훨씬 낫다. 그때에도 공허한 협박은 하지 말라.

결과가 말했던 그대로 되었는지 확인하라. 거기에서 부모의 진정한 힘이 나온다. 아이를 행동하게 만들 수는 없지만 아이가 올바로 선택하도록 돕는 기회과 그에 따른 결과를 체계화할 수 있다.

자유로운 결정을 하는 부모가 되라

'통제되지 않는' 부모가 되라. 이 말은 아이의 반응에 따라 선택을 결정하는 부모가 되지 말라는 뜻이다. 부모는 아이를 사랑하기 때문에 아이의 감정과 요구를 중요하게 생각한다. 그러나 대장은 부모다. 부모는 더 높은 곳에 계신 하나님께 책임을 져야 하기 때문에 최선의 선택을 해야 한다(고후 5:10).

아이들이 변덕을 부릴 때마다 결정을 번복하는 부모들이 있다. 그들은 사안의 중요성보다는 아이와의 갈등 여부에 따라 결정을 내린다. 이런 일을 통해 아이들은 자신에게 부모를 통제할 수 있는 큰 힘이 있다는 결론을 내린다. 그 생각은 정확하다.

아이의 요구에 확신이 들지 않는다면 간단히 "안 돼"라고 말하라. 진심으로 흔쾌히 "그래"고 말할 수 없다면 인색하게 억지로 주고 있는 것인지도 모른다(고후 9:7). 더욱이 "안 돼"라고 말하고 나서 아이의 마음을 돌려 놓는 부모는 영웅이지만, "그래"라고 말하고 나서 약속을 이행하지 못하는 부모는 배신자가 된다는 점을 기억하라.

자유로운 부모가 된다는 것은 또한 부모를 통제하려는 아이의 책략에 반응하지 않는 것을 의미한다. 불확실한 방법으로 아이에게 행동하도록 요구한다면 부모를 통제할 힘을 아이에게 내준 것이다. 예를 들어 아이는 부모를 화나게 하려면 어떤 목소리로 부모를 불러야 하는지 안다. 또 부모를 흐뭇하게 하려면 어떻게 해야 하는지도 잘 안다.

딸들이 '멋진 아빠의 꼬마딸'이라는 무기를 사용하기 시작할 때, 많은 아빠들이 딸을 실망시키고 싶지 않아서 결심을 누그러뜨리는 경우가 많다. 그렇게 되지 않으려면 아이에게 인정과 지지, 존경 또는 이해와 같은 것을 구해서는 안 된다. 부모의 필요가 아니라 아이의 필요에 따라 행동의 기준을 정해야 한다. 다른 사람에게 인정받고 싶은 욕구는 아이가 아닌 다른 사람들에게서 채우라. 아이가 전적으로 아이 자신다워지도록 자유를 주라. 그럴 때 우리는 아이의 거친 면들을 다듬는 작업을 함께할 수 있다.

아이에게 스스로를 통제하는 힘을 주는 방향으로 가라

부모의 역할은 한시적임을 기억하라. 아이가 부모의 보호 아래에서 자라는 동안 부모는 위탁자로서 부여받은 힘이 있다. 그러나 아이가 점차 스스로를 책임질 나이가 되면 삶의 고삐를 아이에게 넘겨 줘야 한다. "나는 항상 네 부모란다"라는 말은 어떤 의미에서는 맞지만 어떤 의미에서는 그렇지 않다. 부모 자식 간의 혈연 관계는 항상 유지되지만 부모가 아이를 끝까지 책임져서는 안 된다. 부모의 목표는 아이보다 영원히 한 발 앞선 위치가 아니라 어른 대 어른으로서 서로 영향을 주고받는 것이어야 한다.

그 비결은 아이의 성숙도에 따라 아이가 부모의 보호를 받는 안전지대에서 벗어나도록 조정할 수 있는 것이 무엇인지 아는 데 있다. 아이를 긴장하게 하라. 그러나 무너뜨리지는 말라.

대학교 1학년 때 부모님께 전화를 건 적이 있다.

"무슨 과목을 수강해야 돼요?" 나는 걱정스럽게 물었다.

"고등학교 때 네 성적이 어땠지?" 아버지가 물으셨다.

"괜찮았어요."

"그래, 네가 대학교에 들어갈 만큼 충분히 현명하다면 무슨 과목을 수강할지도 충분히 알 수 있을 것 같구나."

덕분에 나는 한 학기 동안 엉뚱한 과목을 이수하느라 고생했고 몇 과목에서 나쁜 학점을 받았다. 그러나 그 경험을 통해 다음에는 어떤 과목을 선택해야 하는지 뼈아픈 교훈을 얻었다. 내 결정에 스스로 책임을 진 덕분에 나는 대학 생활을 즐기기 시작했다. 내게 좌절할 수 있는 기회를 준 아버지에게 감사한다!

전능성은 줄이고 자율성은 격려하라

아이는 자신이 원하는 것을 모두 할 수 없다는 점을 알아야 한다. 그렇다고 해서 아이가 다른 사람의 노예가 되어야 한다는 뜻은 아니다. 아이는 자율성, 또는 자신의 결정을 자유롭게 선택할 수 있는 능력을 개발해야 한다. 아이로부터 모든 능력을 빼앗는 실수를 범하지 말라. 아이는 자신이 얻을 수 있는 실제 힘이 필요하다. 예를 들어 세 살 난 아이는 재정과 안전도를 고려해 장난감 가게에서 장난감을 고르는 힘이 필요하다. 십대 역시 일정 기준 안에서 친구와 옷과 음악을 선택할 수 있는 힘이 있다. 부모는 아이에게 전능성과 자율성 간의 차이를 배우는 장을 제공해야 한다. 아이는 두 극단으로 나뉠 것이다. 그리고 부모의 임무는 아이가 건강한 자아 통제를 개발하도록 돕는 것이다.

아이 문제에 대한 결정을 할 때 되도록 아이를 많이 참여시키라. 자녀와 부모 간의 바운더리를 벗어나지 않는 선에서 학교나 교회, 재정, 어려운 문제들에 대해 아이와 이야기를 나누라(그러나 아이를 동료나 친구처럼 생각하며 부모의 문제를 말하지는 말라). 부모의 바운더리와 그에 따른 대응들을 존중하면서 아이의 의견을 물으라. 아이의 의견이 훌륭하다면 그 의견을 반영해 결론을 바꿀 수 있다. 그런다고 해서 부모의 권위가 약화되지 않는다. 대신에 아이는 어른 대접을 받는다는 느낌을 받는다.

때때로 아이에게 자기 행동에 따른 벌칙을 스스로 정하게 하는 것도 좋은 학습 경험이 될 수 있다. 정말 자주 있는 일이지만 놀랍게도 아이들은 자기 자신에 대해 부모인 우리보다 더 엄격하다! 그러나 아이가 책임보다는 관용을 더 바랄 경우에는 부모가 최종 권위를 항상 지키고 있어야 한다!

결론

힘은 아이를 치유하거나 아이에게 상처를 입힐 수 있다. 아이에게는 스스로 통제할 수 있는 실제적 힘이 필요하다. 아이가 자신과 주위 사람들에게 절대적인 힘을 행사하려는 욕망을 포기하도록 해야 한다. 현실에 기초한 진정한 힘이 무엇인지 이해할 때, 아이는 바운더리를 존중하고 설정하며 유지할 수 있는 기초를 다지게 된다. 아이가 "능력과 사랑과 절제하는 마음"(딤후 1:7)이라는 보물을 개발하도록 도우라.

그런데 아이가 그 힘을 사용해 다른 사람의 바운더리를 침범할 때 부모는 어떻게 해야 하는가? 이 문제를 다음 장 '존중의 법칙'에서 다루겠다.

7.

존중의 법칙: 나만 중요한 사람이 아니다

이제 막 걷기 시작한 아이를 보모에게 맡겼던 때를 기억해 보자. 부모는 아이에게서 과연 이런 말을 들어 보았을까?

"엄마, 아빠, 저를 돌보는 일에서 해방되어 두 분만의 시간을 가지셔야죠. 두 분이 정말 그렇게 하시면 좋겠어요. 좀 더 스스로를 챙기세요. 이제 제 걱정은 절대 하지 말고 즐거운 시간을 보내세요. 저도 이제 스스로를 돌보고 다른 사람의 사생활이나 필요를 존중하는 법을 배워야죠."

또는 여덟 살 난 딸에게 이런 말을 들어본 적은 있는가?

"엄마, 이해해요. 아이스크림이 너무 먹고 싶어서 지금 가게에 들렀다 가자고 말하고 싶지만, 엄마가 집에 빨리 가자고 하시니 그렇게 할게요. 그게 더 중요한 일이니까요. 엄마의 뜻을 따를게요."

혹 십대 아이에게는?

"스키 여행에 갈 수 없는 이유를 이해해요. 경비가 적게 드는 것도 아닌데 갑자기 가겠다고 해서 죄송해요. 제가 아르바이트를 해서 스스로 경비를 마련해 볼게요."

전혀 익숙하지 않은 말들일 것이다. 이 모든 상황에서 공통점을 찾는다면, 그것은 다른 사람의 존재나 욕구, 선택이나 감정에 대한 존중이다. 다른 사람에 대한 이러한 존중은 저절로 생기지 않는다. 그것은 배워야 한다. 바운더리를 존중하지 않는 어른과 관계를 맺어 본 적이 있는가? 그런 사람과 같이 지내면 피곤하고 힘들다. 그러므로 어릴 때부터 이런 진리를 배우는 것이 아주 중요하다. 아이가 다른 사람의 바운더리를 존중하지 않는 채로 성장하면 그의 미래는 고통으로 가득 차게 될 것이다.

모든 아이들은 자기가 하고 싶은 대로 행동하도록 태어났으며 다른 사람들의 요구에는 거의 관심이 없다. 그들은 자기가 하고 싶은 대로 행동할 뿐만 아니라 다른 사람들도 그가 원하는 대로 움직여 주기를 바란다. 아이들은 모든 규칙을 자기 위주로 만들고 다른 사람들의 삶이나 소유물, 감정과 자유까지 자기 뜻대로 하려 한다. 간단히 말해 아이들은 다른 사람들에게는 삶을 누릴 권리가 없으며, 그들은 모두 자기를 위해 존재해야 한다는 생각을 갖고 태어난다.

이 장에서 다룰 주제는 이렇게 타고난 본성, 즉 다른 사람의 바운더리를 존중하지 않는 태도를 어떻게 고칠 수 있는가다.

다른 사람들의 바운더리 존중하기

다른 사람들의 바운더리를 존중하면서 그들과 잘 지내려면 몇 가지 배울 점이 있다.

1. 다른 사람들에게 상처를 주면 안 된다.
2. 다른 사람들이 "안 돼"라고 말할 때, 보복하지 않고 의견을 존중한다.
3. 일반적인 제한들을 존중한다.
4. 다른 사람들과 떨어져 있는 것을 즐길 줄 안다.
5. 다른 사람들의 바운더리 때문에 자기가 원하는 것을 하지 못했을 때 분노하기보다는 슬퍼한다.

위에 열거한 일들 중 하나라도 스스로 할 수 있는 능력을 타고난 아이는 없다. 그러므로 부모의 역할이 무엇보다도 중요하다.

교훈: 다른 사람들에게 상처 주지 말라. 폐를 끼치지 말라. "안 돼"라고 할 때 화내지 말라

3장에서 말한 것처럼 부모가 아이에게 다른 사람들을 존중하는 법을 가르칠 수 있는 최상의 방법은 부모 자신이 적절한 바운더리를 지키는 것이다. 이 말은 아이가 부모를 무시하는 것을 용납하지 말라는 뜻이다. 부모가 갖는 바운더리는 바로 아이가 내면화해야 할 것들이기 때문이다. 부모의 바운더리나 제한을 존중하지 않았을 때 부모가 단호하게 "안 돼"라고 말함으로써 아이는 다른 사람들의 경계선을 존중하는 법을 배운다. 부모가 "안 돼"라고 거절하지 못한다면 아이는 배울 기회를 얻지 못할 것이다.

열한 살 된 빌리가 엄마의 경계선을 존중하지 않았던 예를 들어 보겠다.

"엄마, 나 하키 하러 조이네 갈 거예요. 이따 봐요."
"안 돼, 빌리. 숙제할 시간이야. 가지 마."
"친구들이 모두 간단 말이에요. 숙제는 나중에 해도 되잖아요."
"빌리, 가고 싶은 마음은 이해해. 하지만 저번에 약속했지? 수영하고 온 날은 저녁 먹기 전에 숙제부터 하기로."
"숙제는 저녁 먹은 다음에 해도 되잖아요."
"약속은 약속이야. 더 이상 말하지 않을게."
"엄마는 멍청이. 아무것도 모르면서 잘난 척만 해. 뚱뚱한 멍청이."

혹시 이런 대화가 익숙하더라도 초조해 하지 말라. 처음에 제한을 가하면 모든 아이들이 본능적으로 싫어하게 마련이다. 문제는 아이가 부모에게 무례함과 증오 등을 표현할 때 어떻게 대응하느냐다. 아이가 무례하게 행동하는 것은 정상이다. 그러나 그런 행동이 계속되는 것은 정상이 아니다.

이런 행동을 고치는 방법은 아이에게 공감하고, 잘못을 바로잡은 다음, 그에 따라 대응하는 것이다.

공감과 교정

- "빌리, 실망이 얼마나 클지 이해해. 하지만 엄마한테 그런 식으로 말하면 안 되지. 멍청이라니, 그런 말은 엄마에게 상처가 된단다. 슬프다거나 화났다고 말하는 건 괜찮아. 하지만 엄마에게 나쁜 말을 하는 건 허락할 수 없어."
- "빌리, 정말 속상한 가보구나. 하지만 엄마를 멍청이라고 부르면 엄마는 기분이 어떨 것 같니?(아이가 다른 사람의 감정에 대해 생각해 보도록 대답을 기다린다) 사람들이 놀리면 넌 기분이 어떠니? 너도 그런 식으로 대접받으면 좋겠니?"
- "빌리, 네가 화난 거 알아. 그래도 엄마에게 좀 더 공손히 말하면 네 말을 기꺼이 들어 줄 수 있어. 하지만 엄마를 멍청이라고 부르는 사람의 말은 듣지 않겠어. 아무리 속상해도 그렇게 말하면 안 되는 거야."
- "빌리, 네가 방금 한 말에 대해 생각해 보고 더 나은 말로 다시 얘기해 보렴."

잘못을 바로잡은 다음 사과와 충분한 반성과 회개가 따를 때 아이는 다른 사람에 대한 존중을 배우게 된다. 아이가 사과하거나 반성하지 않고 잘못을 고치려 하지 않거나 이런 행동이 일상에서 반복된다면 그에 따른 대응에 나서야 한다.

잘못에 따른 대응

- "빌리, 엄마는 네게 그런 식으로 말하지 말라고 부탁했어. 앞으로 그런

식으로 말하면 듣지 않을 거야. 그런 말은 엄마의 마음에 상처를 주기 때문이야. 네 방에 들어가서 어떻게 말해야 할지 생각해 보렴."
- "빌리, 너의 빈정대는 태도를 받아 줄 다른 사람을 찾아봐. 엄마는 들어 줄 수 없구나. 가 보렴."
- "빌리, 집에서 이 정도면 밖에서는 도대체 어떻게 행동하는지 모르겠구나. 사람들에게 올바른 태도로 말하는 법을 네 방에 들어가서 잘 생각해 보렴."

이때 주의할 것은 아이가 잘못한 행위와 관련해서만 대응해야 한다는 점이다. 이 경우에 아이의 잘못은 인간관계와 관련되어 있다. 빌리는 사람들이 싫어하는 행동을 하고 있다. 따라서 그에 따른 대응은 사람들에게 다가가는 기회를 박탈하는 것이다.

여기에서 빌리가 자기 멋대로 지배할 수 있는 것은 아무것도 없음을 배우는 과정에 주목하자. 엄마는 단지 아이에게 어떤 제한을 주고 대응할 것인지에 대해서만 언급하고 있다. 빌리에게 창피를 주거나 빌리 탓을 하는 게 아니다. 엄마는 빌리가 실제로 한 행동에 대해서만 언급하고 있다. 엄마는 아이의 선택을 존중하고 있다. 빌리는 원한다면 다시 반항할 수도 있다. 그러나 엄마는 반항의 대가가 무엇인지 명확히 밝히고 있다. 엄마는 빌리의 자유와 선택권을 빼앗고 있지 않다. 책임을 묻는 과정도 사랑의 선상에 있다. 인간관계에서 세 가지 요소, 즉 자유와 선택, 책임감을 모두 존중하고 있다.

이 과정에서 빌리는 인간관계에서 자신의 잘못된 행동이 어떤 결과를 가져오는지 깨달을 수 있다.

- 그런 행동은 사람들에게 상처를 준다.
- 그런 행동은 내게도 인간관계에서 대가를 치르게 한다.

명심하라. 가능한 한 부모는 스스로를 통제할 수 있어야 한다. 자제력 안에 바운더리에 대한 모든 것이 들어 있다. 그러자면 다음 세 가지가 이루어져야 한다.

첫째, 부모가 무시당하는 상황을 내버려둬서는 안 된다. 빌리가 그런 식으로 말할 때 바운더리가 있는 한 사람으로서 그런 말을 듣는 것에 한계선을 그어야 한다. 또 그런 식으로 말하면 아무도 그의 말을 들어 주지 않을 것임을 분명히 한다(이런 방법은 화를 잘 내는 아이들에게 효과적이다. 원한다면 화를 낼 수 있지만 자기 방에서만 그러라고 말한다. 화내는 소리를 듣고 싶지 않다고 말하라).

둘째, 그런 행동이 다른 사람에게 상처를 준다는 사실을 알게 하라. 대부분의 아이들은 누군가에게 상처 주는 것을 좋아하지 않는다. 규칙이나 바운더리에 반항하면서도 다른 사람에게 고통을 주는 것은 원하지 않는다. 아이의 말이 무례했고 엄마를 슬프게 했다는 점을 정확히 표현하라.

아이에게 "네 이웃을 네 자신같이 사랑하라"(마 22:39)는 황금률을 가르치기 시작하라. 그것은 공감, 다시 말해 다른 사람이 어떻게 느끼는지에 대한 관심과 인식에 바탕을 둔 도덕률이다. 자신이 대접받기를 원하는 것처럼 다른 사람을 대접하라는 말씀에는 우리 행동이 다른 사람들에게 어떤 느낌을 주었는지를 이해해야 한다는 개념이 들어 있다. 아이도 자신이 그런 식으로 대접받기를 원하지 않는다는 정도는 금세 이해한다. 그러나 아이에게 말할 때 죄책감을 자극하지 말고 함께 노력하자는 식으로 해야 한다. "학교에서 누가 너를 그렇게 부르면 너는 기분이 어떨 것 같니?"라고 물은 다음 아이가 스스로 생각하고 대답하게 하라. 그러고 나서 말하라. "엄마 기분이 바로 그랬어. 엄마도 그런 대접은 좋아하지 않거든."

셋째, 아이가 잘못된 행동을 스스로 고치지 못한다면 처음에는 힘들겠지만 어떤 식으로든 그 대가를 직접 치르게 해야 한다. 대가를 직접 치르게 하는 것은 행동을 바로잡는 데 큰 도움이 된다. 다시 말해 아이가 어떤 사람에게 상처를 주거나 불손하게 행동했다면 그 사람과 함께하지 못하는 대가를 치르게 하는 것이다. 아이를 다른 곳에 떼어 놓고 아이의 행동이 바뀌지 않는 한 그와 함께 지내지 못하게 하라. 좀 더 바람직한 태도로 말하는 방법을 생각해 볼 시간을 주고, 생각났다면 기꺼이 들어줄 용의가 있다고 말하라. '무례하게 행동한다'는 것은 '홀로 지내야 한다'는 것을 의미하며, '좋게 행동한다'는 것은 '자기 이야기를 들어줄 누군가가 옆에 있다'는 것을 의미한다. 화내는 것은 들어 주되 무례한 행동은 허용하지 말라.

다른 사람들에게는 어떠한가?

다른 사람들에 대해서도 똑같은 법칙을 적용해야 한다. 되도록 아이들끼리의 언쟁이나 다른 어른과의 언쟁에도 끼어들지 말라. 아이들은 이런 의견 차이를 어떻게 해결해 갈지 스스로 배워야 한다. 그래야 자녀 때문에 부부가 싸우거나 집 밖에서도 다른 부모들과 싸우게 되는 경우를 피할 수 있다.

메리의 열세 살 난 아들 스티븐은 태도에 문제가 있었다. 한번은 스스티븐과 친구 두세 명이 뒤뜰에서 놀고 있을 때 메리는 다투는 소리를 들었다. 메리는 친구들에게 고개를 빳빳이 세우고 우기는 스티븐의 태도를 당장 뛰어가 고쳐 주고 싶은 충동을 억눌러야 했다. 마음이 아팠지만 나서지 않았다.

예전의 메리라면 얼른 끼어들어 중재자 역할을 하며 스티븐을 도와줬을 것이다. 그러나 이번에는 스티븐이 스스로 해결하도록 했다.

스티븐은 곧 집 안으로 들어왔다. 아이는 말이 없었고 조용히 텔레비전을 켰다. 메리가 말을 시켰지만 아이는 말하고 싶어하지 않았다. 아무래도 친구들과의 일이 잘 풀리지 않은 것 같았다.

"친구들은 어디 갔니?"

"모두 가 버렸어요." 스티븐은 우물거리며 말했다.

"아직 이른 시간인데 왜 다 갔니?"

"그냥 갔어요. 그게 다예요!" 스티븐은 더 이상 말하고 싶어하지 않았다.

"정말이니?"

스티븐은 슬퍼 보였다. 그 시간은 두 사람 모두에게 어려운 순간이었다. 지난 날 메리가 단지 애정만 가지고 바운더리 없이 아이를 키웠을 때라면 무조건 스티븐을 격려하고 기분을 달래 주려고 애썼을 것이다. 그러나 메리는 '공감하고 현실을 인정하기' 공식을 배웠기 때문에 깊은 숨을 쉬면서 그 공식을 적용해 보려고 애썼다.

"스티븐, 저스틴과 로비가 집에 돌아가게 된 무슨 일이 있었니?"

스티븐은 자기 식대로 일을 끌고 갈 수밖에 없었던 사정을 털어놓았다. 그러나 말다툼을 벌인 자신의 책임은 인정하지 않으면서 친구들을 비난하는 일에 엄마를 끌어들이려고 했다.

"내 잘못이 아니에요! 걔들이 재미있는 놀이를 하기 싫대잖아요. 지난번에는 했던 놀이인데요."

메리는 이번에는 아들이 견뎌야 할 현실은 현실로 남겨 둔 채 아들의 고통에만 공감하기로 했다.

메리는 다정한 목소리로 말했다. "스티븐, 네가 혼자 남게 되어 엄마도 기분이 안 좋구나. 그런데 이렇게 된 건 네 마음대로 하려 했기 때문이야. 그러면 옆에 남아 있을 친구가 없어. 서로 의견을 나누고 양보한다면 친구들이 많이 생기겠지? 혼자가 되면 힘들다는 걸 엄마는 알아. 안 됐구나. 항상 네 방식대로 하는 것이 네게 정말 중요한 일인지 다시 한 번 생각해 보면 좋을 것 같아. 원한다면 언제든 네 방식대로 할 수 있어. 하지만 그러면 너는 늘 외로워질 거야."

메리는 아들에게 외로움의 고통을 일깨워 주고, 현실의 한계를 인식시키며, 다른 사람들의 바운더리를 존중해야 한다는 교훈을 가르쳤다. 이와 비슷한 몇 차례의 사건을 겪으면서 1년 정도 지났을 때 스티븐은 변화되었다. 아이는 마침내 다른 사람들과 함께하는 법을 배웠다.

부모는 아이가 현실 속에서 배울 수 있도록 개입하지 않되 아이의 아픔에 공감하고 현실의 법칙을 배우는 과정을 격려해야 한다. 그것이 다른 사람들의 바운더리를 존중하도록 아이에게 줄 수 있는 가장 좋은 처방전이다. 그러나 부모로서 이런 일을 해내기가 쉽지 않다. 대부분의 부모들이 가르칠 때 아이에게 창피를 준다. 아니면 학교나 다른 아이들을 비난하면서 자기 아이 편만 든다. 현명한 부모는 아이가 현실 세계에서 직접 세상살이의 교훈을 배우게 하고, 이때 아이의 고통에 함께한다. 그럴 때 아이는 부모의 경계선뿐만 아니라 바깥 세상의 경계선까지 존중하는 법을 배우게 된다.

아이가 학교에서 문제가 있을 때 학교를 찾아가 소리를 지르며 아이 대신에 문제를 해결하려 하거나 대부분의 부모처럼 아이만 야단치기 전에, 선생님과 함께 이 문제를 어떻게 풀어갈 것인지 아이에게 의견을 물어보는 것이 훨씬 더 나은 접근법이다.

간혹 어른들의 다툼에서 있는 일이지만 법이 필요한 때도 있다. 그러나 법정에 가기 전에 의견 차이를 극복하기 위해 노력하는 것이 하나님의 자녀들이 따라야 하는 성경적인 법칙이다. 때로 어른들은 서로 간에 문제를 해결하지 못할 때 법에 호소하고, 법정은 양측이 화해하도록 돕는다.

아이들에게 부모는 이른바 '법'이다. 가끔은 부모가 아이들의 다툼에 끼어들어 중재하고 해결해 줘야 할 때도 있다. 그러나 아이들이 스스로 노력을 다했는데도 문제를 해결하지 못했을 때 그래야 한다. 아이는 다른 사람의 것을 존중해야 한다는 사실을 배워야 한다. 그렇지 않으면 그 대가를 치러야 한다. 이와 같은 행동에는 부모가 대응에 나서야 한다. 그러나 아이들의 분쟁에 사사건건 개입해 문제를 해결해 준다면, 아이들은 부모 없이는 문제를 해결할 능력을 얻지 못한다는 점을 명심하라.

일반적인 제한들을 존중하라

어떤 제한이든 처음 시도할 때 몇 번은 거부되기 마련이다. 성경도 "무릇 징계가 당시에는 즐거워 보이지 않고 슬퍼 보이나"(히 12:11)라고 말한다. 인간이란 모든 제한에 대항하는 존재다. 그 제한들은 하나님이 되려는 인간의 욕구를 주저앉히기 때문이다. 부모가 "안 돼"라고 말할 때, 아이는 자신이 원하는 것을 할 기회를 빼앗기게 될 뿐만 아니라 자신들이 세상을 지배할 수 없다는 사실도 함께 깨닫는다. 이 깨달음은 텔레비전을 볼 수 없다는 사실보다 더 그들을 괴롭게 만든다. 아이들이 제한에 저항하는 것이 당연하다는 사실을 명심하라.

문제는 부모가 아이의 저항에 얽매일 때 생긴다. 이럴 때 부모는 제한들을 변호하거나 아이의 저항을 나무라는 행동 가운데 하나를 취해야 할 것처럼 느낀다. 그러나 두 가지 선택 중 어느 쪽도 도움이 되지 못한다. 제한을 견고하게 유지하면 현실이 된다는 사실을 기억하라. 그것이 바로 바운더리다.

그럴 때 아이는 제한이 현실임을 알게 되고, 현실은 사라지는 것이 아니므로 제한을 존중하게 된다. 아이가 저항한 뒤에도 현실은 여전히 현실로 존재한다. 아이의 저항은 간섭하지만 않는다면 슬프다는 감정과 함께 현실에 대한 적응으로 바뀐다. 이런 변화가 생기려면 아이에게 두 가지 요소가 꼭 필요하다. 그것은 제한과 사랑이다. 이 두 가지를 통해 아이는 제한이라는 현실을 적대감 없이 내면화하게 되며, 그것이 몸에 배어 자기 통제가 가능해진다.

그러나 부모가 아이와 논쟁을 벌이거나 아이를 비난하면, 현실은 더 이상 아이의 문제가 아닌 것이 된다. 아이의 문제가 부모의 문제가 되어 버린다. 게다가 아이에게 현실을 다루는 법을 사랑을 가르쳐 줄 부모는 사라지고 적만 남게 된다. 논쟁이나 비난의 단계로 들어갈 경우에 아이는 이중으로 어려움을 겪는다. 마음 깊은 곳에서부터 현실을 거부하고 부모를 미워하게 된다. 이제는 부모가 싸워야 할 대상이 되었기 때문이다.

이제 두 가지 접근 방법에 대해 살펴보자. 첫 번째 장면은 부모가 아이의 저항에 지나치게 사로잡힌 경우이고, 두 번째 장면은 사랑과 적절한 제한을 갖고 대응한 경우다.

장면 1

"안 돼, 캐시. 너는 오늘 영화 보러 갈 수 없어."

"엄마, 너무 해요. 마샤도 간단 말이에요. 나는 이따위 엉터리 규칙이 정말 싫어요."

"캐시, 그게 무슨 태도니? 해달라는 건 다 해줬는데 너는 그 정도밖에 못하니? 조금이라도 생각이 있다면 엄마한테 대들면 안 되지."

"너무해요. 다른 애들은 다 간단 말이에요. 마이클은 나보다 더 많이 갔어요."

"이번 주만 해도 여기저기 다닐 수 있게 엄마가 많이 허락해 줬잖아. 못 가게 한 것만 생각하면 안 되지."

"난 오늘 가고 싶단 말이에요. 엄마는 내게 너무 신경 쓰지 않아요."

"신경 쓰지 않는다고? 어떻게 그렇게 말할 수 있니? 내가 너한테 어떻게 해줬는데. 너, 이런 태도로는 일주일 동안 아무 데도 못 갈 줄 알아. 알았어?"

장면 2

"안 돼, 캐시. 너는 오늘 영화 보러 갈 수 없어. 네 할 일을 먼저 해야지."

"엄마, 너무 해요. 마샤도 간단 말이에요. 나는 이따위 엉터리 규칙이 정말 싫어요."

"그래, 영화를 못 보게 되었으니 속상할 거야."

"오늘 꼭 가고 싶단 말이에요. 엄마는 내게 너무 신경 쓰지 않아요."

"화나고 속상한 거 알아. 재미있는 일을 눈앞에 두고 다른 일을 해야 하니 얼마나 힘들겠니. 나 역시 그런 건 좋아하지 않는단다."
"나는 이 집에서 사는 게 싫어요! 내 맘대로 할 수 있는 게 없어요."
"이해해. 보고 싶은 영화를 놓치게 됐으니 힘들거야."
"그렇게 잘 아시면 제발 가게 허락해 주세요."
"나도 네가 가고 싶어하는 걸 알고, 그걸 못하게 하는 것도 힘들어. 하지만 안 돼."
"오늘 기회를 놓치면 올 여름에는 다른 영화 시사회는 없단 말이에요."
"안 됐구나. 내년 여름까지면 멀기는 하구나. 이번에 그렇게 영화를 보려고 애쓸 만도 하네."

마침내 아이는 제한을 움직일 수 없고 부모를 꺾을 수 없다는 사실에 질리고, 마침내 영화 보러 가는 것을 포기한다. 아이는 현실을 수용하지 않을 수 없다.

두 번째 장면에서 엄마는 '그 순간의 고통'에 대해 설명하거나 변호하거나 아이에게 수치심을 주려는 게 아니다. 단지 제한을 지키며 캐시의 감정을 함께 느끼려 한다. 캐시의 입장에서도 심한 말이나 질책을 들은 게 아니기 때문에 엄마와 언쟁을 계속할 거리가 전혀 없다.

여기에는 사랑과 제한만이 존재한다. 제한을 설정할 때 공감이야말로 엄마가 버티고 서야 할 반석이다. 캐시는 설명 따위에는 관심이 없다. 영화를 보러 가지 못하게 되어 이만저만 좌절하고 화난 게 아니기 때문에 어떤 설명도 도움이 되지 않는다. 엄마가 캐시에게 사랑과 공감만을 가지며 제한선을 지킨다면 그 제한은 현실이 된다. 엄마가 딸에게 분노나 수치심, 자기 정당화 같은 감정을 갖게 하지만 않는다면 딸의 적은 엄마가 아니라 그 제한이 된다. 엄마의 공감이 딸과의 세력 다툼을 막는 방파제 역할을 한다.

문제는 부모가 아이의 고통을 느끼려 하지 않는다는 것이다. 대부분의 부모들은 다음 두 가지 중 하나의 반응을 보인다. 자녀의 고통을 자신의 고통으로 지나치게 동일시해 굴복하거나 자녀의 고통에 화를 내며 싸우려 하는 것이다. 양쪽 모두에 해당하는 해결책은 공감하면서 제한을 유지하는 것이다.

다음과 같이 공감을 표현하며 아이와의 극단적인 대결을 막을 수 있다.

- 이번 일로 얼마나 실망이 크겠니.
- 다른 아이들은 가는데 너만 못 가서 속상하겠구나.
- 그 기분 알 것 같아. 나도 하고 싶은 일 못하고 집안일을 해야 할 때 정말 싫거든.
- 정말 하고 싶은 일을 포기하려니 슬프겠다.
- 나도 알아. 알고 말고. 쉬운 일이 아니야.
- 나도 설거지보다는 테니스를 치고 싶단다. 이런 일도 최악이 아닐까?

상당히 빠른 시간 안에 아이는 부모가 설정한 제한선을 움직이거나 부모에게 양보를 얻어 내는 게 불가능하다는 사실을 알게 된다. 그 다음 순간에 아이가 목표로 하는 것은 두 가지다.

1. 현실이 바뀌기를 바란다.

2. 자신이 느끼는 고통을 부모가 느끼기를 바란다.

그러므로 부모가 해야 할 일은 제한선을 변경하거나 아이의 저항에 못 이겨 무너뜨리지 않는 것이다. 부모는 그 제한선을 굳게 지키며 지속적으로 공감대를 형성해야 한다. 화를 내거나 비난하면 안 된다. 아이의 저항은 현실에 대한 순응으로 바뀔 것이며, 아이들은 현실에 대한 제한을 배우면서 가장 중요한 요소인 '슬픔'을 느끼기 시작한다.

현실에 직면하면서 느끼는 슬픔과 상실감

슬픔은 저항이 설 자리를 잃고 현실에 자리를 내어줄 때 나타나는 표시이며, 이제 아이가 싸움을 포기하기 시작했음을 의미한다. 우리는 모두 어떤 제한과 마주칠 때 이런 식으로 순응하는 것을 배워야 한다. 우리는 원하는 것을 얻을 수 없다는 사실을 받아들이면서도 계속 앞으로 나아가야 한다. 저항을 지나 수용으로 넘어가는 법을 배운 사람은 중요한 교훈을 얻는다. "삶은 때로는 슬프다. 우리는 원하는 모든 것을 가질 수는 없다. 정말 슬프지만 그럼에도 계속해서 나아가야 한다."

삶이 바뀔 수 없는 상황이 되었는데도 거기에 매달려 힘들게 싸우는 어른들을 생각해 보라. 이런 삶의 교훈을 터득하지 못한 사람들이 얼마나 불쌍한지 알 수 있다. 그런 사람들은 어린 시절에 어떤 것을 잃고 슬퍼하는 법에 대해 배운 적이 없기 때문에 어쩔 수 없는 상황에서도 포기하지 못한다. 부모가 현실을 지키면서 공감해 준다면, 아이는 현실을 받아들이고 거기서 헤쳐 나가는 능력을 갖게 될 것이다.

아이와 언쟁을 벌이지 않을 때 이런 이야기를 해주라. "내가 너한테 '안 돼'라고 말할 때 네가 힘들어하는 것을 알아. 그것에 대해 하고 싶은 말이 있니? 혹시 내가 너를 이해하지 못하거나 네가 원하는 것을 충분히 하도록 허락하지 않는다고 생각하니? 우리 사이에 뭔가 섭섭한 게 있다면 지금 털어놓고 이야기해 보자. 나는 어떤 식으로 네게 상처를 줬니?" 아이가 저항의 열기에 휩싸여 있을 때는 이런 대화를 나누기에 적당하지 않다. 그때는 단지 제한선을 지키면서 아이에게 공감하는 것만이 최선이다.

홀로 서기를 존중하라

인간관계에서 가장 존중해야 할 측면은 다른 사람들과 분리되어 홀로 설 수 있는 자유다. 우리는 사랑하는 사람일지라도 떨어져서 홀로 서고 싶은 욕구를 존중해야 한다. 이 교훈은 아이가 걸음마를 시작하고 점차 엄마와 아빠로부터 떨어져 있는 시간이 늘어나면서 배우게 된다. 아이는 부모와 떨어지기 싫어서, 또 자기 마음대로 되지 않아 울면서 떼를 쓸 것이다. 자기를 떼어 놓고 가는 것을 알고 우는 아이에게 부모가 휘둘릴 때 아이는 그릇된 교훈을 배우게 된다.

아이가 성품이 원만하고 부모와 충분히 교감하며 사랑받고 있다면 부모와 떨어져 있는 것을 참는 법도 배워야 한다. 아이가 소리를 지르고 울더라도 공감하되 집에 남겨 둬야 한다.

아이는 인간의 개체성을 인정하고 자기에게 주어진 개별성 또한 누리는 법을 배워야 한다. 그렇다고 부모가 정말 함께 있어 줘야 할 아이, 특히 유아까지 떼어 놓으라는 것은 아니다. 아이의 절실한 요구에는 항상 응답해야 한다.

아이는 욕구가 충족되었을 때, 가끔은 사랑하는 사람들과 떨어져 있을 때도 있다는 것과 이런 일이 정상적인 삶의 일부라는 것을 배워야 한다. 아이에게 공감하는 가운데 현실과 대면하도록 했을 때 아이는 혼자 떨어져 있어도 괜찮다는 것을 배우게 된다.

아이들 또한 홀로 서기가 필요하다
아이도 자신만의 시간을 가져야 한다. 아이에게 부모가 혼자 있는 시간을 존중하도록 가르치려면, 부모도 아이가 혼자 있는 시간을 존중해 줘야 한다. 아이의 나이에 적합한 자유를 주라. 항상 부모 곁에 있어야 한다고 요구하지 말라. 그 자유가 걸음마하는 아이에게는 안전한 지역 내에서 여기저기를 돌아다니는 것이 될 수 있고, 학교에 다니는 아이에게는 이웃집에 놀러가는 것, 십대에게는 친구를 만나는 것이 될 수 있다. 어떤 것이든 아이만의 공간과 선택이 중요하다. 아이는 자라면서 더 많은 공간을 원하며 필요로 할 것이다. 아이가 적절하게 처신한다면 그렇게 해야 한다. 꼭 필요한 때를 제외하고는 아이의 사생활이나 공간에 지나치게 개입하지 말라.

아이의 공간
아이의 방은 이런 홀로 서기의 좋은 표본이다. 아이는 자기 방을 깨끗하게 청소하고 유지하는 법을 배우고 실천해야 한다. 아이는 자랄수록 더 자신만의 공간을 누리고 싶어할 것이다. 아이에게 그런 자유를 주라. 그러나 방을 어지르거나 무책임하게 사용하게 해서는 안 된다. 예를 들어 아이가 자기 방에서 어떤 물건을 찾는 데 어려움을 겪을 때 도와주지 말라. 또한 가족 모두가 쓰는 공간을 어지르게 하지 말라. 가족

공동의 장소를 존중하는 것이야말로 훌륭한 이웃이 되는 법의 기본이 된다. 아이는 제한된 범주 안에서 자신의 공간을 갖고 자기가 원하는 방식대로 살 수 있다(어른도 출입 제한 구역을 준수하지 않으면 그에 따른 처벌을 받는다. 마찬가지로 아무리 자기 방이라 하더라도 아이가 제한선을 넘으면 자기 공간에 대한 주권을 잃을 수 있다).

아이의 시간

시간은 홀로 서기에 대한 또 하나의 예다. 스스로를 위태로운 지경에 빠뜨리지 않는 한 아이는 나이에 맞는 적당한 제한선 안에서 선택하고 자신만의 시간을 갖고 조절할 수 있어야 한다. 취학 전의 아이는 시간의 틀이 필요하다. 그러나 그 틀 안에서 자신이 선택한 일을 할 수 있어야 한다. 아이들은 대개 노는 시간이 끝났음을 배우거나 취침 시간 등을 배운다. 학교에 다니는 아이들은 숙제를 마친 후에 놀 수 있다는 것을 배운다. 십대들에게는 제한선을 둠으로써 시간을 좀 더 잘 운용할 수 있도록 한다.

아이가 시간 운용법을 충분히 알 만한 나이가 되면 학교나 교회, 식사 자리 등에 제 시간에 참석하고, 숙제나 그 밖의 일을 기한 내에 책임지고 끝낼 수 있어야 한다. 시간 운용을 제대로 하지 못하면 그에 상응하는 대가를 치러야 할 것이다.

부모가 아이에게 어떤 일을 하라고 계속해서 잔소리를 하는 한 아이는 결코 시간이라는 바운더리를 배울 수 없다. 시간의 제한선은 그 제한이 아이에게 현실이 되도록 내버려둘 때 비로소 현실이 된다.

잔소리를 하지 말라. 시간을 너무 상기시켜 줄 필요가 없다. 부모는 시계가 아니다. 아이도 시간을 분별할 수 있다. 아이에게 어떤 일을 몇 시까지 해야 하는지만 말해 준 다음 스스로 제시간에 준비할 수 있도록 하라. 제 시간에 준비하지 못했을 때 아이는 어려움을 겪게 될 것이다. 이를테면 저녁 식사나 외출을 못하게 될 수도 있고, 학교에 지각할 수도 있다. 그럼으로써 아이는 시간이 무엇을 의미하는지 배우게 될 것이다.

아이가 저녁 식사 시간에 슬슬 늦게 나타나는 기미를 보인다면, 정한 시간이 지난 다음에는 음식을 주지 말라. 바운더리를 이런 식으로 분명히 해야 한다. "7시에서 7시 30분 사이에 저녁을 먹을 거야. 그 후에 오면 아무리 배고파도 저녁은 없어."

아이가 배고픈 채 잠자리에 들어야 하는 문제, 버스를 놓치는 문제, 어떤 일을 제시간에 맞추지 못하는 문제 등을 스스로 해결하게 하라. 그런 일을 스스로 해결하는 법을 배우는 데는 시행착오를 많이 할 필요도 없다. 그러나 계속해서 잔소리를 하고 아이가 스스로 하게 내버려 두지 않으며 아이의 홀로 서기를 통제하려 한다면, 아이는 시간 제한이 현실이라는 사실을 결코 배우지 못할 것이다.

아이의 친구 선택

아이가 부모 마음에 들지 않는 친구들과 어울린다면(그 친구들 때문에 위험한 상황에 빠지는 게 아니라면), 그 친구들에 대해 아이에게 말을 걸어 보라. 다음은 몇 가지 예다.

- 그 친구를 만나면 어떤 느낌이 드니?
- 친구가 너를 그렇게 대하는 게 좋니? 나는 내 말을 무시하는 친구와는 어울리고 싶지 않던데.

- 그 친구의 어떤 점이 좋니? 난 자기 식대로만 하는 친구와는 놀고 싶지 않더라.
- 네가 그 친구에게 좀 더 좋은 영향을 주면 좋겠어.
- 나도 가치관이 다른 친구들이 있단다. 그런데 그 친구들에게 영향을 받는다는 생각이 들지 않니? 그 친구들이 네게 옳지 않은 일을 시키면 너는 어떻게 할 거니?

때로는 아이가 좋지 않은 친구들을 택하는 경우도 있다. 그때는 부모가 나서야 한다. 아이가 그런 친구를 선택했다는 것은 무언가 더 심각한 일이 진행되고 있다는 의미다. 상처 주는 사람을 친구로 선택했다면 아이에게 우울증이나 수동성 등의 문제가 없는지 살펴봐야 한다. 이상 증후를 발견했다면 전문가의 도움을 받으라.

아이의 돈 문제

아이는 자기 물건을 사기 위해 돈을 가질 필요가 있다. 그러나 돈을 다 써 버렸다면 더 이상의 용돈은 주지 말라. 아이는 어른들의 생활이 어떠하다는 것을 배워야 한다. "돈은 한정된 것'이라는 사실을 깨닫는 가장 좋은 방법은 돈의 한계를 직접 경험해 보는 것이다. 그러나 아이들은 대개 돈을 스스로 관리할 자유가 없는 상황에서 일정한 용돈을 갖고 살아야 한다. 아니면 용돈이 너무 풍족해 경제적 한계를 느낄 기회가 없는 경우도 있다. 아이가 용돈을 다 써 버려 정작 필요한 물건을 사지 못하는 상황을 부모들은 참지 못한다.

그러나 현실을 존중하는 법을 가르치려면 다른 경우와 마찬가지로 공감은 하되 제한을 실천하라. 설교는 절대 하지 말라. "이해해. 나도 한

달이 되기 전에 돈을 다 써 버렸을 때 기분이 안 좋았어. 꼭 필요한 게 있는데 못 사니 말이야. 정말 난감하더라."

아이의 옷과 외모
옷과 머리 스타일이 아이를 위험에 빠뜨리는 것이 아니라면 아이의 재량에 맡기라. 예를 들어 폭력 집단의 일원이라든지 성적으로 문란함을 드러내는 스타일이라면 부모가 개입해야 한다. 그렇지 않다면 아이가 스스로 자신의 옷과 머리 스타일을 선택하게 하라. 그럴수록 아이의 홀로 서기는 발전한다.

일반적으로 현실 세계의 반응이 그들을 가르칠 것이다. 입은 옷이 너무 이상하다면 학교에서 아이에게 말해 줄 것이다. 또래들이 머리 스타일을 문제 삼지 않는다면 아이가 원하는 대로 내버려두라. 우리의 부모들 역시 우리가 연예인 스타일을 따라하고 다녔을 때 좋아하지 않으셨다!

그보다는 좀 더 중요한 것, 즉 가치관, 능력, 사랑, 정직, 다른 사람을 대하는 태도 등에 더 관심을 기울이라. 아이가 외모에서 홀로 서기를 할 수 있도록 해주라.

내 친구 중 한 명이 이런 말을 했다. "아들이 귀걸이를 한 것이 나와는 다른 그 아이만의 존재 방식이라는 생각이 들면서 귀걸이 착용을 허락했어. 자신의 개별성을 증명하기 위해 파괴적인 방식을 택한 건 아니니까."

대개 옷과 외모는 두 가지 사실을 말해 준다. "나는 어떤 집단에 속해 있다"는 것과 "나는 부모와 다르며 나만의 선택을 할 수 있다"는 것이다. 아이의 복장이 또래들이 갈 만한 장소에 어울린다면 자기 식대로 입게 하라. 부모가 그 복장을 좋아할 필요는 없다! 부모 역시 자신만의 기호가 따로 있다. 단지 그런 일로 아이를 슬프게 하지 말라는 것이다. 결국 아이의 옷이고 머리이지 않은가?

부모도 아이로부터 홀로 서기를 해야 한다
아이가 부모에게서 독립할 뿐만 아니라 부모도 아이에게서 떨어져 홀로 서기를 해야 한다. 아이에게서 벗어나 자기 삶을 살아 오지 않은 부모는 세상이 아이 중심으로 돌고 있다고 가르친다. 아이가 어느 정도 컸다면 부부만의 여행이나 외박을 하고, 부부만의 시간이나 공간을 갖는 것을 두려워하지 말라. 아이에게 지금은 엄마가 아이와 놀기보다는 혼자 책을 읽고 싶어한다는 것을 일찍부터 알려 주는 것이 중요하다. 어린 아들에게 가끔 이렇게 말하는 친구가 있다. "나는 지금 책을 읽고 있는데 아주 재미있어. 너도 스스로 재미있게 놀 줄 알아야 해. 자, 가서 뭔가 재미있는 일을 해보렴." 또는 "네가 아직 할 말이 많이 남은 것은 알겠지만 나는 이제 듣는 일을 끝냈어. 지금부터는 퍼즐을 풀 거야. 너도 가서 놀렴."

    아이의 계속되는 요구를 거절할 줄 모르는 부모는 아이에게 혼자서는 스스로 존재할 수 없다고, 세상이 아이를 중심으로 돌고 있다고 가르치는 것이다. 그렇게 자란 아이는 나중에 커서 사랑하는 아내가 혼자만의 시간을 갖고 싶어할 때 이해하지 못하고 아내를 지배하려 들 것이다. 아이의 요구를 들어 주라. 그러나 부모가 혼자만의 시간을 보내는 동안에는 아이 스스로 자신의 필요를 해결할 필요가 있다. 아이의 좌절에 공감하라. 그러나 부모의 홀로 서기를 유지하라.

부모는 어떠한가?

아이는 부모가 자신을 비춰 볼 수 있는 거울이다. 아이를 통해 부모의 행동과 습관, 태도, 사물을 바라보는 시각이나 삶을 결정하는 방식 등이 그대로 드러난다. 그러므로 아이에게 바운더리 존중을 가르치기 위해, 이 장에서 우리가 말한 내용 중 가장 중요한 것은 부모가 먼저 아이와 다른 사람의 바운더리를 존중하는 것이다. '존중의 법칙'의 목표를 다시 한 번 기억하라.

- 다른 사람들에게 상처를 주지 않는다.
- 다른 사람이 거절할 때 비난하지 않고 그들의 의사를 존중한다.
- 일반적인 제한들을 존중한다.
- 다른 사람들과 떨어져 홀로 있는 것을 즐길 줄 안다.
- 자신이 원하는 것을 가질 수 없다는 사실에 화내지 않고 슬퍼한다.

존중의 법칙을 잘 따르고 있는지 알아 볼 수 있는 몇 가지 질문이 있다.

1. 아이에게 상처를 주었을 때 그 행동이 잘못되었음을 인정하고 사과하는가? 부모 입장에서만 생각했음을 고백하고 미안하다고 말하는가? 용서를 구하는가?
2. 당신이 원하는 것을 배우자나 아이가 거절했을 때, 그들에게 화를 내거나 속임수를 쓰거나 사랑을 거둬 버리는 방식으로 벌을 주지는 않는가? 아이에게 "안 돼요"라고 말할 수 있는 자율권을 허락하는가? 아이

가 스스로의 삶을 다스릴 수 있도록 선택권을 주는가? 아이는 축구를 하고 싶은데 당신이 야구를 제안할 때, 아이가 자유롭게 "싫어요"라고 말할 수 있는가? 하나님에 대한 당신의 생각에 아이가 동의하지 않는다면 어떻게 하겠는가? 아이가 자신의 믿음에 대해 자유롭게 의견을 표현할 수 있는가?

3. 일반적인 제한들을 어떻게 지키고 있는가? 항상 규칙을 피하려고 하지는 않는가? 아이에게 그 규칙을 지키는 모범을 보이고 있는가? 그 제한들을 자신에게도 적용하는가? 아니면 자신을 제외한 모든 사람들에게 유익한 것이라고 말하고 있지는 않은가?

4. 다른 사람들과 떨어져 홀로 있음을 즐기는가? 다른 사람들이 떨어져 지내는 시간을 허락하는가? 아이가 독립해 홀로 서기를 배우며 자라고 있는가? 아이가 자유를 누리는 것이 좋은가, 아니면 싫은가?

5. 아이나 다른 사람들로부터 자신이 원하는 것을 얻지 못할 때 화를 내는가, 아니면 슬퍼하는가? 아이의 선택에 화를 내며 반대하는가, 아니면 슬프지만 받아들이는가? 어떤 일이 내 방식대로 되지 않을 때 짜증을 내는가, 아니면 슬프지만 그 일이 계속되도록 돕는가?

다른 사람의 바운더리를 존중하는 부모의 모습을 보고 자란 아이는 다른 사람을 존중할 줄 안다. 부모가 먼저 실천하는 모습을 보여 주지 않으면서 그것을 아이에게 요구할 수는 없다. 다른 사람들에 대한, 또 현실의 제한에 대한 존중을 직접 실천함으로써 아이에게 모범이 되는 것보다 더 아이를 잘 가르칠 수 있는 기술은 없다.

결과

존중의 법칙은 아이에게 세상이 그에게만 속해 있는 것이 아니며, 다른 사람들과 함께 지내야 한다는 사실을 가르쳐 준다. 아이는 좋은 이웃이 되는 법을 배울 것이며, 대접받고 싶은 대로 다른 사람을 대접해야 한다는 것도 배우게 된다. 항상 자기 방식대로 무언가를 가지려 하지 않을 것이며, 자기 마음대로 행동하지 않아야 자신에게 좋다는 점도 배우게 될 것이다. 아이는 그 제한을 움직일 수 없다는 사실을 견딜 수 있게 된다. 또 다른 사람들이 자신에게서 떨어져 각자의 삶을 살아가는 것도 참을 수 있게 된다.

이렇게 되려면 다음과 같은 여러 과정을 거쳐야 한다.

- 아이들은 당연히 제한에 저항한다.
- 아이들은 제한을 바꾸려 하고 제한을 만든 사람을 비난한다.
- 현실에 적용할 때 아이에게 공감하되 제한의 기준을 고수해야 한다.
- 아이들은 마침내 제한을 받아들이고 제한을 대하는 태도도 나아질 것이다.

이런 일은 하루아침에 이루어지지 않는다. 힘든 과정들을 거쳐야 한다. 그러나 부모가 애정과 제한선을 끝까지 놓지 않는다면 사랑스러운 아이는 결실을 거두게 될 것이다. "후에 그로 말미암아 연단받은 자들은 의와 평강의 열매를 맺느니라"(히 12:11). 아이의 미래와 아이를 사랑하게 될 다른 사람들의 미래를 위해, 아이는 자신이 대접받고 싶은 대로 다른 사람을 대접하는 황금률을 따라 살아야 한다. 그런 삶이 아이는 물론 아이를 사랑하게 될 사람들을 위해서도 훨씬 더 좋다.

다른 사람을 존중하는 이유에는 바람직한 것과 그렇지 못한 것이 있다. 예를 들어 어떤 사람들은 이기심이나 죄책감, 두려움 때문에 다른 사람들에게 잘 해준다. 우리는 아이가 이런 이유보다는 더 긍정적인 동기에서 사랑스럽고 책임감 있는 행동을 배워 나가기를 바란다. 다음 장에서는 어떻게 긍정적인 동기를 가질 수 있는지 살펴보겠다.

8.

동기 부여의 법칙: '엄마 때문에'를 넘어서는 삶

최근에 있었던 아버지와 아들의 소풍 행사에서 나(존)는 우연히 두 아버지가 나누는 대화를 듣게 되었는데, 그것은 내 연구 주제에 하나의 소재가 되었다.

첫 번째 아버지가 말했다. "요즘 아들 때문에 골치가 아파요. 그 아이는 내가 휴지통 비우기나 숙제 등 뭘 시키면 하기는 하는데 계속 투덜거리고 불평을 입에 달고 다녀요. 아이가 일하는 동기가 바르지 않은 것 같아요."

잠시 침묵이 이어지다가 두 번째 아버지가 대답했다.

"에드, 미안하지만 그 하소연을 들어줄 다른 사람을 찾아봐야 할 것 같군요. 우리 아들은 휴지통이 어디 있는지도 모르는 걸요."

두 아버지는 각기 다른 문제를 고민하고 있었다. 한 아이는 올바르지 못한 동기와 태도를 가졌고, 다른 아이는 아직 그런 것이 문제가 될 만한 상황에도 이르지 못한 것이다.

언뜻 생각하면 자녀에게 바운더리를 가르치는 데 동기가 무슨 상관이냐고 의아할지도 모른다. 두 번째 아버지라면 정말 그렇게 생각할 것이다. 많은 부모들이 통제할 수 없을 정도로 반항적이거나 지나치게 소극적이어서 아예 무반응이거나 한마디도 지지 않고 따지거나 속임수를 쓰는 아이들에 맞서 씨름하고 있다.

그런 자녀를 둔 부모는 동기가 바르고 말고를 생각할 겨를이 없다. 우선 아이가 부모의 말에 귀 기울이고 책임감 있게 행동할 수 있는 방법을 찾는 것이 급선무다. 동기 같은 것은 그야말로 먼 훗날의 이야기다. "제발 우리 아이를 통제할 수 있게만 해주세요. 그 다음에 아이의 동기가 좋고 말고에 대해 걱정하겠습니다"라고 말할는지 모른다.

그러나 행동은 동기가 이끌어 간다. 동기란 밖으로 나타나는 행동 뒤에 숨겨진 내면의 이유다. 성경이 가르치는 바와 같이 마음에서 나오는 것이 우리로 하여금 모든 사악한 행동을 하게 한다(막 7:20-23). 우리는 행동에 문제가 있을 때 관심을 갖는다. 거실에 불이 나면 그 불이 어디에서 시작되었는지 원인을 살피기보다는 우선 불을 끄는 데 온 힘을 기울일 것이다.

그러나 잠깐 기다려 보라! 두 가지 매우 중요한 쟁점이 동기라는 문제 속에 담겨 있다. 첫째, 일단 부모가 아이의 관심을 어느 정도 끈 다음에 아이의 행동을 좌우하는 결정적인 요소가 동기라는 점이다. 어린아이는 자기 방을 청소하지 않으면 주말에 영화를 보러 가지 못하게 될까 봐 방을 깨끗하게 청소할 것이다. 그러나 이렇게 자란 아이는 스무 살이 되면 자기 방을 깨끗이 하는 다른 이유가 있어야 한다.

앞으로 살펴보겠지만 동기는 아이의 발달 단계에 따라 발전한다. 고통이나 벌칙 등 두려움에 속하는 성숙하지 않은 동기는 아이가 어릴 적에는 도움이 된다. 그러나 부모의 역할에는 아이가 자신의 행동에 책임을 지게 하는 것 이상이 포함된다. 부모는 아이가 단순히 비난을 면하기 위해서가 아니라 정당한 이유로 올바른 일을 하기 원할 것이다. 아이는 사랑받는 인격체가 되는 법을 배워야 한다(디모데전서 1장 5절을 보라).

아들이 숙제를 해야 하는 상황을 가정해 보자. 아들은 주의산만해 책상 앞에 앉았다 일어서기를 반복하면서 시간을 허비하고 어떻게든 숙제를 피해 보려고 한다. 이때 부모는 아이가 숙제를 마칠 때까지 옆에서 잔소리를 하며 감독을 한다.

이 경우에 부모는 작은 전쟁에서는 이겼을지 모른다. 그러나 실제로 큰 전쟁에서는 졌다고 볼 수 있다. 아들이 숙제를 한 동기는 부모의 통제에서 벗어나기 위해서였지 학교에서 좋은 성적을 얻기 위해서가 아니었다. 부모가 아이 곁에 없는 날에는 어떤 일이 일어날지 상상해 봤는가?

많은 부모들이 이런 딜레마에 빠져 있다. 부모가 옆에서 소리를 지르거나 으름장을 놓으며 감독하면 아이는 얌전히 제자리를 지킨다. 그러나 이런 아이가 자라서 십대가 되면 주말에 아이만 집에 두고 주말 여행을 간다는 건 생각조차 할 수 없는 일이다. 아이를 신뢰할 수 없기 때문이다.

훌륭한 그리스도인 부모들이 자녀를 대학에 보냈는데, 자녀가 집에 있을 때는 결코 허용하지 않은 좋지 못한 일에 연루되었다는 소식을 듣고 망연자실했다는 이야기를 수없이 들었다. 내 친구들 중 몇몇도 부모가 택한 기독교 대학에 입학한 딸이 임신했다는 사실을 알고 비탄에 잠겼다. 집을 떠나서 갑자기 주어진 막대한 자유 앞에서 소녀는 아주 어린아이처럼 행동했던 것이다. 소녀의 부모는 이 문제를 해결하면서 한 가지 사실을 깨달았다. 그들은 그동안 부모로서 맡은 역할, 즉 딸의 보호자가 되어 주기를 기대했지만 그것은 애초부터 불가능한 일이었다는 것이다. 딸의 충동에 대한 외적인(부모의) 제재는 결코 딸의 내적 성품의 일부가 되지 않았다.

외부에서 명령받은 행동은 어린아이에게는 통할지 몰라도 젊은 성인에게는 통하지 않는다. 성경은 우리의 영적 행로에는, 하나님을 믿는 믿음 안에 들어가 보다 높은 원칙에 따라 동기 부여되기 전까지는 율법이라고 부르는 선생이 필요하다고 가르친다(갈 3:24-25).

동기와 관련된 두 번째 문제는 자녀 양육의 전략에 관한 것이다. 말을 듣지 않는 아이에게 지친 부모는 아이가 변화되기를 갈망하는 나머지 감정에 휩싸여 극단적인 전술에 의지하게 된다. 이를테면 아이에게 죄책감을 불러일으키거나 더 이상 사랑하지 않겠다는 협박을 한다. 이러한 전략은 냉전으로 인한 일시적인 평화는 가져올 수 있으나 길게 보면 전혀 효과가 없다. 부적절한 동기에 호소해 봤자 효과도 없을 뿐더러 아이에게 상처를 줄 수 있다.

부모에게 순종하지 않았을 때 혹은 의견 차이로 다퉜을 때, 부모가 침묵하면서 우리에게 차갑게 대할 때 어땠는지 기억하는가? 오늘날 많은 부모들이 일생을 이런 교묘한 감정적 조작의 결과 때문에 고통스러워한다. 그들은 결혼했으나 죄책감을 조장하는 배우자에게 통제를 받는다. 그들은 수치심을 주는 상사나 친구들에게 무력감을 느끼거나 원망하는 마음을 품고 살아간다. 자녀를 사랑하는 부모라면 자녀가 훗날 다른 사람을 안정되고 행복하게 하는 일에 내적 갈등을 겪는 것을 원하지 않을 것이다.

아이가 바운더리를 배우는 데 있어 동기가 중요하다. 그렇다면 아이가 사랑과 선한 일을 하려는 바른 동기를 가지도록 어떻게 도울 수 있는가?

목표는 '사랑과 현실'

최근에 아내와 나는 영적 주제에 관한 세미나에 참석하기 위해 스웨덴에 갔다. 세미나를 주관한 목사의 가정에서 일주일 동안 머물면서 목사 내외뿐만 아니라 그 집의 세 딸과 친하게 지냈다. 여덟 살에서 열여섯 살에 이르는 아이들이었다.

우리는 이 가정이 돌아가는 모습을 보고 감명을 받았다. 식사가 끝나고 나면 매번 세 딸 모두가 자기 일을 찾아서 했다. 부모가 시키지 않았는데도 아이들은 식탁을 치우고 설거지를 하고 부엌을 정리했다. 차분하면서도 효율적인 움직임에 나는 어떻게 아이들이 그렇게 행동할 수 있는지 놀라워하며 깨끗한 집을 둘러보았다. 아이들은 절대 로봇이 아니었다. 그들은 말할 줄 알았고 각자 의견이 분명했으며 개성도 있었다. 그 가정은 정말이지 원활하게 움직이고 있었다.

나는 한 아이에게 물었다. "너희는 어떻게 불평 없이 집안일을 잘하니?" 아이는 잠깐 생각한 다음에 말했다. "글쎄요. 저는 돕는 것을 좋아해요. 언니와 동생도 각자 맡은 일을 해주기를 바라고요."

아이들에게 스스로 알아서 집안일을 하게 하는 것이 얼마나 힘든지 다들 알 것이다. 우리 집은 왜 그러지 못할까 하는 생각에 의기소침해지기 전에 이 스웨덴 꼬마 친구의 대답을 살펴보자. 아이는 지금 동기에 대해 말하고 있다. 첫째, 그 아이는 가족을 사랑하기 때문에 일을 하고 있다. 둘째, 그 아이는 현실의 필요에 영향을 받고 있다. 자기가 맡은 일을 하면 언니와 동생 역시 각자 맡은 일을 할 것이고, 그러면 아이는 자기가 맡은 일 외에 다른 일은 하지 않아도 된다. 이것이야말로 우리가 아이의 마음에 심어 주고 싶은 이상적인 정신이 아닌가.

하나님이 요구하시는 현실을 건강한 마음으로 존중하기 때문에, 다른 사람을 배려하는 마음 때문에 옳은 일은 하고 나쁜 일은 피하려 하는 것이다. 이런 아이들이야말로 인생에서 자신이 맡은 일을 바른 동기와 즐거운 마음으로 자유롭게 선택할 수 있는 어른으로 성장해 가는 아이의 표본이다. "각각 그 마음에 정한 대로 할 것이요 인색함으로나 억지로 하지 말지니 하나님은 즐겨 내는 자를 사랑하시느니라"(고후 9:7).

이 말씀은 목표가 아이가 자신의 과제와 일, 의무, 자제력 등을 즐기도록 하는 것이라고 말하지 않는다. "완두콩이야. 일단 먹어 봐. 그래야 좋아하게 되지"라고 말하는 엄마들은 실망할 것이다. 예수님조차 끔찍한 임무, 즉 우리의 죄를 사하기 위해 십자가에 달리시는 일을 앞두고 두려워하셨다. 그래서 죽음의 잔을 비켜 가게 해달라는 기도도 하셨다(마 26:39). 그럼에도 예수님은 결국 흔들리지 않으셨고 그분의 가장 중요한 임무를 완수하셨다. 아이들은 부모에게 저항하거나 부모와 부모의 요구에 대해 협상하고 싶은 욕구를 느낄 것이다. 그러나 동시에 아이가 궁극적으로는 올바른 이유에서 자신의 짐을 기꺼이 수용할 수 있도록 하는 것이 부모의 목표가 되어야 한다.

동기 발달의 단계들

아이에게 좋은 동기를 길러 주려면 어떻게 해야 하는가? 하나님은 자녀를 인도할 때 필요한 영향력을 여러 단계에 걸쳐 마련해 놓으셨다. 이것은 꼭 필요한 과정이다. 이런 단계들을 거칠 때 아이가 아직 초기 단계에 머물러 있음을 알게 될 수 있다. 그렇다고 큰일났다고 생각지 말라. 이 지표는 아이가 다음 단계로 올라가는 데 필요한 일들이 있음을 보여 주는 간단한 참고 자료이기 때문이다. 누구도 단계를 하나하나 밟지 않고 건너뛸 수는 없다. 다음의 표는 동기 발달의 각 단계와 각 단계에서 피해야 할 흔한 실수를 요약하고 있다.

단계	피해야 할 실수
1. 결과(대응)를 두려워하는 단계	화내면서 야단치기
2. 미성숙한 선악 개념의 단계	지나친 엄격함이나 관용
3. 가치관과 윤리 의식의 단계	죄책감이나 수치심을 주는 말
4. 성숙한 사랑과 죄책감의 단계	사랑의 상실, 지나친 비판

이 단계를 설명하기 전에, 아이들은 성장하거나 제한을 배우는 과정에서 그들에게 막대한 과제가 있음을 알아야 한다. 즉 그들은 부모와 현실과 친구들로부터 많은 일을 요구받게 될 것이다. 그때 그들은 사랑에 뿌리를 내리고 있어야 한다(엡 3:17). 어느 누구도 따뜻한 인간관계 밖의 책임감에서 오는 좌절과 고통을 견딜 수 없다. 사람들은 은혜로운 분위기 속에서만 규칙과 법을 자기 것으로 내면화할 수 있다. 그

렇지 못한 경우에 규칙과 법을 미워하거나 비난하게 될 것이다. 율법은 분노를 불러일으킨다(롬 4:15).

부모에게 바운더리 개념이 새로운 것이고, 그 바운더리를 아이 안에 심어 주고 싶다면 아이를 호되게 꾸짖지 말라. 즉 "지금부터 내 말 잘 들어! 이제 우리 가족 모두에게 변화가 일어날 거야"라고 말하지 말라. 바운더리를 잘 형성하려면 아이에게 정서적 유대감과 격려와 사랑을 아끼지 말아야 한다. 바운더리 설정은 아이에게 주던 사랑을 다른 것으로 대체하는 것이 결코 아니다. 그 자체가 바로 아이를 사랑하는 방법이다.

아이와 유대감을 가지면서 부모가 얼마나 아이를 사랑하는지 확신시켜 주라. 기쁠 때나 슬플 때나 아이와 함께하라. 아이가 화를 내거나 부모에게 실망을 표현할 때조차 함께하라. 이런 유대감 속에서 아이는 성장할 것이다.

아이와 유대감이 없거나 조건이 달린 사랑을 베푸는 것은 바운더리를 세우는 데 적대적인 요소가 된다. 친밀감을 잘 표현하지 못하고 아이와의 유대감이 별로 없는 부모라도 아이에 대한 관심만큼은 깊을 수 있다. 그럼에도 아이에게 사랑을 표현하거나 자신을 드러내기를 힘들어 한다. 그런 부모는 거리를 두고 아이를 사랑하는 것이다. 사람에게 친밀감을 느끼는 것이 힘들다면 다른 사람에게 가까이 다가가는 법을 배울 수 있도록 격려하는 사람들과 관계를 많이 가져야 한다. 사람은 자기가 받은 것만을 다른 사람에게 줄 수 있다

조건적인 사랑은 오래가지 못한다. 사랑에 조건을 다는 부모는 아이가 잘했을 때만 아이에게 친밀감을 갖는다. 아이가 좋지 못한 행동을 할 때는 사랑을 거둔다. 이런 상황에서 아이는 사랑받는 일에 결코 안

정감을 느끼지 못한다. 그런 아이는 기본적인 신뢰감을 배우는 데 어려움을 느끼며, 한 번이라도 실수하면 자신에게 중요한 전부를 잃게 될지도 모른다는 위기감을 갖는다. 조건적인 사랑 아래에서 아이들은 아무것도 배우지 못한다.

그러므로 사랑이 먼저이고, 제한은 그 다음이다.

결과(대응)를 두려워하는 단계

아이에게 제한을 설정하고 그에 따라 대응하기 시작하면, 대부분의 아이들은 부모가 정말 그 제한을 적용할 것인지 시험하고 저항하며 적의를 드러낼 것이다. 파티가 끝난다는 데 반길 사람은 없다. 그럼에도 부모는 설정한 제한을 반드시 지키고 공정하고 지속적으로 실행하되 아이가 감정적인 반응을 보일 때는 공감해 줘야 한다. 아이는 자신이 전능한 하나님이 아니고, 엄마 아빠가 자기보다 높은 존재이며, 용납되지 않는 행동을 했을 때는 고통스러운 대가를 치러야 한다는 현실을 받아들이기 시작할 것이다. 이제 새로운 세상이 열렸고 부모는 아이의 관심을 끌게 되었다.

그럼에도 아이는 여전히 현실을 피하려고 할 것이다. 최근에 한 야구 경기장에서 있었던 일이다. 여섯 살짜리 남자아이가 마음속에 떠오르는 생각들을 끊임없이 큰소리로 외쳐 대며 주변 사람들을 괴롭게 만들고 있었다. 아이의 부모는 아이에게 조용히 하라는 부탁만 가끔 했다. 그 정도의 주의에 아이가 아랑곳할 리 없었다. 아이는 부모의 말을 무시하면 부모가 먼저 포기해 버린다는 사실을 이미 알고 있는 것 같았다.

마침내 몇 줄 뒤에 앉아 있던 한 야구팬이 아이에게 한마디했다. "얘야, 너 정말 조용히 해야겠다." 낯선 사람의 강경한 태도에 충격을 받은 꼬마는 경기가 진행되는 나머지 시간 동안 훨씬 조심스러운 태도를 보였다. 이상하게도 아이의 부모는 전혀 당황하지 않았으며, 오히려 아이의 행동을 더 잘 제어할 수 있는 능력이 생긴 것처럼 보였다. 아이의 관심을 끄는 것이 항상 가장 첫 단계다.

모든 일이 순조롭게 진행되고 아이나 부모 양쪽 모두에게 바운더리를 세우는 초기의 어려움을 잘 견뎌 내면, 아이는 행동을 제재받을 때 느끼는 지극히 건강한 두려움을 마음속에 기르게 된다.

아이는 새로운 생각, 즉 '내가 하려는 일에 대해 생각해 봐야겠어. 그 일을 하면 어떤 대가를 치르게 될까?'라는 생각이 옛날의 생각, 즉 '나는 무슨 일이든 마음대로 할 자유가 있어'라는 생각을 대체하는 경험을 하게 된다. 새로운 생각은 예상되는 불안감과 함께 떠오른다. 이 불안감은 자신이 무언가를 계획할 때 그 일을 얼마나 원하는지 신중하게 생각해 보도록 돕는 일종의 경고등이다. 그런 불안감을 느낀다는 것은 아이에게 축복이다.

많은 부모들에게 이런 사건은 아이에게 바운더리 개념을 길러 주는 과정에서 최초로 거둔 의미 있는 승리라고 할 수 있다. 부모들은 이렇게 생각할 것이다. '이번에는 효과가 있었어!' 그들은 아이의 자기 중심적인 사고 체계를 깨뜨리고, 스스로 주의하지 않으면 자신에게 좋지 않은 일이 생길 수도 있다는 현실을 일깨워 준 것이다. 바운더리가 정착되려면 많은 시행 착오와 어떤 대응이 아이에게 효과적인가를 알아보는 노력, 또한 한계선을 지키고자 하는 엄청난 에너지가 필요하다.

한 아버지가 말했다. "부모는 아이보다 총을 한 번 더 뽑아 들어야 합니다. 아이가 규칙을 천 번 어긴다면 부모는 거기에 하나 더해 천한

번 규칙을 지켜야 합니다. 그러면 이길 수 있습니다."

그래서 많은 부모들이 아이가 두 살이든 열여섯 살이든 관계없이 그날을 기억한다. 부모가 제한선을 견고하게 지킴으로써 부모와의 다툼에서 자신이 졌음을 깨달을 때, 아이의 얼굴에 의심과 불안의 표정이 스치는 것을 본 날 말이다.

초등학교 2학년의 에이미는 성격이 난폭한 편이었다. 아이는 화가 났을 때 사람들에게 장난감을 던지는 습관이 있었다. 그래서 엄마는 에이미가 장난감을 던질 때마다 그 장난감을 영원히 없애겠다는 규칙을 세웠다. 장난감이 하나 둘씩 없어지고 있었지만, 엄마는 에이미의 머릿속에 과연 애지중지하는 장난감이 없어진다는 생각이 자리잡아 가고 있는지 어떤지 몰랐다.

어느 날 에이미가 또 장난감을 던지려 하자 엄마는 재빨리 말했다. "지난번 일 기억하니?" 아이는 장난감을 들었던 팔을 내려놓고 잠시 망설였다. 아이 인생에서 처음 일어난 일이었다. 아이는 마침내 장난감을 내려놓았다. 엄마 눈에는 에이미가 이렇게 중얼거리는 것 같았다. "맞아, 지난번에 장난감을 던졌을 때 좋지 않은 일이 일어났어."

에이미는 자신의 행동과 미래 사이의 분명한 연관성을 경험하기 시작한 것이다. 이른바 '학습의 순간'이다. 이제 에이미는 뿌린 대로 거두는 법칙을 배워 가고 있다(갈 6:7).

다시 한 번 강조하지만 대응에 대한 두려움은 결코 사랑을 상실하는 것에 대한 두려움이 되어서는 안 된다. 부모가 일관되게 아이와 친밀한 관계를 유지하고 항상 아이와 함께할 것이라는 확신을 줘야 한다. 아이는 잘못을 저지르더라도 그로 인해 다만 자유를 잃고 상응하는 대가를 치를 것에 대해서만 걱정해야 한다. 부모가 아이에게 줄 메시지는 이것이다. "나는 너를 사랑해. 하지만 힘든 편을 선택한 것은 바로 너 자신이란다."

이것이 동기 유발의 초기 단계다. 이상적인 생각을 하는 부모들은 "그것은 잘못된 일이야"라든가 "네게 상처를 주고 싶지 않구나"와 같은 말 대신에 "지난번 일 기억하니?"라는 말 때문에 아이가 장난감을 내려놓았다는 사실에 실망할지도 모른다. 그러나 바운더리 법칙은 우리가 통제 불능의 상황에서도 자신을 억제함으로써 스스로를 가라앉히고 사랑의 메시지를 들을 수 있게 한다는 사실을 기억하라.

이 단계에서는 화를 내며 더 강하게 제한하거나 벌을 주는 것은 피해야 한다. 아이는 자신의 행동에 따르는 대응을 피하기 위해 자신을 다스려야 한다. 부모의 분노를 피하는 것이나 극도의 비난에 대한 두려움에 관심을 둔다면, 아이는 자신의 행동과 그로 인한 결과(대응) 사이에 아무 연관성도 만들어 내지 못할 것이다. 아이가 자신의 행동에 따른 대응이 있다는 사실을 배우는 과정에서 중요한 것은, 문제가 분노하는 부모가 아니라 바로 자기 행동에 있음을 깨닫는 것이다.

다음의 두 접근 방법을 비교해 보자.

1. "레지, 한 번 더 상품 진열대에서 감자칩을 꺼내 봐. 엄마가 정말 화낼 거야."
2. "레지, 한 번 더 상품 진열대에서 감자칩을 꺼내면 즉시 가게 밖으로 나갈 거야. 그 길로 집에 돌아갈 거고, 넌 엄마의 시간을 낭비한 대가로 설거지를 해야 돼."

첫 번째 장면에서, 레지의 문제는 엄마가 화가 났다는 것이다. 이때 아이는 둘 중 하나를 선택할 수 있다. 하나는 화난 엄마를 달래는 것이고, 다른 하나는 엄마에게 대드는 것이다. 전자의 경우 아이는 나중에라도 엄마에게 복수를 하게 될 수 있고, 다른 사람의 분노에 겁먹고 어떤 바운더리도 없이 다른 사람의 기분을 맞추려 드는 어른으로 성장할 수 있다.

후자의 경우 아이는 엄마를 자극하는 것에 재미를 느끼거나 엄마가 정말 화를 낼 때까지 몇 번 더 감자칩을 꺼내도 된다고 생각하며 엄마를 무시할 수 있다. 그러다 엄마의 분노가 폭발하면 그때는 정말 아무 대응도 있을 수 없게 된다. 화를 내면서 아이에게 다가갈 때 도리어 아이에게 미치는 영향력이 줄어드는 것을 많은 부모들이 경험한다. 아이가 부모의 분노를 견디는 방편으로 부모를 아예 무시하기 때문이다.

두 번째 장면에서, 레지는 앞으로 다가올 대응에 대해 생각해야 한다. 자기 방에 혼자 들어가 있으면서 잘못을 반성할 것인지, 설거지를 할 것인지, 아니면 즐겁게 쇼핑하면서 자유를 누릴 것인지 말이다. 이런 접근법은 아이로 하여금 문제는 엄마가 화난 것이 아니라 자신의 행동에 있음을 깨닫게 해준다.

이런 식으로 문제를 볼 때 아이에게 여러 지각이 생겨난다. 첫째, 다른 사람을 비난하기보다는 자신을 먼저 살펴보기 시작한다. 둘째, 통제와 제어라는 지각이 생긴다(어떤 일을 했을 때 자신에게 돌아올 고통의 양을 예측해 보는 것이다). 셋째, 바운더리를 배우는 과정에서 잘못했더라도 결코 부모의 사랑이 떠날 일은 없을 것임을 알게 된다. 넷째, 자기보다 크고 강한 존재, 즉 부모님, 친구, 선생님, 상사, 경찰, 군인, 그리고 하나님의 존재를 깨닫는다. 그래서 스스로 제한선을 지키지 않으면 그들이 자기에게 제한선 지키기를 요구한다는 것을 알게 된다.

이런 식의 태도나 기질이 형성되어 있지 않으면 아이는 자신이 원하는 것은 무엇이든 할 수 있다는 환상에 영원히 사로잡힐 수 있다. 자신의 행동에 따르는 대가가 있다는 건강한 두려움을 가짐으로써 아이는 하나님이 주신 현실 속에서 바른 태도를 갖게 되고, 그 현실을 적으로 여기기보다는 친구로 생각하게 된다. 외출 금지를 원하지 않기 때문에 자기가 할 일을 할 뿐이라고 아이가 말한다면 칭찬해 주라. 그리고 다음 단계로 올라설 수 있도록 도우라.

미성숙한 선악 개념의 단계

드류의 부모는 걱정스러웠다. 그들은 세 살 난 아들에게 사랑과 제한 사이에서 균형을 잡으려고 노력했다. 그런데 최근에 아이가 전혀 이해할 수 없는 새로운 행동을 하기 시작한 것이다.

드류는 그야말로 달리기 선수다. 온 집안을 뛰어다니며 가구를 뒤집어엎기도 하고 넘어지기도 하며 난장판을 만든다. 드류의 부모는 이 문제 때문에 오랫동안 힘든 시간을 보내야 했다. 그들은 아들에게 이 문제에 대해 말했다. 집 안에서 조용히 걸어다니게 하기 위해 행동에 따른 적당한 대응과 보상을 주었다. 그리고 진전을 보기 시작했다. 드류는 집에 있을 때 보다 더 조심스럽고 신중해졌다.

어느 날 드류가 밖에서 놀다가 집으로 들어왔을 때였다. 아이는 밖에서 뛰던 속도를 줄이지 않고 그대로 거실로 뛰어들었다. 아빠가 바운더리를 상기시키자 드류는 말했다. "멈춰, 드류! 나빠, 드류!" 부모는 아들이 스스로를 너무 가혹하게 대하는 것은 아닌지 걱정되었다.

행동에 대한 대응에 건강한 두려움을 갖기 시작하는 아이들에게서, 자신이 잘못 행동했을 때 엄격한 부모가 나무라는 것처럼 스스로를 날

카롭게 나무라는 모습을 종종 볼 수 있다. 이런 행동은 대부분 행동과 대응 사이의 연관 관계를 이미 인식한 아이들에게서 나타난다.

드류는 일생을 통해 일어나는 내면화 과정에 들어가고 있는 것이다. 그는 자신의 경험에 큰 의미를 부여하면서 그 경험을 자기 것으로 내면화하는 작업을 하고 있다. 이런 경험은 아이의 마음속에 감정적인 기억으로 자리를 잡는다. 말 그대로 밖에 존재하던 어떤 것이 안으로 들어오는 것이다. 어떤 면에서 아이는 자신의 경험을 '소화'했다고 볼 수 있다. 그렇게 소화된 경험은 자신의 인생과 현실을 바라보는 눈을 결정하는 데 큰 역할을 한다.

내면화란 하나님이 우리에게 그분의 생명력, 사랑, 가치관을 조금씩 스며들게 해주시는 깊은 영적 과정이다. 우리는 하나님과의 교류를 통해 그분의 은혜와 진리를 경험하고, 그로 인해 그분의 말씀과 그리스도가 우리 안에 자리하게 된다(갈 4:19). 내면화는 우리로 하여금 사랑하고 자신을 제어하며 도덕과 윤리 체계를 세우는 능력의 토대다. 내면화는 우리의 양심을 형성하며 옳고 그름을 구별할 수 있도록 돕는다. 예를 들어 스트레스를 받을 때나 문제를 해결해야 할 때 마음속에 어떤 사람이 떠오를 것이다. 어쩌면 그의 얼굴이 떠오를 수도 있고 그의 조언이 떠오를 수도 있다. 이것이 바로 내면화의 초기 단계다. 이 단계에서 영향을 주는 관계성의 주체는 '나'가 아니라 '내가 소중하게 생각하는 다른 어떤 사람'이 된다.

예를 들어 드류는 집안에서 뛰어다니는 행동이 위험하다는 것과 그에 따른 결과에 대해 부모에게 주의를 들었다. 드류는 부모의 말을 들으면서 그 내용을 기억할 뿐만 아니라 그때 부모의 목소리와 말투까지 감지한다. 드류는 이제 자신의 행동에 대해 가르침을 주는 내면화된 '부모'를 갖게 된 것이다.

드류의 경우에 부모가 들려준 말과 말투가 있는 그대로 정확하게 내면화되지는 않았을 것이다. 드류의 부모는 아이에게 단호하지만 부드러운 말을 사용했을 것이다. "나빠, 드류"와 같은 가혹한 말은 아니었을 것이다. 그러나 아이들이 종종 그런 것처럼 드류는 기억 속의 말에 자신이 느꼈던 비난을 덧붙인 것이다.

아이들은 있는 그대로의 현실만을 내면화하지 않는다. 어떤 사람들은 두뇌가 마치 비디오 카메라처럼 특정한 일들을 정확히 기록한다고 생각한다. 그러나 연구에 따르면 기억은 그렇게 작동하지 않는다고 한다.

사람들은 경험에 자신의 의견, 소원, 두려움 등을 채색한다. 그렇기 때문에 성경과 같은 최고의 현실 자료들이 중요하다. 우리는 자신이 지각하고 있는 내용을 수정해야 한다. "나로 하여금 깨닫게 하여 주소서 내가 주의 법을 준행하며 전심으로 지키리이다"(시 119:34). 바운더리를 갖고 자녀를 양육하려는 중요한 목표 중 하나는, 아이로 하여금 사랑과 제한이라는 내면화된 지각을 갖게 하는 것이지 아이가 집에 돌아왔을 때 현관 앞에서 신발을 털라고 잔소리를 하는 것이 아니다.

부모가 사랑을 갖고 일관성 있게 아이로 하여금 그 제한들을 지키도록 한다면, 아이는 부모가 할 일을 대신하는 내면의 부모를 마음속에 갖게 될 것이다. 마음속에 최초로 형성된 '부모'나 초기의 양심은 아이 자신인 '나'의 것이 아니라 아이가 이미 경험한 다른 누군가의 것, 즉 부모의 말이나 태도의 형태를 띤다. 그렇기 때문에 드류의 경우처럼 어린아이가 제3자에게 말하듯 스스로에게 말하는 현상이 나타난다. 이제 아이는 책임과 관계된 일 앞에서 부모와 한 덩어리로 얽혀 나타나는 자신의 모든 정서적인 기억에 반응하는 것이다.

부모들 중에는 더러 너무 엄격하고 권위주의적이며 심지어 욕까지 하는 사람이 있다. 이런 행동은 아이의 마음속에 매우 거칠고 미숙한 선악의 개념을 심어 줄 수 있다. 이런 대접을 받은 아이들은 의기소침해지거나 죄책감에 싸이게 된다. 또 다른 경우에는 자기 안에 있는 가혹한 부모에 대한 반작용으로 다른 사람들에게 무례하고 가학적인 행동을 하게 된다. 이런 경우에 선악의 개념이 뒤틀어지며, 하나님이 좋은 방향으로 이끌어가는 데 도움이 되라고 창조해 주신 의식 체계는 그들을 하나님으로부터, 사랑으로부터, 책임감으로부터, 관계로부터 멀어지게 한다. 이런 일이 걱정된다면 자신이 너무 엄격한 부모가 아닌지 아이 문제를 잘 이해하는 전문가와 상담해 보라.

선악의 개념이 형성되고 발달하면서 아이는 단지 등 뒤에서 떠미는 힘에 의해서가 아니라 마음속에서 우러난 힘에 의해 사랑하고 착해지려는 동기를 갖게 된다. 아이는 마음속에 내재하는 부모에게 대항해 규칙을 어기고 싶어하지 않는다. 마음속의 부모가 실제 부모와 거의 같은 역할을 하기 때문이다. 이것은 좋은 소식이다. 이것은 아이가 운동장에 있을 때, 시험을 볼 때, 또는 자동차 뒷좌석에 앉아 있을 때 책임 있는 선택을 하도록 부모가 항상 옆에 있지 않아도 된다는 뜻이다. 아이의 변화를 일관성 있고 다정하며 주의 깊은 태도로 지켜보라. 아이와 긴밀한 유대를 충분히 지속할 때 아이는 부모의 바운더리를 받아들일 것이며, 그럴 때 바운더리는 자녀의 것이 된다.

이 단계에서 피해야 할 두 가지 극단이 있다. 하나는 지나치게 엄격한 것이고, 다른 하나는 바운더리를 변경하는 것이다. 지나치게 엄격했을 때 어떤 결과가 오는지는 이미 언급했다. 그런데 죄책감이나 갈등이 일어날 것을 염려해 바운더리를 없앴을 때의 결과도 똑같이 파괴적이다. 부모가 제한을 강요하지 않는다는 사실에 아이는 처음에는 해방감을 느낄 것이다. 그러나 점차 시간이 흐르면서 자신의 제한선을 어디에 둬야 할지, 그 제한선을 어떻게 생각해야 할지 몰라 혼란스러워하게 된다. 이때 아이는 자신이 안전하다고 느끼는 외적인 제한선을 자극하는 행동을 취하거나 특권 의식, 즉 자신이 모든 법칙 위에 존재한다거나 그 법칙을 피해 갈 수 있다는 생각을 키워 간다. 아이의 행동이 현실에 대한 왜곡된 생각이 아니라 현실의 법칙에 상응하는 것이 되기를 바란다면, 아이의 세계를 잘 아는 사람들과 꾸준히 관계를 유지하면서 아이가 동기의 세 번째 단계에 올라서도록 도우라.

가치관과 윤리 의식의 단계
얼마 동안 자기 머릿속의 목소리를 따라 행동하던 아이는 자신의 모든 경험을 끄집어 내어 보다 체계적인 개념을 형성해 간다. 아이는 "이건 하면 안 되는 일이야"라는 의미로 자기 속에서 들리던 "나빠, 드류"라는 말이 들리지 않아도 잘못된 행동을 멈추게 된다.

   이것은 아이의 사고 능력이 향상되고 성숙해지고 있음을 의미한다. 아이는 이제 부모가 제시한 바운더리를 부모가 가르쳐 준 대로 모방해서 받아들이는 것이 아니라 고유한 자기 것으로 내면화하기 시작한다. 이때가 가치관과 윤리 의식이 형성되는 시기다. 아이가 인간관계, 도덕관, 직업에 대한 신념이나 태도의 기초를 이루는 중요한 단계에 들어선 것이다.

   이 단계에서 아이는 가치관과 관련해 고민되는 질문을 많이 하게 된다. "이거 나쁜 말이에요?" 또는 "이 영화 봐도 돼요?" 등. 아이는 부모의 윤리관을 이해하면서 자신의 윤리관도 실행해 보려고 애쓴다. 이 때야말로 부모는 자신이 믿고 있는 것, 즉 살아가면서 어떻게 행동해야 하는지에 대해 아이에게 설명해 주고, 이에 대해 아이가 스스로 결론에 이르도록 도울 수 있는 좋은 기회다.

부모가 아직 아이의 행동에 적절하게 대응하는 것을 두려워하는 단계라면 이 모든 말이 먼 나라의 이야기처럼 들릴 수 있다. 그러나 누구든 분명 이 단계에 이를 수 있다. 동시에 주의할 것은, 이 단계에 이르렀다 해도 아이에게 제한선과 바운더리를 지키게 하는 일이 끝났다고 봐서는 안 된다는 것이다. 자녀는 아직 어리고 앞으로 여러 영역을 넘나들며 성장해 가야 하기 때문이다.

어느 날 아이는 절대 윤리와 상황 윤리 사이에서 고민하기도 하고, 늦은 밤 술 냄새를 풍기며 집에 살금살금 들어오기도 할 것이다. 우리는 이런 모습도 감당할 수 있는 부모가 되어야 한다. 아이가 흐트러진 모습을 보이든 성숙한 모습을 보이든 부모는 아이가 필요로 하는 그곳에 있어야 한다.

아이에게 죄책감이나 수치심을 조장하는 말은 하지 말라. 이제 아이 속에는 자신의 행동에 대한 동기의 옳고 그름을 돌아보는 양심이 작동하고 있기 때문에 아이가 매일 부딪히고 생각해야 할 일들이 너무 많다.

"네가 그리스도인인 줄 알았는데 아직도 그렇게 행동하니?", "학교에서 그것밖에 안 된다니 부끄럽구나"라고 말한다면 아이는 분명 상처를 입을 것이다. 이 단계의 아이들은 죄책감이나 수치심에서 벗어나고 싶어하기 때문에 '착한 사람'이 되어야 한다는 강박 관념에 사로잡히기 쉽다. 그러므로 아이가 다음의 현실 법칙을 항상 돌아보도록 하

라. "세상에는 너와 내가 믿는 것과 정반대되는 일들이 항상 일어난다."

성숙한 사랑과 죄책감의 단계

아이가 내면화할 수 있는 현실의 본보기 역할을 부모가 계속하는 동안, 아이는 옳고 그름을 묻는 윤리적 차원을 뛰어넘어 가장 높은 경지의 동기, 즉 사랑으로 행동하는 단계에 이르게 된다. 아이는 다른 사람들과 더 많은 관계를 맺어 가면서 이런 심오한 주제에 대해 생각하기 시작한다. 아이는 관계를 맺기 위해 창조되었으며, 관계는 아이의 존재 한복판에 자리를 잡는다. 자기가 맺고 있는 관계에 대한 관심이야말로 우리 삶에서 가장 의미 있는 동기다. 예수님은 성경의 모든 율법을 '마음을 다해 하나님과 이웃을 사랑하라'(마 22:37-39)라는 말씀으로 요약해 주셨다. 옳고 그름의 문제가 여전히 중요하지만, 아이는 이제 좀더 관계적인 관점에서 그 문제들을 이해하게 된다.

부모는 이제 아이가 "남에게 대접을 받고자 하는 대로 너희도 남을 대접하라"(마 7:12)는 말씀에 공감하면서 사랑이 바로 '가장 위대한 동기'라고 정의하게 되기를 바랄 것이다. 공감이야말로 가장 지고한 사랑의 모습이다. 하나님은 우리의 비참한 처지를 공감하셨기 때문에 우리를 창조하셨고 생명을 보존해 주셨으며 구원해 주셨다. 밖을 향해 열려 있는 마음과 관계에 기초한 공감 능력이 있을 때 우리는 비로소 다른 사람을 배려하는 행동을 하게 된다.

바운더리를 내면화한 아이들은 "이것이 옳은가 그른가"의 문제를 지나 '이렇게 하면 하나님과 다른 사람에게 상처를 줄 거야'라고 생각하는 단계로 넘어가야 한다. 부모는 아이가 이런 동기를 갖도록 도와줘야 한다. 아이가 순종하지 않을 때 그로 인해 관계에 어떤 일이 일어나는지 말해 주라. "뚱뚱한 친구를 놀리는 건 나쁜 일이야"라고 말하는 대신에 "친구를 놀리면 그 아이의 마음이 어떨 것 같니?"라고 물으라. 이제 부모는 자녀의 내면에 존재하는 바운더리의 대행자가 되어 아이가 다른 사람을 향한 사랑에 따라 인도되고 행동하는 단계에 올라서도록 도와야 한다.

아이를 지나치게 비판하거나 사랑을 거둬들이는 일은 하지 말라. 아이가 바운더리를 어겼을 때 지나치게 비판적으로 대하거나 바운더리를 약화시키면 아이는 부모에게 사랑을 느끼기보다는 불평하게 된다. 불평하는 아이들은 그 이유를 사랑이 아닌 두려움에 두고 있다. 사랑의 상실이나 비판받는 고통을 피하는 데 온통 신경 쓰다가 누구를 어떻게 사랑해야 하는지 선택할 자유를 누리지 못하는 것이다. 아이가 자유롭게 선택하고 사랑할 수 있도록 도우라.

정리

아이에게 바운더리를 세울 때의 동기에 대해 쓴 이 장에서, 우리가 토의했던 좋은 행동을 위한 세 가지 동기 가운데 어느 하나라도 소홀히 다뤄서는 안 된다. 아이는 자신의 무책임한 행동에 따르는 결과, 자신의 행동에 대한 옳고 그름을 아는 것, 자신의 행동이 친구들과 하나님께 가져올 고통이 무엇인가에 대한 의식을 가져야 한다. 아이가 이 세 가지 동기에 충실하면서 바운더리를 내면화하는 다양한 체험을 하는 하도록 돕는 부모가 되기를 바란다.

이제 모든 부모들은 바운더리로 인해 아이에게 많은 고통을 줄 수밖에 없는 현실에 부딪쳐야 한다. 그것이 다음 장에서 다룰 주제다.

9.

평가의 법칙 : 고통은 축복이다

나(헨리)는 어느 날 열두 살 된 딸에게 한계를 정하는 데 어려움을 겪는 한 엄마와 상담을 하고 있었다. 그녀에게 어떤 제한을 두라고 권할 때마다 나는 벽에 부딪히는 느낌이었다. 내가 제안한 기본적인 바운더리나 그에 따른 대응을 이런저런 이유로 그녀가 전혀 실행하지 않았기 때문이다. 어쩔 수 없는 일정이 있었고 친척이 갑자기 방문하는 바람에 계획했던 것을 밀고 나갈 수 없었다고 했다. 그것 말고도 그녀가 대는 이유는 끝도 없었다.

"아이가 자기 할 일을 다하지 않았는데 왜 파티에 가게 했습니까?"

"음… 그렇지 않으면 아이를 봐 줄 사람부터 구해야 했거든요."

"그렇다면 아이에게 자신을 돌봐 줄 사람을 구해 오고 그 비용을 내라고 하지 그러셨어요. 결국 자기 잘못 때문에 그렇게 된 거니까요."

"아이가 무슨 돈이 있겠어요. 그리고 급하게 구한 사람에게 아이를 맡기기도 불안하고요."

처음에 나는 그녀가 나의 제안들을 곧이곧대로 실천하려 한다고 생각했다. 그러나 그것들이 차례로 무용지물이 되면서 내가 사실을 잘못 파악하고 있음을 깨달았다. 그녀가 내게 한 말들이 모두 거짓 같았다. 그래서 나는 그녀의 딸을 위해 적절한 바운더리를 세워 주는 일을 끝낼 수밖에 없었다. 나는 그녀에게 말했다. "솔직히 말해 어머니는 이 일을 못하실 것 같습니다. 제 생각에 어머니는 딸의 고집을 꺾을 수 없어요. 아이가 지금껏 누려 온 특권이나 용돈 등을 빼앗을 수 있겠습니까?"

처음에 그녀는 강하게 부인했다. "아니에요. 할 수 있어요. 사실 저도 아이에게 그래야 한다는 걸 알아요. 저는 할 거예요." 그러나 그녀의 대답은 변명에 불과했다. 나는 그녀를 가만히 바라보면서 기다렸다.

마침내 그녀는 말할 수 없을 정도로 흐느끼며 울기 시작했다. 조금 진정이 되자 그녀는 진실을 털어놓았다. "저는 아이가 고통스러워하는 것을 견딜 수 없어요. 그런 모습을 보기가 너무 괴로워요. 지금 아이가 누리는 것들을 끊어 버리면 아이에게 뭐가 남겠어요? 차마 못 그러겠어요. 이래서는 아이에게 바운더리를 절대로 못 세우겠죠."

이야기를 좀 더 깊이 나누면서 그녀가 딸의 고통에 지나치게 마음 아파한다는 사실이 분명해졌다. 문제는 그녀가 아이의 고통을 제대로 이해하지 못하는 데 있었다.

"왜 저의 제안이 딸에게 해가 된다고 생각하세요?"

"선생님은 제가 딸에게 '안 돼'라고 말했을 때 그 아이의 모습을 보지 못해서 그래요. 무서울 정도예요. 울고 떼쓰다가 멍하게 앉아 있어요. 어떤 때는 하루 종일이요. 엄마의 사랑을 잃고 버림받았다고 느끼는 것 같아요."

"같은 질문인데요, 왜 그것이 딸에게 해를 입힌다고 생각하세요?"

"말씀드린 그대로예요. 저는 시킨 대로 했는데 그게 딸에게 깊은 상처를 주더라고요."

"먼저, 어머니는 내가 제안한 대로 하지 않았습니다. 그 일을 시작은 했지만 끝까지 밀어붙이지 못했으니까요. 그 이유는 딸의 고통을 제대로 평가하지 못했기 때문입니다. 딸이 소리를 지른다는 이유만으로 딸에게 해를 가했다고 생각하셨잖아요. 저는 전혀 그렇게 생각지 않습니다. 오히려 그것이 딸을 돕는 길이라고 생각합니다. 그것은 딸에게 해가 되는 일이 아니라 단지 딸의 기분을 좋지 않게 하는 일입니다."

그것은 사실이었다. 그녀는 딸의 고통이 정확히 어떤 것인지 평가하지 못했다. 간단히 말해 '해를 가하는 것'과 '상처 주는 것'의 차이를 몰랐다. 내가 제안했던 바운더리들은 분명히 딸에게 상처를 주었다. 그러나 해를 가한 것은 결코 아니다. 상처를 준다는 것 또한 대개는 법칙 때문에 아이가 슬픔을 느끼거나 자존심 상해 하거나 자신이 좋아하는 것을 못하게 되어 언짢아지는 것을 의미한다. 반면에 해를 가한다는 것은 판단이나 인신공격, 유기 또는 정말 필요한 것을 해주지 않음으로써 아이의 인격에 상처를 주고 실제로 손상을 입히는 것을 의미한다. 아이에게 바운더리 개념을 심어 주려면 이 차이를 알아야 한다.

고통과 성장

인생살이와 자녀 양육에서 가장 첫 번째 교훈으로 삼아야 할 기본 법칙은 "성장은 고통을 동반한다"는 것이다. 두 번째 유념할 교훈은 "모든 고통이 성장을 가져다주는 것은 아니다"라는 것이다. 그 차이를 구별할 줄 아는 것이 밑바닥에 머무느냐, 아니면 현재 처한 상태를 뛰어넘어 성장하느냐의 열쇠가 된다.

중학교 야구부 시절에 코치 선생님은 로커 룸 앞에 "고통 없는 열매는 없다"는 격언을 크게 써붙여 놓았다. 이 격언은 우리 야구부가 컨디션을 조절할 때, 훈련을 받다가 한계를 느낄 때 외치는 구호가 되었다.

이전에도 이 격언이 맞다는 건 경험으로 알고 있었다. 그러나 야구팀 훈련을 받을 때만큼 생생하게 몸으로 깨달은 적은 없었다. 분투하지 않으면 향상은 없다는 교훈이 평생에 걸쳐 나를 인도했다. 부모가 독립된 인격체라면 자신이 원하는 것을 얻기 위해 상처를 입는 것쯤에는 익숙해 있을 것이다.

예를 들어 내가 이 책을 쓰고 있는 동안 무척 피곤하다고 하자. 세미나에 다녀와서 피곤하기도 하고 글쓰는 일 자체가 힘들기도 하다. 지금은 주말이고 나는 주말까지 일하는 것을 좋아하지 않는다. 게다가 최근에 나는 개인 시간을 거의 갖지 못할 정도로 애쓰고 있지만 일은 계속 늦어지고 있다. 그러나 고통을 견디며 글쓰기를 계속하는 것이 내가 원하는 것을 얻는 유일한 길이라는 것 또한 나는 잘 안다. 나는 이 책이 출판되기를 원한다. 많은 부모들이 이 책을 읽어 주기를 원한다. 하나님이 내게 주신 소명이라 생각하고 이 일에 최선을 다하고 있다.

이렇게 늦은 시간까지 글을 쓰면서 나는 끙끙거리며 힘들어 한다. 그런데 내가 어머니에게 전화를 걸어 글쓰는 것이 정말 어렵다고, 세상살이가 너무나 팍팍하다고 하소연한다면 어떨까? 어머니가 바운더리가 없는 분이어서 나의 고통을 너무나 안타까워한 나머지 위로금이라도 보내 주신다면 어떨까? 내 불평들을 다정하게 들어 주시고 그렇게 심하게 자신을 몰아세워서는 안 된다고 하시면 어떨까? (걱정마라. 내가 겪고 있는 이런 고통 때문에 죽는 일은 없다. 그러나 내가 그럴싸하게 고통을 하소연할 때 바운더리가 없는 어머니라면 정말 우리 아들이 글을 쓰다가 죽을지도 모른다고 느끼실 수 있다.) 그러면 나는 내 고통에서 빠져나와 어떻게든 되겠지 하며 하던 일을 나 몰라라 하게 될는지도 모른다

초등학교 6학년 때 정말 그렇게 해보려고 한 적이 있다. 그 무렵 나는 감염성 단핵구증에 걸려 한 달 동안 학교에 가지 못했다. 다시 학교에 나갔을 때 보충해야 할 공부의 양이 엄청나서 나는 당황했다. 그때 나는 어머니에게 이렇게 말했던 것 같다. "학교에 가고 싶지 않아요. 공부할 게 너무 많아요. 더 이상 못 견디겠어요."

그때 어머니가 하신 말씀을 결코 잊을 수 없다. 그때 그 모습과 목소리가 눈앞에 그릴 수 있을 정도로 생생하다. "때로는 나도 일하러 가고 싶지 않을 때가 있단다. 하지만 가야 하지." 어머니는 나를 한번 끌어안아 주시고 나서 학교에 갈 준비를 하라고 하셨다.

나는 상처를 입었다. 피곤했고 고통스러웠다. 그러나 어머니는 학교에 가는 것이 내게 해가 되는 일이 아님을 알고 계셨다. 어머니는 내가 느끼는 고통을 '잠깐 있는 훈련에서 오는 고통'으로 평가했기 때문에 나를 격려하며 학교에 보내셨다. 나는 지금도 어머니가 그렇게 바운더리를 지켜 주신 것에 감사한다. 그렇지 않았다면 내 삶은 반쯤 하다 포기한 프로젝트나 미완의 목표들로 가득 찼을 것이다. 나중에 이런 이야기를 어머니와 나눴을 때 어머니는 내가 한 번도 듣지 못했던 이야기를 해주셨다.

네 살 때 나는 어린아이에게 나타나는 척추 질환으로 2년 동안 왼쪽 다리를 쓰지 못했다. 때로는 휠체어를 사용했고, 때로는 교정기를 착용

한 채 목발을 짚었다. 그래서 많이 돌아다니거나 다른 아이들과 잘 어울려서 놀지 못했다.

부모님은 그런 나를 지켜보기가 고통스러웠다고 하셨다. 그러나 나는 어느 가족 영화에서 소아마비에 걸린 활동적인 청년이 휠체어를 타고 동물원에도 가고, 생일 파티에도 가고, 교정기와 목발에 의지하고 뛰어다니는 것을 보았다. 나 역시 다리에 장애가 있는 아이치고는 정말 많은 일을 했다.

나는 부모님이 나를 이렇게 모든 것을 혼자서 충분히 해내는 어른으로 키우기 위해 어떤 고통을 겪으셨는지 정말 몰랐다. 정형외과 의사는 부모님이 나를 위해 많은 일을 대신 해주면 아이를 망치게 될 것이라고 조언했다고 한다. 부모님은 내가 목발을 짚는 법과 휠체어 조정법 등을 배우면서 겪는 고통과, 내가 어디가 불편한지 다른 사람들에게 설명하는 불편함 등을 스스로 견디게 내버려둬야 했다고 말씀하셨다.

자녀가 고통과 싸우는 모습을 지켜보기가 부모에게 얼마나 큰 괴로움이었겠는가? 네 살짜리 아이가 다른 아이들처럼 걷지 못한다는 사실만으로도 찢어지는 아픔을 느끼셨을 것이다. 부모님은 내가 다리에 보조기를 끼우면서 너무 아파서 울 때 나를 그 고통에서 구해 내고 싶은 마음이 간절했을 것이다. 그럼에도 약한 다리로 스스로 걷도록 엉덩이를 때려 가면서 걷게 하셨다(그렇게 걷는 연습을 하지 않으면 영원히 자기 발로 걸을 수 없었기 때문이다). 어머니는 내게 걷기 훈련을 시킨 후에 친구에게 전화를 걸어 한참을 울었다고 나중에 털어놓으셨다.

하루는 내가 교회 계단에 올라가려고 혼자 애쓸 때 사람들이 "세상에, 저런 아이를 혼자 계단에 오르게 하다니 너무 잔인하네요"라는 말까지 들으셨다고 한다. 그래도 어머니는 끝까지 바운더리를 지키셨다.

어떤 날에는 목발이 우체국 대리석 계단에서 미끄러지는 바람에 넘어졌고 심한 타박상을 입었다. 그때에도 어머니는 내가 혼자 힘으로 그 계단을 올라가도록 하셨다.

자기 일을 스스로 하는 훈련의 고통에서 벗어나기 위해 나는 네 살짜리가 엄마 아빠에게 쓸 수 있는 갖은 꾀를 다 썼다. 울기도 했고 불평도 했다. 그러나 부모님은 흔들림 없이 제한선을 지키셨다. 우리는 그 훈련을 끝까지 견뎌 냈다.

마침내 나는 다른 아이들과 어울려 활기차게 여기저기를 다니며 정상적으로 살 수 있게 되었다. 다리도 서서히 치유되었다. 오늘날 나는 부모님이 내게 직접 고통을 겪게 하시고 '상처'를 주신 것에 감사드린다. 부모님이 그렇게 행동하신 것은 결코 자녀인 내게 해를 가하기 위해서가 아니었다.

아이가 울거나 불평하면 큰일나는 줄 알고 원하는 것을 그냥 들어줘 버리는 부모는 아이에게 바운더리의 개념을 결코 길러 줄 수 없다. 아이의 성품을 성장시켜 줄 수도 없다. 아이가 숙제나 그 밖의 의무, 자기가 맡은 일을 다하지 못했기 때문에 참석하지 못하게 된 행사나 놀이 등에 대해 울면서 억울함을 호소한다면 어떻게 하겠는가? 이 질문에 어떻게 대답하느냐에 따라 자녀의 인생 길은 완전히 달라진다.

자녀의 고통을 평가하는 4가지 규칙

규칙 1: 자녀의 고통에 따라 부모의 행동이 오락가락하면 안 된다

아이에게 바운더리를 심어 주는 일은 바운더리를 갖고 생활하는 부모에게서 시작된다. 목적 의식이 있는 부모들은 자신을 잘 통제하며 행동한다. 아이가 바운더리에 저항한다고 해서 결정을 번복한다면 더 이상 목적 의식을 갖고 자녀를 양육하는 부모라고 할 수 없다.

테리는 숙제를 안 하는 열세 살 아들 조시 때문에 골치를 앓았다. 우리는 조시가 매일 밤 숙제를 하기 위해 정한 시간에 자기 방에 있도록 요구하기로 했다. 이 시간에 조시는 반드시 자기 방에서 숙제만 해야지 다른 일을 하면 안 되었다. 테리는 조시가 정말 그 시간에 공부를 하든 안 하든 통제할 수 없었다. 엄마로서 통제할 수 있는 것은 그 시간에 조시를 책상 앞에 앉게 하는 것이고, 숙제 말고는 아무 일도 못하게 하는 것이었다. 그것이 우리의 결정이었다.

우리가 다음에 만났을 때 테리는 몹시 부끄러워했다. 약속을 끝까지 지키지 못했기 때문이다(아이가 자제력을 기르지 못하는 첫 번째 이유는 아이가 그 규칙을 끝까지 지키도록 통제할 힘을 부모가 갖지 못했기 때문이다).

"무슨 일이 있었습니까?" 내가 물었다.

"선생님이 말씀하신 대로 규칙을 세우기로 조시와 약속했어요. 그런데 조시 친구들이 조시에게 야구장에 가자는 거예요. 저는 공부 시간이 아직 끝나지 않았기 때문에 안 된다고 했어요. 그러니 아이 기분이 어땠겠어요? 무지 화나고 슬퍼 보였죠."

"그래서요?" 나는 말을 이었다. "그 규칙을 정할 때 조시가 약속을 어기면 분명 그렇게 반응할 것이라고 말씀드리지 않았나요? 기억나세요? 아이들은 당연히 훈련을 싫어합니다. 그래서 그 다음에 어떻게 하셨습니까?"

"아이가 너무 슬퍼하길래 견딜 수 없어서 그냥 가라고 했어요."

"다음 날 저녁에는 어떤 일이 있었습니까?" 나는 답을 이미 예상하면서도 물어봤다.

"조시는 기분이 또 안 좋았어요. 똑같은 상황이 벌어졌거든요. 오래 전부터 고대하던 이벤트가 하필 그날이지 뭐예요."

"단도직입적으로 말씀드리겠습니다. 조시 어머니는 아이에게 어떤 일을 시킬 때 아이의 기분에 따라 그 일이 옳고 그른지를 결정하시나요? 아이가 속상해 하면 그 일이 아이에게 나쁜 일이라고 생각하시는 거죠? 아닙니까?"

"한 번도 그렇게 생각해 보지는 않았어요. 하지만 듣고 보니 선생님 말씀이 맞는 것 같아요. 그래도 아이가 속상해 하는 것을 견딜 수 없는걸요."

"그렇다면 어머니는 몇 가지 중요한 사실을 기억해야 합니다. 첫째는 어머니의 가치관이 열세 살 아이의 미성숙한 감정적 반응에 따라 결정되고 있다는 사실입니다. 둘째는 어머니가 자녀 양육에서 가장 중요한 측면에 가치를 두고 있지 않다는 사실입니다. 좌절감은 인간이 성장하는 데 필수 요소입니다. 좌절을 겪어 보지 못한 아이는 좌절에서 오는 고통을 견딜 힘을 기를 수 없습니다. 셋째는 어머니가 조시에게 '너는 언제나 행복을 느낄 특권이 있어. 원하는 것을 갖고 싶다면 다른 사람이 대신 그 일을 할 때까지 울면 돼'라고 가르치고 있다는 사실입니다. 정말 이것이 어머니의 가치관입니까?"

조시 어머니는 아무 말도 못하며 자신에게 무슨 문제가 있는지 깨닫기 시작했다. 아들의 변화를 위해 조시 어머니는 자녀 양육에서 매우 중요한 한 가지 규칙을 지켜야 했다. "아이의 저항에 따라 눈앞의 현실이나 문제의 옳고 그름을 결정짓지 말라." 아이가 고통스러워한다는 단순한 이유가 아이에게 나쁜 일이 일어나고 있음을 의미하지 않는다. 도리어 아이가 최초로 현실을 인식하는 좋은 일이 일어나고 있는 것이다. 이런 현실과의 마주침은 결코 행복한 경험이 아니다. 그러나 아이의 고통에 공감하면서 제한선을 견고하게 지킨다면, 아이는 그 규칙을 내면화할 것이고 결국에는 저항하지 않게 될 것이다.

우리가 앞에서 이미 인용한 성경 구절이다. "무릇 징계가 당시에는 즐거워 보이지 않고 슬퍼 보이나 후에 그로 말미암아 연단 받은 자들은 의와 평강의 열매를 맺느니라"(히 12:11).

이것이 우주의 법칙이다. 좌절과 훈련의 고통스러운 순간들을 통해 아이는 나중의 만족을 위해 참고 기다리는 법을 배우게 될 것이다. 희열의 순간을 위해 오랫동안 참고 기다리는 것은 인간이 가질 수 있는 가장 중요한 덕목 가운데 하나다. 부모가 제한선을 지키며 아이의 고통에 공감해 준다면 아이는 그런 덕목, 즉 의와 평강의 열매를 맺게 될 것이다.

그러나 아이가 힘들어할 때마다 부모가 나서서 구해 준다면 내일도 똑같은 전쟁을 치르게 될 것이다. "노하기를 맹렬히 하는 자는 벌을 받을 것이라 네가 그를 건져 주면 다시 그런 일이 생기리라"(잠 19:19). 부모가 정한 바운더리에 아이가 화를 낸다고 바운더리를 번복하면, 나중에 가할 제한에 아이가 더 크게 분노하도록 조장하는 셈이 된다. 아이가 보이는 저항과 고통이 선악을 결정하는 기준이 되어서는 안 된다.

규칙 2: 부모가 느끼는 고통을 자녀가 느끼는 고통과 분리하라

마침내 테리와 내가 발견한 것처럼 테리는 자신이 느끼는 고통을 없애려고 노력하고 있었다. 테리는 아들의 고통을 지나치게 자신의 고통과 동일시했다. 테리는 어린 시절에 많은 것을 포기하면서 지내야 했다. 그녀는 일찍이 많은 슬픔과 상실을 경험했다. 그 결과 그녀는 아들의 슬픔을 자신의 슬픔으로 여기게 되었다. 어떤 면에서는 실재하지 않는 슬픔까지 자기 것으로 받아들였다. 그러나 조시가 야구장에 가지 못해서 느끼는 슬픔은 테리가 어린 시절에 느꼈던 슬픔과는 다르다.

테리는 서서히 자신만의 경험을 조시의 경험과 분리해 내면서 아들의 성장을 도왔다. 그러나 그것은 테리에게 힘든 일이었고 도움이 필요했다. 테리는 힘든 순간에 그녀를 격려해 줄 몇몇 친구들을 만났다. 이런 방법은 바운더리를 적절하게 지키지 못하는 부모들에게 도움이 될 때가 많다.

어린 아들이 스스로 살아가는 법을 배우도록 넘어져도 일으켜 주지 않고 목발에 의지해 혼자 일어날 것을 요구하셨던 우리 어머니도, 아이가 없는 방에 가서 울면서 친구와 통화했던 일을 기억하라. 우리도 그렇게 해야 한다. 우리가 느끼는 슬픔을 자녀의 것과 분리해 따로 간직하라. "마음의 고통은 자기가 알고 마음의 즐거움은 타인이 참여하지 못하느니라"(잠 14:10). 우리는 자기 몫의 고통을 견뎌야 한다.

규칙 3: 삶은 고통을 피해 가는 과정이 아니라 고통과 동지가 되어 가는 과정이다
기본적으로 우리는 변화의 고통보다는 똑같은 상태에 머물러 있는 고통이 더 클 때 변화를 추구한다. 훈련의 고통보다 농구 경기에서 졌을 때의 고통이 더 크기 때문에 강도 높은 훈련을 한다. 일하는 고통보다 실직의 고통이 더 크기 때문에 업무 능력을 끌어올리려 한다. 자기 할 일을 할 때보다 하지 않을 때 더 고통을 느껴야 아이는 그 일을 배운다.

인생은 고통을 피해 가기 위해 있지 않다. 인생은 고통과 잘 지내는 법을 배우는 과정이다. 다가오는 모든 고통을 피하도록 배운 아이는 필요 이상의 다른 더 많은 고통들과 마주치게 된다. 다른 사람들을 존중하는 법을 모르기 때문에 관계가 파괴되는 것은 슬픈 일이다. 소비를 통제하지 못해 재정적으로 어려움을 겪는 것 또한 고통스러운 일이다. 이런 모든 문제들은 일시적인 투쟁에서 오는 고통, 자기 연단과 만족을 미루는 고통을 피하려고 할 때 생긴다. 우리가 그 순간에 원하는 어떤 것을 미루는 법을 배우고, 자기 식대로 일이 되어 가지 않을 때 슬픔을 감당하는 법을 배우며, 어려운 현실의 요구에 적응해 가는 법을 배우게 된다면 기쁨과 성공이 따를 것이다. 아이는 순간의 고통을 견디면서 이런 것들을 배우게 될 것이다.

고통을 회피하는 사람과 고통을 끌어안는 사람의 인생에 나중에 어떤 일이 생기는지 비교해 보라(다음의 표를 참조하라).

아이가 당해야 하는 고통에 개입해 아이를 고통에서 구해 주던 부모가 있던 자리는 다른 것들, 이를테면 술, 마약, 무절제한 식탐, 게임, 그 밖의 중독 또는 그와 관련된 사람들로 대체될 것이다. 그 부모는 아이에게 좌절과 역경은 맞서 처리하는 것이 아니라 순간의 만족을 위해 엄마나 아빠라는 도구를 사용해 즉시 제거하는 것이라고 가르쳐 온 것이나 다름 없다.

고통이 유익할 수 있음을 아이에게 가르치라. 부모가 어려움에 직면하는 본을 보여 주라. 슬픔을 감당하면서 앞으로 나아가는 모델이 되어 주라. 올바르게 행동하기가 얼마나 어려운지 아이와 함께 느끼라. 그런 다음 아이에게 요구하라.

십대 아들이 아무리 반항해도 항상 이렇게 대답하는 친구가 있다. "아들아, 나도 알아. 사는 게 힘들지. 하지만 난 네가 잘 해낼 것이라고 믿는다." 그 아들은 훗날 청년이 되어 사회생활을 하다가 힘들어질 때 마음속에서 들려오는 단호한 목소리를 듣고 자신의 문제를 회피하지 않고 끌어안게 될 것이다. "아들아, 나도 알아. 사는 게 힘들지. 하지만 난 네가 잘 해낼 것이라고 믿는다."

상황	고통을 회피하는 사람	고통을 끌어안는 사람
결혼 생활의 갈등	• 다른 사람과 부적절한 관계를 맺는다. • 비난한다. • 엄마에게 간다. • 사랑을 거둬 버린다.	• 더 사랑하는 법을 배운다. • 기대한 대로 안 된 것을 슬퍼하며 용서한다. • 양보한다.
직업적인 어려움	• 직장을 그만둔다. • 경영진을 비난한다. • 술이나 담배에 손을 댄다. • 아무 이유 없이 직장을 바꾸며 잘못된 출발을 반복한다.	• 비판을 수용한다. • 행동을 바꾼다. • 새로운 기술을 습득한다. • 권위를 인정한다. • 문제를 해결한다.
목표 달성이 좌절되었을 때	• 늦장을 부린다. • 좌절에서 벗어나기 위해 술, 담배, 음식, 섹스 등에 탐닉한다. • 포기한다. • 우울해 한다.	• 배우는 기회로 생각한다. • 목표 달성에 필요한 새로운 기술을 익힌다. • 자신의 성격적 약점에 직면한다. • 다른 사람의 격려를 받는다. • 영적으로 성숙해진다.
정서적 스트레스, 고통, 상실감을 느낄 때	• 고통을 일으킨 원인을 부정한다. • 탐닉이나 중독으로 도피 성향을 보인다. • 변화를 요구하지 않은 채 위로만 해 줄 사람을 찾는다.	• 현실을 받아들이며 고통을 헤쳐 나간다. • 믿음, 격려, 슬퍼함, 생각 전환 등 긍정적인 대응책을 배운다. • 영적 생활의 깊이를 더해 간다.

규칙 4: 바운더리로 인해 생긴 고통은 성숙을 위한 것이지 결핍이나 상처로 인한 것이 아님을 분명히 하라

심리학자 친구 중 한 명은 아내가 일주일 동안 집을 비웠을 때 있었던 일에 대해 말해 줬다. 그때 그 친구는 세 딸의 엄마와 아빠 역할을 모두

맡았다. 이틀째인가 사흘째 되는 아침, 그는 네 살 난 딸에게 유치원에 갈 준비를 하라고 여러 번 말했다. 하지만 아이는 준비하지 않고 시간을 그냥 보내고 있었다. 친구는 피곤하고 화가 났다. 마침내 딸에게 벌을 주겠다고 으름장을 놓으면서 화를 내려는 순간 한 가지 의문이 떠올랐다. "이 아이가 의뢰인이라면 나는 어떻게 행동할까?"

친구는 한발짝 뒤로 물러나 생각했다. 그는 딸의 행동에 숨은 이유가 없는지 살펴야 했다. 평소에 말을 잘 듣는 아이였기 때문에 지금 꾸물거리며 말을 듣지 않는 데는 다른 이유가 있을 것이라고 짐작했다. 그는 딸에게 물었다. "너 엄마가 보고 싶어서 그러니?" 아이는 댐이라도 터진 듯이 울음을 터뜨리며 아빠 품에 안겼다. 그는 아이를 위로해주면서 자신도 엄마가 보고 싶다고 말했다.

잠시 후 아이는 진정되었고 아빠를 올려다보며 말했다. "아빠, 서둘러요. 유치원에 가야 하잖아요." 아이는 얼른 옷을 챙겨 입었고 모든 일은 제대로 돌아갔다.

아이들의 행동은 때로 메시지를 보낸다. 부모는 아이가 하소연하는 고통이 단순히 좌절에서 오는 고통인지, 아니면 정말 도움이 필요한 다급한 고통이나 깊은 상처로 인한 고통인지 구별할 줄 알아야 한다. 내 친구의 경우는 정말 다급한 결핍으로 인한 고통이 딸을 그런 식으로 행동하도록 몰아갔다. 이때 아빠가 바운더리만 주장하는 접근 방법을 썼더라면 아이는 낙담했을 것이다. 분별력 있는 아빠가 아이의 고통을 살피고 잘 평가한 덕분에, 아이의 행동이 아빠를 무시해서가 아니라 엄마가 그립고 필요해서 나온 것임을 알 수 있었다.

이런 평가는 아이가 유년기일 때 특히 중요하다. 유아들은 다른 무엇보다 혼자 있거나 배가 고픈 고통 때문에 저항한다. 성숙으로 이끄는 좌절감을 경험하는 시기로는 훈련과 바운더리가 더 중요해지는 두 살 무렵부터가 적당하다. 현명한 엄마라면 아기가 보챌 때 기저귀를 갈아 줄 때인지, 우유를 먹일 때인지, 아이를 안아 줘야 하는지, 아이가 너무 지쳐 있는지, 아니면 잠투정을 하는 것인지 분별할 것이다. 유아들에게는 좌절감을 이겨 내기를 요구하기 전에 그들의 필요를 먼저 충족시켜 줘야 한다는 점을 명심하라. 유아들에게는 만족을 채워 주는 것이 먼저다.

좀 더 연령이 높은 아이도 반항하거나 현실을 피하려는 의도가 아니라 다음과 같은 명백한 이유 때문에 잘못된 행동을 할 때가 있다.

- 부모나 다른 사람들에게 감정이 상했을 때
- 인간관계에서 무력감을 느끼고, 자신을 다스릴 권한이 없는 것에 대해 분노했을 때
- 충격이나 외상을 입었을 때(부모를 잃거나 학대 등을 받았을 때)
- 의학적, 신체적인 이유가 있을 때
- 주의력 결핍에서 오는 장애, 우울증, 또는 사고 장애와 같은 정신적 문제가 있을 때
- 가족 관계나 생활 방식, 일정 등이 최근에 변화되었을 때

이 모든 것이 아이가 잘못된 행동을 보이기 시작하는 명백한 이유가 될 수 있다. 자녀에게 현실적인 대응을 적용하기 전에 이 모든 이유들을 없애야 한다. 그러나 나의 어릴 적 장애 이야기에서 보듯이, 이런 이유들 때문에 아이들이 직면해야 하는 현실을 면제받을 수 있는 것은 아니다. 아이들의 행동 이면에 내재되어 있는 정서적 측면 또한 행동

자체만큼이나 중요하다. 부모가 아이의 건강을 확인하기 위해 소아과 의사를 찾아가듯, 아이에게 바운더리 결핍이 아니라 다른 문제가 있는 것이라면 아동 문제 전문가를 찾아가야 한다.

신약 성경의 두 가지 중요한 구절이 이런 문제의 해결책을 제공한다. 고통의 원인을 가장 먼저 해결해야 할 사람은 바로 부모 자신이다. 다음 구절을 보라.

또 아비들아 너희 자녀를 노엽게 하지 말고 오직 주의 교훈과 훈계로 양육하라(엡 6:4).

아비들아 너희 자녀를 노엽게 하지 말지니 낙심할까 함이라(골 3:21).

아이들은 부모가 화를 내거나 자신의 감정에 상처를 입혔을 때는 바운더리에 잘 응하지 않는다. 혹시 다음과 같은 경우에 해당하지 않은지 살펴보라.

- 아이의 삶에 너무 많이 간섭해 아이가 자기 삶에서 무언가를 선택할 재량이나 힘이 없음
- 공감하며 행동에 대한 대응으로 훈련시키는 대신에 죄책감을 조장하고 분노하게 하며 훈련시키려고 함
- 아이에게 필요한 사랑, 관심, 함께하는 시간 등에 대한 요구를 채워 주지 않음
- 아이의 잘한 행동을 칭찬하기보다는 잘못한 일만 언급함
- 아이가 바른 방향으로 가고 있어도 만족하지 못하고 완벽하기를 요구함

아이의 고통을 평가할 때 그 고통이 실제적 상처나 외상 또는 훈련의 결핍이 아닌 다른 것에서 비롯되는지 확인해야 한다. 부모 자신이 그런 고통을 일으키는 원인은 아닌지도 돌아봐야 한다. 정상적인 부모도 때때로 아이에게 고통을 주지만 곧 자기 잘못을 깨닫고 사과한다. 실수는 누구나 할 수 있다. 그러나 부모로서 책임을 회피하고 부모의 실수에서 비롯된 행동에 대해 아이를 나무라서는 절대로 안 된다.

온전히 기쁘게 여기라

다음은 내가 가장 좋아하는 야고보서 말씀이다. "내 형제들아 너희가 여러 가지 시험을 당하거든 온전히 기쁘게 여기라 이는 너희 믿음의 시련이 인내를 만들어 내는 줄 너희가 앎이라 인내를 온전히 이루라 이는 너희로 온전하고 구비하여 조금도 부족함이 없게 하려 함이라"(약 1:2-4).

하나님은 우리가 처한 힘든 상황과 인내와 훈련을 위한 고통에서 우리를 구해 주지 않으신다. 사실 하나님은 그분을 사랑하는 자를 징계하실 때 아들을 징계하듯이 하신다(히 12:5-10). 또한 자녀에게 매를 아끼는 자는 자녀를 사랑하는 게 아니라 미워하는 것이라고 말씀하신다(잠 13:24).

보석을 연마하는 것은 그것을 매끄럽고 반짝거리게 하기 위해서다. 뜨거운 열은 금을 정련한다. 훈련은 운동 선수를 강하게 만든다. 만족을 미루고 공부하는 학생은 자신의 꿈을 이루어 간다. 마찬가지로 어려움은 아이들의 성품을 훌륭하게 만들어 준다. 아이들은 보상을 기다리면서 어떻게든 자신의 일을 마치는 법을 배운다. 시련과 고통은 우리가 인생을 잘 헤쳐 나가는 데 필요한 성품을 쌓는 교훈을 준다.

아이의 고통이 어떤 종류인지 잘 평가하라. 아이가 정말 다급한 처지에 있거나 심각한 상처를 입고 있다면 아이를 구하기 위해 급히 달려가야 한다. 그러나 아이가 다음 단계로 성장하기 위해 현실적인 요구에 저항하는 것이라면 그의 고통에 공감하면서 끝까지 견뎌 낼 수 있도록 해야 한다. 나중에 아이는 그렇게 훈련시켜 준 부모에게 감사할 것이다.

아이가 인생의 고통을 회피하는 대신에 그 가치를 배우면 자신의 문제를 해결해 나갈 준비를 마친 것이다. 부모는 아이가 그 과정을 순조롭게 따라와 주기를 원할 것이다. 어떻게 그렇게 할 수 있는지 다음 장에서 살펴보자.

10.

순향의 법칙 : 불평이 지속되어서는 안 된다

나(존)는 아이를 키우는 가정이 많은 동네에서 살고 있는데, 퇴근 후 저녁을 먹기 전 자투리 시간에 동네 아이들과 휘플볼 놀이를 즐겨한다. 휘플볼이란 아스팔트 위에 분필로 선을 그려 놓고, 구멍을 뚫어 멀리 나가지 못하게 만든 플라스틱 공과 방망이를 갖고 노는 놀이다.

어느 날 여느 때처럼 경기를 하고 있는데 여섯 살 데릭이 스트라이크 아웃을 당했다. 데릭은 방망이를 내던지면서 소리를 질렀다. "너희들 모두 멍청이야. 나는 너희가 싫어!" 그러더니 집으로 뛰어가 현관 계단에 앉아 우리를 못마땅한 얼굴로 노려보았다.

나는 데릭의 기분이 상했을까 봐 걱정되어 경기를 멈추고 데릭에게 가서 다시 게임을 하자고 설득했다. 아이는 내 말을 듣지 않고 더욱 뒤로 뺐다. 마침내 설득을 포기하고 경기를 다시 시작했다. 하지만 데릭이 빠진 것과 친구들이 데릭을 빼놓고 경기를 하게 된 것 때문에 마음이 불편했다. 얼마 지나 데릭이 일어나더니 슬그머니 외야 쪽으로 들어와 아무 일도 없었던 것처럼 경기를 다시 시작했다.

그 후 며칠이 지난 어느 날 저녁, 우리는 픽업 경기(공이 땅에 닿자마자 되받아치는 경기)를 하고 있었다. 데릭이 공을 못 잡고 놓치자 지난번과 똑같은 일이 일어났다. 데릭은 짜증을 내면서 자리를 떠났다. 우리는 선수가 없어진 것에 적응하면서 경기를 계속했고, 데릭은 자기가 하고 싶어지면 또 나중에 슬쩍 들어와 다시 경기를 시작했다.

나는 처음에 이런 행동을 대수롭지 않게 생각했다. 아이가 스스로 진정할 필요가 있다고 생각했다. 그러다가 몇 가지 문제가 있음을 깨달았다.

첫째, 데릭은 경기를 하다가 작은 문제라도 생기면 도망부터 치려 했다. 좌절이나 실패 또는 기술 습득 등 어떤 일에도 부딪혀 문제를 해결하려 하지 않았다. 문제가 생기면 짜증부터 내면서 배울 기회를 스스로 차 버렸다.

둘째, 데릭의 어린아이 투정에 친구들이 적응해야 했다. 문제는 데릭에게 있는데 대가는 친구들이 치르는 것이다. 다른 친구들의 표정과 말을 보면 그들이 데릭의 행동을 싫어한다는 사실을 알 수 있다. 앞으로 데릭이 친구 관계에서 문제가 생기지는 않을지 염려되는 대목이다.

다음에 데릭을 보았을 때 나는 그에게 말했다. "데릭, 네가 경기를 하는 동안 즐겁지 않은 것 같아 마음이 아프구나. 새로운 스포츠를 배우는 건 쉬운 일이 아니야. 하지만 경기가 안 된다고 자꾸 중간에 나가 버리면 너도 재미 없고 친구들도 선수를 잃어 기분이 좋지 않단다. 그래서 아저씨가 새로운 규칙을 만들려고 해. 경기를 하는 동안 기분 나빠하는 것까지는 괜찮아. 경기 중에 어려운 점이 있으면 말해. 우리가 도와줄게. 하지만 경기 도중에 나가 버리면 안 돼. 일단 나가면 경기가 끝날 때까지 다시 들어올 수 없어. 친구들과 끝까지 경기를 하는 데 아저씨 말이 도움이 되면 좋겠구나. 우리는 너를 정말 좋아하고 그리워 한단다."

데릭은 내 말을 못 들은 것처럼 행동했다. 그러나 나는 충분히 알아듣도록 확실하게 말했다.

다음 날 나는 아이들과 또 다른 픽업 게임을 했다. 정말 당황스럽게도 데릭은 공을 놓치자 평소 하던 대로 화를 내며 경기장을 떠났다. 나머지 친구들은 경기를 다시 계속했다. 몇 분이 지나고, 데릭이 조용히 오른쪽 필드 쪽으로 들어와 보통 때처럼 서 있었다. 나는 공을 던지려다 말고 데릭에게 말했다. "미안, 데릭. 넌 이제 경기를 할 수 없어. 다음에 보자꾸나." 데릭은 씩씩거리며 나갔고 다시는 우리와 경기를 하지 않겠다고 맹세했다. 그러고는 집으로 가 버렸다.

데릭의 집에서 어떻게 반응할지 걱정되어 나는 데릭의 부모에게 전화를 했다. 데릭의 부모는 그 규칙에 아주 협조적이었다. 그들도 아들의 행동에 문제가 있다고 생각했지만 어떻게 해야 할지 몰라 고민하고 있던 터였다.

며칠이 지나 경기 중에 데릭이 또 그와 같이 행동했을 때 나는 여전히 규칙을 고수했다.

마침내 세 번째 경기에서 데릭은 태도를 바꿨다. 2루에서 터치아웃되었을 때 데릭은 저항하는 태도를 보였지만, 이번에는 조용히 기분을 가라앉히고 경기를 계속했다. 아이가 감정을 참기 위해 무지 애쓰는 모습이 얼굴에 역력했다. 아이들과 나는 데릭이 경기장에 남아 있는 것에 대해 격려하며 경기를 계속했다. 데릭도 자신을 자랑스럽게 여기는 것 같았다. 데릭은 이제 마음에 들지 않는 일에 반발하는 자신의 행동을 다스릴 수 있게 되었다.

데릭이 보여 준 문제는 어쩌면 우리가 아이를 키우면서 부딪힐 수밖에 없는 문제이며, 모든 사람이 어느 정도 갖고 있는 바운더리 문제다. 사람들은 문제에 부딪히면 맹렬히 욕하면서 저항한다. 그런가 하면 현실을 준비하며 성숙한 태도로 문제에 능동적으로 대처하려는 순향적 반응을 보이기도 한다.

아이들은 이렇게 미성숙한 바운더리와 성숙한 바운더리의 차이를 배워야 한다. 아이가 적절한 바운더리 체계를 세워 내면화하는 능력을 기르도록 돕는 것이 부모의 역할이다. 이때 명심할 것은 분노를 터뜨리거나 충동적으로 일을 진행하면 절대로 안 된다는 점이다.

아이가 반발할 때

아이들은 저절로 신중하거나 사려 깊은 행동을 하지 않는다. 어떤 것도 쉽게 받아들이려 하지 않고 빨리 포기하며 조금이라도 힘들면 화를 내며 도망치려 한다. 스트레스를 받으면 반발한다. 부모는 어떤 문제와 아이의 반응이 순식간에 일어나며, 대부분의 반응이 문제 해결에 아무 도움이 되지 못한다는 사실을 알게 된다. 데릭의 반항적인 행동은 그의 솔직한 감정과 직결되어 있다. 그러나 그런 행동은 아이가 야구를 배우거나 다른 아이들과 잘 지내는 데 도움이 되지 않았다. 아이가 못마땅한 일에 반발하는 것은 당연하지만 분명 미성숙한 태도다.

아이들은 다음과 같이 반발하는 행동을 보일 수 있다.

- **짜증, 불쑥 화를 냄.** 햄버거 가게의 장난감을 갖고 싶다는 요구를 부모가 거절했을 때, 방금까지 웃으며 행복해하던 아이가 갑자기 소리를 지르며 울음을 터트릴 수 있다. 이때 부모는 다른 사람들에게 매정한 부모처럼 보일까 봐 서둘러서 장난감을 사게 된다.
- **무조건 반대함.** 부모의 말과 요구에 무조건 반대한다. 자기 방을 치우라든지, 자기가 떨어뜨린 것을 주우라든지, 숙제를 하라든지, 제시간에 귀가하라든지 하는 어떤 요구에도 반항한다.
- **징징거림.** 부모가 제시하는 바운더리와 지켜야 할 제한선 앞에서 불평하고 징징댄다. 이유가 어떻든 이런 일로 시간을 끄는 것은 문제다.
- **충동적임.** 아이의 요구를 거부했을 때 아이가 상처 주는 말을 하며 도망치거나 자기 감정을 격렬하게 표현한다. 마트에서 장을 볼 때, 엄마가 "이리 와"라고 부르면 다른 진열대 통로로 달아나 버리는 아이를 예로 들 수 있다.
- **싸우거나 폭력적임.** 분노하며 반항하는 아이의 태도가 육체적인 영역으로 표출된다. 이런 아이는 학교에서 자주 싸움에 휘말리고, 집 안에 있는 물건을 던지며, 자기보다 어린 아이를 괴롭히기도 한다.

반발하는 아이들은 몇 가지 공통된 요소가 있다. 첫째, 아이들의 반응은 그들의 가치관이나 깊은 생각에서 나온 행동이 아니라 외부의 영향에 대한 반작용의 결과다. 그들은 부모의 권위, 자신이 원하는 것을 부모가 즉시 들어주지 않는 것, 자기 마음대로 행동할 수 없다는 것 등을 이유로 끊임없이 반항한다. 문제를 해결하거나 원하는 바를 얻기 위해, 또는 다른 사람들이 원하는 것을 얻도록 돕기 위해 솔선해서 행동하려 하지 않는다. 오히려 강제적인 주변의 힘에 의존한다.

둘째, 아이들의 반항적인 행동은 무슨 일이든 반대부터 하고 보는 적대적인 태도를 보인다. 어떤 가치에 따라 원하는 것에 긍정적인 자세를 보이기보다는 자신이 싫어하는 것에 맞서려는 자세를 갖는다. 바운더리에 대한 아이들의 반작용은, 식당에서 부모가 어떤 음식을 권해도 모두 싫다고 말하는 아이처럼 무조건 반대하고 저항하는 것이다. 부모와 의견이 일치하지 않을 수 있는 자유를 부모를 좌절시키는 도구로 휘두르는 것이다. 성경은 "만일 서로 물고 먹으면 피차 멸망할까 조심하라"(갈 5:15)고 가르친다. 여기에서 '물다'(bite)라는 단어는 '훼방하다'(thwart)라는 단어의 상징적인 표현이다. 아이들의 이와 같은 적대적인 태도는 아이를 통제하려는 부모의 기대를 훼방하려는 의도에서 나온다.

셋째, 바운더리에 대한 아이들의 반작용은 가치관에 따라 일어나지 않는다. 영적 성숙이나 정서적 성숙을 알리는 지표는 자신의 가치관에 근거해 스스로 결정을 내릴 수 있는 능력이다. 예를 들어 우리에게 최상의 가치는 하나님나라를 구하는 것이다(마 6:33). 그러나 아이들은 본능을 따르기 때문에 그들의 반작용은 충분히 생각한 다음에 나온 행동이 아니다. 고무망치로 무릎 아래를 치면 저절로 무릎이 들리는 반사 작용과 비슷하게 일어나는 아이들의 반작용은, 높은 수준의 정신 세계나 가치관에서 나온 진지한 행동이 아니다. 세 살 난 아이가 이제 그만 집에 들어오라는 부모의 말에 화가 나서 순식간에 차가 휙휙 달리는 차도로 뛰어든다는 사실에 많은 부모들이 충격을 받는다. 아이들은 충동적이며 현명하지 않다. 그러므로 스스로 통제하는 법을 가르치지 않는다면, 아이는 성경에서 말하는 것과 같이 어리석은 일을 행하는 성급한 사람이 될 것이다. "노하기를 속히 하는 자는 어리석은 일을 행하고"(잠 14:17).

반항적 바운더리: 필요하지만 충분하지는 않다

이 점에서 우리는 바운더리에 대한 아이들의 반발이 나쁜 것이라고 생각할 수 있다. 그러나 현실적으로는 반발도 아이들의 발달에 필요하다. 그 점에 대해 살펴보자.

반발이 필요한 이유

얼른 생각하기에 "정말 아이에게 필요한 것은 무엇인가" 하고 혼동할 수 있다. 아이들의 바운더리에 대한 반발은 사실 모두 나쁜 것이 아니며, 그들이 생존하고 성장하는 데 꼭 필요한 것이기도 하다. 아이들은 자신이 적대시하는 것, 좋아하지 않는 것, 두려워하는 것에 저항할 수 있어야 한다. 그런 바운더리가 없으면 자신을 방어할 수 없고, 성숙해지거나 자부심을 갖지 못하게 될 위험에 빠질 수 있다.

나쁜 것에 저항하는 것은 아이들에게 기본적인 바운더리다. 아이들에게는 "악을 버리며 선을 택할 줄 [아는]"(사 7:15) 능력이 필요하다. 자신에게 해로운 것을 피할 수 없다면 자신이 받은 사랑을 간직하거나 사용할 수 없다. 저항을 통해 아이는 좋은 것은 받아들이고 나쁜 것은 멀리하는 자신의 경계를 정할 수 있다. 저항은 아이가 자신만의 보물을 지킬 수 있는 책임감을 키우는 데 도움이 된다.

아이들은 위험에 처했을 때 저항하는 법을 알아야 한다. 깡패들에게 둘러싸였을 때 비명을 지르거나 도움을 구하며 도망칠 줄 알아야 한다. 아이는 자신의 요구가 받아들여지지 않을 때 저항할 수 있어야 한다. 생후 3개월 된 아기는 배고픔을 채우기 위해, 편안한 상태를 위해 엄마를 찾아 큰소리로 울 것이다.

아이들의 반항적인 태도가 모두 나쁜 것은 아니다. 그러나 인생에는 악하거나 위험하지는 않지만 넘어야 할 장애와 해결해야 할 문제들이 있다. 예를 들어 최신 게임기를 사 달라고 했을 때 부모가 거절했다는 이유로, 자기가 좋아하는 선생님이 담임이 되지 않았다는 이유로, 엄마가 자기더러 방에 들어가 반성하라고 했다는 이유로 아이들은 저항할 수 있다. 이런 것은 아이들이 해결해야 할 기본적인 문제들이다. 그럴 때 아이들은 누군가에게 마음을 털어놓거나 되받아쳐 싸우고 싶어질 수 있다. 협상을 하거나 복종을 하거나 그냥 참고 견디거나, 아니면 한없이 슬퍼할 수도 있다. 어쨌든 아이들은 성숙한 어른이 되기 위해 무엇을 택하든 문제 해결 방법을 배워야 한다.

반항은 문제가 무엇인지 알게 해주지만 문제를 해결해 주지는 않는다. 이것이 반항적 바운더리와 순향적 바운더리의 차이다. 반항적 바운더리가 해결해야 할 문제가 무엇인지 알려 주는 신호라면, 순향적 바운더리는 파괴된 것들을 고치는 역할을 한다. 반항적 바운더리는 감정의 지배를 받을 때가 많고, 충동적이며 깊은 생각과 거리가 멀다. 순향적 바운더리는 가치에 기반을 두고 사려 깊으며 문제 해결에 초점을 맞춘다.

아이들이 자기 행동을 제어하는 법을 터득할 수 있게 도와주겠다고 해놓고서는 아이들의 반항을 지지하는 발언을 하니 이상하게 들리는가? 그러나 반항할 능력이 없는 아이들은 대개 누가 시키면 그대로 하는데, 이런 아이들이 살아가면서 나중에 갈등을 겪는 일이 많다. 공격적인 상사나 배우자, 친구를 만나면 그들의 지배를 받으며 기만당하기 쉽다. 나쁜 사람들에게 "안 돼"라고 말하지 못해 이용당하기도 한다. 어른이 된 다음에야 뒤늦게 반항적 바운더리를 발달시킨 어떤 서른다섯 살 된 엄마는 두 살 된 딸의 짜증 앞에서 심각한 마음의 동요를 겪기도 한다. 하나님은 우리가 여러 성장 단계를 지나도록 계획하셨다. 그 단계를 건너뛸 수는 없다(요일 2:12-14). 그 단계들을 차례로 올바르게 밟아 간다면 우리는 자유와 성숙의 단계에 도달할 것이다.

아들 베니가 생후 8-10개월 되었을 무렵 나는 아이에게 숟가락으로 브로콜리를 먹이고 있었다. 퇴근한 지 얼마 안 되어 겉옷도 벗지 못한 채였다. 나는 베니가 브로콜리를 좋아하지 않는다는 사실을 전혀 몰랐다. 아이는 자신만의 방법으로 내게 그 사실을 알렸다.

베니는 자신이 브로콜리를 싫어한다는 사실을 순향적으로 알리지 않았다. 아이는 이렇게 말하지 않았다. "아빠, 저는 브로콜리를 싫어해요. 우리 협상해요. 브로콜리 말고 다른 채소를 먹으면 안 될까요?" 대신에 베니는 다른 많은 아이들이 브로콜리를 먹었을 때 하는 행동을 했다. "퉤" 하고 브로콜리를 뱉었다. 양복 윗도리가 아이의 반항적 바운더리에 희생되었다. 이 일을 포함해 베니의 많은 경험들이 그 아이로 하여금 자신의 감정이나 경험, 소중한 것들을 지킬 수 있도록 돕는다.

아이들은 여러 이유에서 반항적인 바운더리를 가진다. 아이들은 무력하고 어찌할 바를 모른다. 그래서 반항하는 행동을 한다. 아이들은 어리고 미숙하기 때문에 인내심을 갖고 기다리기 힘들어 하며 갈등을 헤쳐 나갈 생각을 하지 못한다. 자신이나 다른 사람들을 객관적으로 관찰할 힘이 없기 때문에 나중에 결과가 어떻게 되든 당장의 좌절에서 도망칠 생각부터 한다.

반항적 바운더리는 능력과 현실에 대응하는 기술을 키워 가는 여러 과정을 거치면서 보다 성숙한 단계로 발전한다.

- 아이는 두려움과 무력함을 느끼며 세상에 태어난다. 따라서 상처 입는 것, 사랑을 잃어버리는 것, 죽음에 대한 공포가 있다. 아이는 스스로를 돌보거나 보호할 능력이 전혀 없다.
- 아이는 두려움 때문에 말을 잘 듣는다. 반항하는 것에 두려움을 느끼기 때문에 원하지 않는 일, 즉 욕구가 충족되지 않음, 좌절, 부모의 부재, 심지어 학대까지 받아들인다.
- 아이가 충분히 받은 사랑에 힘입어 감정을 마음놓고 표현할 수 있게 되면 자신이 싫어하거나 원하지 않는 일에 마음놓고 분노를 표현하기 시작한다.
- 아이는 스스로 반항적인 바운더리를 세우며 눈물을 흘리거나 화를 내면서 반항하는 태도를 보인다.
- 바운더리는 아이로 하여금 자신이 어떤 것을 원하지 않은지 규정짓고 해결할 문제가 무엇인지 알게 해준다. 아이는 "네"라고 할 때처럼 자유롭게 "아니요"라고 말할 수 있게 된다.
- 부모가 세운 틀과 격려 아래에서 아이는 순향적 바운더리를 발전시켜 나가며, 행위의 동기 중에서 지고의 수준인(6장을 보라) '하나님과 이웃을 사랑하는'(마 22:37-40) 신적 이타주의를 토대로 행동하게 된다. 아이는 자신이 무력하다거나 누구에게 지배당하고 있다고 생각지 않기 때문에 짜증이나 화를 낼 필요가 없다. 아이는 이제 스스로를 다스리게 된 것이다.

반발로는 불충분한 이유

위의 과정에서 보았듯 반항적 바운더리로는 어른으로서 성공적으로 살아갈 수 없다. 바운더리는 아이를 나쁜 것에서 보호하고 분리시킬 수 있다. 그러나 이것은 문제가 무엇인지 상태를 보여 주는 단계이지 결코 완성의 단계가 아니다.

반항적 바운더리로는 충분하지 않은 한 가지 이유는, 바운더리를 넘어 보지 못한 아이들이 자신을 희생자라고 생각하기 때문이다. 그들은 어른이 되었을 때 배우자나 직장 상사, 정부, 또는 하나님과 같은 외부의 힘에 지배되거나 이용을 당한다고 느낀다. 그리고 자신에게 어떤 선택권도 없다는 생각에 무기력해진다. 그들은 삶에서 겪는 대부분의 갈등이 자신의 내부가 아니라 외부에서 오는 것이라고 생각한다.

그들은 문제의 근원이 자기 밖에 있기 때문에 자신은 문제를 해결할 힘이 없다고 믿으며, 인생을 영원히 개선할 수 없다고 생각한다. 그러나 고통은 대부분 자신의 혼란스러운 태도나 혼란스러운 태도를 지닌 다른 사람들에 대한 자신의 반응에서 온다. 이 점을 이해할 때 우리는 선택할 수 있는 자유가 있다.

반항적 바운더리로는 충분하지 않은 또 한 가지 이유는, 아이들은 자신이 싫어하는 것보다 보다 높은 차원에서 자신을 규정하도록 양육받아야 하기 때문이다. 반항적 바운더리는 단지 자신이 무엇에 반발하는지만을 알게 해준다. 반항적 단계에 머물러 있는 아이들은 친구를 사귀는 일, 권위에 적응하는 일, 목표를 달성하는 일, 흥미나 열정 또는 재능 등을 발견하는 일에서 어려움을 겪는다. 그런 아이들은 어떤 것에 '반항하는 일'에 지나치게 힘을 쏟기 때문에 '하고 싶어서 하는 일'을 발전시켜 갈 힘이 없다. 예를 들어 데릭은 팀워크나 규칙 또는 협동심에 어긋나게 행동해 왔기 때문에 친구를 사귀는 데 어려움을 겪었다.

아이가 모든 일에 조용히 순종하며 고분고분한 것도 문제가 될 수 있다. 베니처럼 진작에 브로콜리를 뱉었어야 할 수도 있다. 그때 그렇게 하는 것이 결혼한 다음에 그렇게 하는 것보다 훨씬 낫기 때문이다. 아이가 스스로 생각하고 반대하는 표현을 할 수 있도록 격려하라. 부모의 권위를 받아들이는 일에도 자신의 감정을 나타낼 수 있도록 하라. 반항적인 행동은 아이가 자신의 바운더리를 찾는 데 도움이 된다. 그러나 아이가 일단 반항적인 바운더리를 갖고 자신이 싫어하는 것이 무엇인지 알게 되면, 보복하려 들거나 문제를 회피하려거나 책임에서 벗어나려는 감정에 빠지기 쉽다.

순향적 바운더리

지난 몇 해 동안 나는 가을 시즌에 어린이 축구 팀 코치를 맡았다. 연습 첫 날에 아이들을 만나 축구 기술과 전략을 익히는 연습을 시작했다. 단 몇 분 동안 함께했을 뿐인데 어떤 아이가 반항적 바운더리를 갖고 있고, 어떤 아이가 순향적 바운더리를 갖고 있는지 알 수 있었다.

반항적 바운더리를 가진 아이들은 교육을 싫어하고 서로 신경전을 벌이며 쉽게 짜증내고 연습에 싫증을 냈다. 그러나 사람들은 이 아이들이 시즌이 끝날 무렵이 되면 뭔가 나아지는 게 있을 것이라고 기대했다. 한편 순향적 바운더리를 가진 아이들은 연습에 집중하며, 실수를 하더라도 거기에서 교훈을 얻고, 자신이 무엇을 좋아하지 않고 무엇이 필요한지 말로 표현했다. 예를 들어 반항적 바운더리를 가진 아이는 쉽게 싫증을 내며, 힘들게 연습을 시키는 코치에게 너무하다고 고함을 칠 것이다. 순향적 바운더리를 가진 아이는 코치에게 휴식 시간이나 물을 부탁할 것이다.

순향적 바운더리는 반항적 바운더리가 성숙해졌을 때 나온다. 여기에서 순향적 바운더리가 어떤 것인지, 아이들이 순향적 바운더리를 가지려면 어떻게 해야 도와야 하는지 살펴보자.

순향적 바운더리는 문제를 인식하는 단계를 넘어 해결하도록 돕는다. 아이가 저항한다는 것은 문제가 무엇인지 알아내기 위한 것이지 결코 해결에 이르는 것이 아님을 알아야 한다. 불쾌해 하고 화를 낸다고 해서 문제가 해결되지 않는다. 아이가 그런 감정을 행동으로 나타내는 동기를 이용해 그 문제를 직접 드러내어 해결해야 한다. 아이는 자신이 보일 반응들에 대해 여러 모로 생각해 보고 가능한 것 가운데 최선의 것을 선택해야 한다.

과제 해결을 돕기 위해 아이가 경험한 적이 있는 반항적 바운더리를 이용하라. 아이가 느끼는 분노와 좌절에 공감하면서 아이로 하여금 그 문제를 끝내게 하는 유일한 방법은 스스로 그 문제를 해결해 가는 것임을 깨닫게 하는 것이다. 이런 식으로 말하라. "게임기를 끄고 숙제를 하려니 화가 나겠지. 숙제는 게임보다 재미없으니까. 하지만 게임 때문에 나와 싸우게 되면 넌 게임 없이 일주일을 보내야 해. 네가 그걸 원할 것 같지는 않구나. 게임을 하면서도 숙제를 할 수 있는 방법이 있다면 알려 주겠니?"

몇 번의 시도 끝에 아이는 부모가 말한 바운더리가 진지한 것임을 경험으로 알게 될 것이다. 숙제가 얼마나 지겨운지 말로 표현하는 것은 허용하라. 이쯤 되면 아이는 "엄마, 정말 숙제하기 싫어요"라고 말하면서도 소파에서 일어나 연필을 잡는 정도의 규범은 갖게 된다.

부모가 할 일은 아이가 게임보다 숙제를 더 좋아하게 하는 것이 아니다. 부모는 다만 아이가 책임감을 갖고 옳은 일을 하도록 격려하면 된다. 아이는 자신의 정체성을 발달시켜 나가기 위해 자신의 의견이나 감정을 가져야 한다. 어떤 부모나 교사는 "넌 내가 시키는 대로만 해. 그리고 그 일을 좋아해야 돼!"라고 요구한다. 아이가 행동과 태도에서 모두 모범생이 되어야 한다고 주장한다. 이런 사람들은 아이의 경험을 전혀 고려하지 않기 때문에 아이를 노엽게 하거나 낙심하게 만든다(엡 6:4, 골 3:21).

순향적 바운더리는 아이가 원하는 것과 싫어하는 것을 모두 감싸 안는다. 반항적 바운더리가 자신이 좋아하지 않는 것을 깨닫도록 돕는 것이라면, 성숙한 순향적 바운더리는 여기에서 훨씬 더 나아간다. 아이는 자신이 무엇을 좋아하고 무엇을 싫어하는지 모두 알아야 한다. 아이가 좋아하는 것, 즉 친밀한 우정, 취미, 일, 재능 등을 가꾸고 키워 갈 때 옳고 선한 것에 의해 동기가 유발되며 그 방향으로 나아가게 된다. 하나님은 모든 면에서 그분이 미워하는 것(잠 6:16-19)과 좋아하는 것(미 6:8)에 대한 입장을 밝히셨다.

아이가 순향적 바운더리에 속해 있는 '무엇을 위한' 쪽으로 발전하도록 도우라. 반항적 바운더리 행동이 반복적으로 일어나는 문제 상황은 때로 훌륭한 배움의 장으로 바뀔 수 있다. 아이가 마음놓고 저항하고 자신이 싫어하는 것을 표현할 수 있을 때, 아이는 부모의 가르침을 듣는 일에 좀 더 마음을 열게 된다. 아이에게 이렇게 말하라. "오늘밤 친구들과 함께 외출하지 못해 화난 거 이해해. 하지만 엄마와 아빠는 네가 가족들과 함께 시간을 보내고 숙제도 하는 것이 중요하다고 믿어. 우리가 무조건 안 된다고 하는 건 아니란다."

내가 아는 가족 중에 테일러라는 일곱 살 남자아이가 있다. 그 아이는 엄마와 엄청난 힘 겨루기를 하고 있었다. 아이는 엄마가 말하는 해야 할 일과 하면 안 될 일을 모두 거부하면서 버티고 있었다. 아이의 반항적인 바운더리들은 견고하며 질겼다. 마침내 엄마가 테일러와 이야기를 나누기 위해 아이 방으로 들어갔다. 엄마가 방문을 열었을 때 아이가 문 위에 일부러 얹어 놓은 우유컵이 떨어지면서 엄마는 머리부터 발끝까지 우유를 뒤집어썼다.

이런 상황에서 화내지 않을 부모는 없을 것이다. 그러나 엄마는 화를 내는 대신 우유가 뚝뚝 떨어지는 얼굴로 이렇게 말했다. "문제가 정말 심각하구나. 네게 어떻게 대응할지 생각해 볼 시간을 가져야겠어. 언제인지는 나중에 알려 줄게." 그리고 나서 테일러는 몇 시간 동안 고통스럽고 초조한 시간을 보냈다. 엄마는 아빠에게 전화를 해서 계획을 세웠다. 그 계획은 테일러의 시간을 제한하는 것이었다. 즉 텔레비전을 보지 못하게 하고, 친구와 밖에서 노는 시간을 제한하는 것이었다. 그 밖의 벌칙에 우유로 얼룩진 카펫을 깨끗이 빨고 엄마의 옷을 세탁하기 위해 세탁기 쓰는 법을 배우는 것이 포함되었다.

그것은 테일러의 반항적 바운더리가 순향적 단계로 발전하도록 돕는 또 하나의 사건이 되었다. 테일러는 자신이 나쁜 아이라는 죄책감을 덜어 보려고 아빠에게 농담을 했다. "그래도 꽤 재미있는 일 아니었어요?"

그러나 아빠는 정색을 하고 대답했다. "아니, 절대로 그렇지 않아. 아무리 화가 났더라도 그건 심했어. 엄마 기분이 어땠겠니?"

"하지만 텔레비전 쇼에서 본 방법이에요. 얼마나 재미있었는데요."

아빠는 부드럽지만 단호하게 말했다.

"테일러, 아빠는 너의 행동을 어떤 이유로든 재미있는 장난이라고 볼 수 없어. 정말이야. 알았니?"

몇 시간 후 엄마는 테일러가 여동생에게 이렇게 말하는 것을 들었다. "아니야, 켈리. 그 우유 사건은 재미있는 일이 아니야. 다른 사람에게 상처를 주는 일이었어." 여동생과 함께 있을 때 테일러의 바운더리는 엄마와 있을 때 보여 준 바운더리와는 완전히 달랐다. 그것은 사랑에 근거하고 사려 깊은 것이었다. 테일러는 엄마의 엄격한 대응과 아빠와의 대화를 통해 알게 된 잘못을 인정하는 과정을 거치면서 자신의 반항적 바운더리를 마음으로부터 공감하는 성숙한 바운더리로 변화시켰다. 다른 사람의 감정을 배려하기 시작한 것이다.

이런 변화는 부모가 아이의 반항적 바운더리에 공감하면서도 굴복하지 않을 때 일어난다. 아이는 부모의 성숙한 바운더리를 받아들이며 자신의 거친 바운더리를 다듬어 갈 것이다. 때때로 아이는 이런 사건을 겪은 후 아주 얌전한 시기를 보내기도 한다. 다른 사람이 요구하지 않아도 친절하게 행동하고 저항을 줄이고 순종한다. 그동안 아이가 부모와 사이가 좋지 않았거나 꾸지람을 많이 들었다면, 이 시기를 부모와 친밀한 관계를 회복하는 하나의 기회로 삼는 것이다. 그런데 부모와 이미 친밀한 관계를 유지하고 있었다면, 이런 행동은 아이가 부모의 한계에 도달했기 때문에 나온 것이라고 볼 수 있다. 또한 자신의 통제 불능과 충동성에 대한 두려움을 덜 느끼고 안전함을 느꼈기 때문에 나온 것이라고 볼 수도 있다. 그런 다음 아이는 가족에 대한 감사와 따듯함을 느끼게 된다. 이렇게 감사하는 마음이 바로 순향적 바운더리의 특성이다.

순향적 바운더리를 가진 아이는 다른 사람에게 통제받지 않는다.

반항적 바운더리를 갖고 있거나 저항하는 아이는 여전히 다른 사람에게 의존한다. 그런 아이는 자신이 다른 사람에게 좋은 대접을 받지 못한다고 불평하면서 당구공처럼 부모에게서 형제로, 또 친구에게로 굴러가 그들을 들이박는다. 아이의 감정이나 행동이 다른 사람들이 그에게 해준 일, 또는 해주지 않은 일에 따라 결정된다. 그러나 순향적 바운더리를 가진 아이는 다른 사람의 통제를 받지 않는다. 그에게는 이른바 내적 통제가 작동하기 때문이다. 그것은 아이가 내면의 가치관이나 현실 감각에 따라 자신의 삶을 바라보고 결정을 내리며 환경에 반응하는 것을 의미한다.

부모는 아이가 성숙한 바운더리의 주요 특성들을 자기 것으로 만들도록 도와야 한다. 아이가 반항적으로 저항할 때 아이의 감정을 인정해 주라. 그러나 부모가 갖고 있는 바운더리와 그에 따른 대응은 준수하라. 그리고 이렇게 말하라. "나와 싸우는 시간이 길어질수록 네가 원하는 것을 할 수 있는 시간은 줄어든단다. 곧 잠잘 시간이니 원한다면 나는 이 논쟁을 그만두고 싶어. 그러면 너는 가서 놀 수 있지. 어떻게 생각하니?" 이렇게 말했는데도 아이가 논쟁을 끝내려 하지 않는다면, 부모가 말한 것을 그대로 실천할 것이라고 생각지 않는 것이다. 그럴 때는 아이에게 굴복하지도 말고 논쟁을 계속하지도 말라. 부모의 제한과 바운더리만을 고수하라.

부모에게 저항하다가 자기가 보낼 재미있는 시간이 계속해서 날아가면, 아이는 부모가 자신의 귀중한 시간을 지배하고 있음을 차츰 깨닫게 된다. 제대로 놀지도 못하고 자야 한다는 현실 앞에서 시간 경영에 대한 성경의 원칙을 이해하게 될 것이다. "세월을 아끼라 때가 악하니라"(엡 5:16).

예민한 아이는 바운더리가 성장하는 과정에서 종종 갈등을 겪는다. 그런 아이는 다른 사람들이 자신에게 친절하지 않은 것에 대해 (그것이 사실이든 그냥 그렇게 느끼는 것이든) 쉽게 상처를 입는다. 그런 아이는 자신을 안심시키기 위해 최선을 다하는 엄마 같은 사람에게 안도감을 느낀다. 그리고 밖에 나가서 다시 상처를 입는다. 아이가 학교에 갈 나이가 되었을 때 거친 친구들은 그런 낌새를 눈치채고 아이를 괴롭힐 수 있다. 아이는 골려먹기 쉬운 표적이라는 꼬리표를 달게 된다.

예민한 아이는 종종 자신의 가치관보다는 다른 사람들의 반응에 많이 의지한다. 모든 사람이 아이에게 친절하고 아이와 의견이 같다면 문제될 게 없다. 아이는 어떤 분열이나 갈등 없이 모든 사람과 완전히 하나가 되고 싶다는 유아 같은 소망을 갖고 있다. 아이에게 이런 경향이 있다면, 부모는 아이가 보다 더 내적으로 자신을 통제하고 스스로 느끼는 비참함에서 자유로워질 수 있게 순향적 바운더리를 활용하도록 도와야 한다.

내 친구 잰의 딸이 이런 문제가 있었다. 아홉 살 브리태니는 다른 아이들이 골린다며 맨날 울면서 학교에서 돌아왔다. 잰은 진짜 이유가 무엇인지 알아보았다. 친구들이 가끔 거칠게 군 적도 있었지만 대개는 그저 여느 아이들이 평소에 하는 정도였다. 잰은 브리태니의 친구들과 함께 딸을 안심시키고 격려하려고 노력했지만 문제가 해결되지 않아 나와 다시 이야기를 나누게 되었다. 그 과정에서 우리는 잰이 자신도 모르게 딸의 갈등에 해결책이 아닌 문제로 작용하고 있음을 발견했다.

잰은 브리태니가 아주 사소한 생각이나 감정, 하루 종일 있었던 일들을 이야기할 때 몇 시간이고 들어 줬다. 보통 사람들은 아주 질려하는 일인데도 잰은 단지 딸과 결속하는 시간이 더 많이 필요하다고 믿었기 때문에 딸의 이야기를 끝까지 진지하게 들어 줬다. 브리태니는 언니나 오빠와 함께하는 시간보다 엄마와 함께 자기 감정을 처리하는 데 더 많은 시간을 보냈다.

그러다 보니 브리태니는 엄마의 이해에 지나치게 의존하게 되었다. 엄마가 항상 자신을 받아 주기만 했기 때문에 다른 데 가서는 자신감이 떨어졌고 스스로를 돌보지 못했다. 브리태니는 친구들과 말다툼을 할 때 자기 내면에 스스로 의지할 만한 것이 없었기 때문에 자신은 사랑받지 못하고 무기력하다고 느꼈다. 다른 친구들에게 지배당하는 기분이었다. 사실 브리태니는 자기도 모르게 엄마를 지배하고 있었다. 그것은 잰이 딸에게 어떤 바운더리도 설정하지 않았기 때문이다. 브리태니는 자기 것(친구들과 만들어 가는 자신의 관계성)은 통제하지 않고, 자기 것이 아닌 것(엄마의 시간)을 통제하고 있었다. 그래서 반항적 상태에 머문 것이다.

모든 것을 깨달은 잰은 딸과 마주앉아 진지하게 이야기를 나눴다. "브리태니, 나는 너를 사랑하고 우리가 함께하는 시간이 좋단다. 하지만 네 모든 생각이나 느낌을 다 들어 줄 시간이 없구나. 나는 네가 네 감정을 책임지고 다스리기를 바라. 너는 스스로 생각할 수 있고 네 감정을 다룰 수 있단다. 이제부터 너와 이야기하는 시간을 밤마다 20분만 가지려고 해. 정말 참을 수 없는 일이 생기지 않는 한 그렇게 하자꾸나. 그러니 이제부터는 내게 알리고 싶은 가장 중요한 일들만 이야기해야겠지? 명심하렴."

물론 잰이 그 시간에만 브래태니와 이야기한 것은 아니었다. 그러나 실제로 정한 시간은 그 시간뿐이었다. 당연히 브리태니는 그 제안을 좋아하지 않았고 바운더리를 종종 시험했다. 그러나 잰은 바운더리를 고수했다. 브리태니는 차츰 친구들과의 우정에 자신감을 갖게 되었고, 학교에서 울면서 돌아오는 일이 줄었다. 브리태니는 자신을 돌보는 일에 보다 순향적이 되었다. 몇 번은 바빠서 엄마와 약속한 시간을 잊기조차 했다. 브리태니는 엄마를 지배했던 것처럼 다른 사람을 지배하려는 일에서 벗어났다. "각각 자기의 짐을 질 것이라"(갈 6:5)는 성경 말씀을 기억하라. 지혜로운 옛 말도 있다. "자식을 고치고 싶으면 부모를 고치라."

순향적 바운더리는 복수나 공평함이 아니라 책임감에 관한 것이다. 반항적 바운더리는 '눈에는 눈'의 원칙에 따라 움직인다. 한 아이가 다른 아이를 밀어서 넘어뜨리면 넘어진 아이는 상대방 아이를 다시 넘어뜨려야 한다. 이러한 복수가 정당한 행위라는 생각에서 행동의 동기가 나온다.

그러나 순향적 바운더리는 보다 높은 동기, 즉 책임감이나 정의, 다른 사람을 향한 사랑 등과 같은 동기에 더 관심을 둔다. 신약 성경은 "아무에게도 악을 악으로 갚지 말[라]"(롬 12:17)고 가르친다. 아이는 악에 대해 복수하지 않고 자신과 다른 사람 안에 있는 악을 제거하기 위해 노력해야 한다. 악에 대한 복수는 십자가 위에서 이미 끝났기 때문에 더 이상 복수는 필요 없다(벧전 2:24). 예수님의 십자가는 정의와 공평함의 요구까지 모두 수용했다.

아이도 스스로를 돌볼 줄 알아야 한다. 예를 들어 자기 방어법을 가르치는 시간을 통해 자신을 방어하고 다른 아이들에게 미치는 자기 능력에 대해 자신감을 가질 수 있다. 그러나 아이가 자신을 화나게 한 상대와 싸워야 한다는 생각은 지지할 수 없다. 그것은 반항적인 바운더리를 순향적 바운더리와 혼동하는 것이다.

반항적 바운더리는 보복을 요구한다. 직장 생활이나 결혼 생활에서 세력 다툼을 심하게 하는 호전적인 어른은 어렸을 때 갖고 있던 반항적인 자세에서 한 걸음도 성장하지 못한 것이다. 그런 사람들은 불만이 있거나 감정이 상했을 때 그냥 넘어가지 못한다. 반면에 순향적 바운더리는 아주 다르게 작용한다. 순향적 바운더리를 가진 아이는 자신이 이용당하거나 해를 당하는 것을 허락하지 않지만 운동장에서 마주치는 모든 깡패들과 맞서 싸우지도 않는다. 이것이 바로 순향적 바운더리와 반항적 바운더리의 차이다. 반항적 바운더리를 가진 사람은 자신을 괴롭히는 친구와 끝없이 싸우지만, 순향적 바운더리를 가진 사람은 그런 친구는 필요하지 않다고 결정한다.

공평함에 대한 요구는 부모와 관련된 문제다. 예를 들어 자녀가 "너무 해요. 공평하지 않아요"라고 부모의 제한에 반응할 때, 부모는 자신이 완벽하게 공평하지 못한 것에 죄책감을 갖거나 아이의 말만 듣고 공평하지 못하다고 지목된 친구들이나 선생님을 함께 비난하기 쉽다. 부모의 이런 행동은 자녀를 반항적 상태에 머무르게 한다. 또한 아이로 하여금 자신이 희생자인 것처럼 느끼도록 부추기며 어떻게 해서든 세상이 공평할 것을 요구하게 만든다. 그럴 때는 아이에게 이렇게 말하라. "네 말이 맞아. 하지만 세상에는 공평하지 않은 일들이 많아. 네가 마땅히 벌을 받아야 할 때 가끔 엄마가 봐 줄 때도 있지? 어때? 그 일은 공평한 걸까? 네가 요구하는 공평함이 아주 중요하지만 세상에 완벽한 공평함은 없단다. 우리집은 이만하면 공평하지 않니?" 이런 가르침은 아이가 세상이 자신에게 공평하지 않다는 판단을 하기보다는, 자신의 요구를 정당하게 관철할 수 방법을 찾는 데 초점을 맞추도록 돕는다.

순향적 바운더리의 기술

순향적 바운더리는 반복해서 습득하는 것이며, 반항적 바운더리라는 광석에서 순금을 제련하는 과정과 같다. 부모는 아이가 저항 단계에 있을 때 아이에게 스스로를 통제하고 가치관을 토대로 행동하는 기술을 가르쳐야 한다. 그런 기술들 가운데 일부를 다음에 소개했다. 부모가 먼저 이 기술들을 습득하고 있어야 한다. 아직 습득하지 못했다면 아이에게 그 사실을 알리고 함께 노력하라.

여기에서는 적절한 시기 선택이 아주 중요하다. 아이와 대립하고 있을 때는 이 기술을 적용하지 말고 가르칠 만한 시기가 될 때까지 기다리라. 대개는 아이가 부모의 바운더리를 여러 차례 공격했지만 실패했을 때가 적당하다.

- **반발 대신에 잠시 멈춤.** 아이가 부모의 말에 즉각 반발할 때, 그런 행동을 하지 말아야겠다고 스스로 느낄 때까지 아이에게 바람직한 행동을 반복해서 시킨다. 아이가 화난다고 문을 쾅 닫았다면, 아무리 화가 나더라도 문을 조용히 닫아야 한다는 것을 알 때까지 열 번이고 스무 번이고 조용히 문 닫는 연습을 시키라.
- **다른 사람 관찰하기.** 아이가 스스로 학생이 되도록 돕는다. 자기만 좌절을 겪고 있는 게 아니라 다른 사람들도 현실적인 문제가 많다는 것을 알고 자신의 어려움을 극복해 가도록 도우라.
- **넓은 시야.** 아이가 자신의 분노나 서러움만 보지 않고 다른 사람의 감정도 배려하도록 한다. 아이는 자기 감정을 절대적 진리로 여긴다. 자신의 감정을 단순히 감정으로 보게 하라. 감정은 절대 불변하지 않으며 사

지기 마련이다. 다른 사람의 감정도 중요하다.
- **문제 해결.** 아이가 자신의 문제를 해결하거나 대안을 찾도록 돕는다. "바비가 놀아 주지 않는다면 빌리와 노는 것은 어떠니?"
- **현실 감각.** 아이가 흑백 논리를 고집하지 않고 의견을 절충하거나 양보하도록 돕는다. 자신의 요구가 완전히 충족되지 않을 수 있음을 알아야 한다. 연극 무대에서 모두가 주인공일 수는 없다. 어떤 역할이든 의미가 있다.
- **주도성.** 순향적인 태도로 문제를 대하지 않는 한 아무것도 해결되지 않고 계속 같은 문제에 부딪힌다는 것을 아이가 알아야 한다. 라디오의 인생 상담 방송을 들어 보라. 사람들이 왜 매일 똑같은 문제로 고민하는가? 아이가 똑같은 문제를 안고 되풀이해서 씨름하지 않고 해결할 수 있도록 밀어붙이라.
- **다른 사람들의 도움.** 부모로서 최선을 다했는데도 어떻게 해야 할지 모르겠다면 신뢰할 만한 사람을 찾아보라. 외로운 해결사 같은 엄마와 아빠는 되지 말라.

결론

부모들은 매사가 걱정이다. 아이가 한 번도 화내지 않아서 걱정하고, 화를 너무 잘 내서 걱정한다. 그러나 사랑을 갖고 확고한 바운더리를 유지하면 아이가 반항적 바운더리를 사랑과 현실에 기초를 둔 순향적 바운더리로 성숙시켜 가도록 도울 수 있다. 그럴 때 아이는 자신의 삶을 다스릴 줄 아는 성품과 도덕성을 갖추고 책임감 있는 어른으로 자랄 것이다. "복 있는 사람은 악인들의 꾀를 따르지 아니하며 죄인들의 길에 서지 아니하며 오만한 자들의 자리에 앉지 아니하고"(시 1:1).

아이의 정직함이나 자제력을 파괴하는 것이 있다면, 그것은 바로 뒤에서 험담하기, 또는 심리학자들이 말하는 삼각 관계다. 다음 장에서는 자녀가 관계 속에서 자신의 바운더리를 드러내는 법을 살펴보겠다.

11.

시기심의 법칙 : 감사할수록 행복해진다

"하지만 수지는 갖고 있단 말이에요."

"지겨워요."

"이 장난감 싫증나요. 새 거 사 줘요."

"공평하지 않아요. 조이는 거기에 간대요!"

자녀에게 이런 식의 말을 많이 들어 봤다면 시기심의 문제가 있는 것이다. 아이를 키우다 보면 흔히 겪는 문제다. 시기심은 가장 기본적인 인간의 감정이며 누구나 어느 정도는 갖고 있다. 그러나 알다시피 인간마다 같은 정도의 시기심을 갖고 있는 것은 아니며, 시기심이 모든 사람의 삶을 지배하고 있는 것도 아니다. 주위를 살펴보라. 그러면 시기심이 우리가 알고 있는 불행한 사람들에게 어떤 영향을 미치고 있는지 알 수 있다.

시기심이 강한 사람들은 다음과 같다.

- 물질을 더 많이 소유하고 싶어한다.
- 배우자에게 싫증을 내며 더 자극적인 다른 사람을 원한다.
- 자기가 갖고 있는 것을 즐기거나 만족할 줄 모른다.
- 다른 가족들을 따라잡으려 한다.
- 사회적 지위나 힘, 돈 등에 지나치게 가치를 둔다.
- 자기 일이나 직업에 끊임없이 불만을 드러낸다.
- 힘이나 사회적 지위, 재능이 있는 사람에게 비판적이다.
- 자기보다 지위가 높은 사람을 질투한다.
- 자신은 특별 대접을 받을 자격이 있다고 생각하며 세상에 특별하게 보이기 위해 애쓴다.
- 자신은 비판이나 의심을 받으면 안 되는 존재라고 생각한다.

시기심에 싸인 사람들의 가장 안타까운 면은 끊임없이 느끼는 공허함이다. 도무지 그들의 마음에 충분히 들 만큼 좋은 게 없다. 그들은 무슨 일을 이루든 무엇을 받든 항상 대수롭지 않게 여긴다. 그들의 삶에 만족이란 영원히 없다.

자녀 문제로 옮겨 본다면 시기심은 끝없이 "더 많은 것을 원한다"는 것이 문제다. 시기심은 어느 정도까지는 정상이지만 아이가 성숙한 바운더리를 갖게 되면서 차츰 없어져야 할 문제다. 부모가 보통 아이에게 어떻게 시기심을 받아들이고, 그것을 만족과 감사하는 마음으로 바꾸어 갈 수 있는지 가르쳐 주는 것이 이 장의 목적이다.

특권 의식 vs 감사하는 마음

인생에서 사람을 비참하게 만드는 가장 큰 요인 하나를 말하라면 정확히 집어 내기가 쉽지 않다. 그러나 몇 가지 특징은 들 수 있다. 삶을 파괴하는 몇 가지 강력한 특성 중 하나가 특권 의식이다. 특권 의식은 다른 사람들이 나에게 빚을 지고 있으며, 단지 '나'라는 이유만으로 내가 특별한 대접을 받아야 한다고 느낄 때 생긴다.

이런 성품을 가진 사람들은 특권, 특별 대접, 다른 사람들이 소유한 것, 존경, 사랑, 또는 자신이 원하는 것은 무엇이든 가질 권리가 자신에게 있다고 생각한다. 원하는 것을 얻지 못했을 때는 그 모든 것을 자기에게 주지 않는 사람들이 잘못되었다고 생각한다. 그래서 자신이 조직에게, 하나님에게, 또는 자신이 바라는 것을 갖고 있는 사람들에게 부당한 대접을 받은 희생자인 것처럼 저항한다.

그들은 '당신은 반드시 내게 이렇게 해야 한다'고 생각하며 항상 누군가에게 무언가를 요구한다. 어른들 중에 이런 사람들은 종종 직장에서 승진이라든가 임금 인상, 또는 넘볼 수 없는 특별한 권리 등을 자기는 당연히 가져야 한다고 생각한다. 결혼 생활에서는 배우자가 자기에게 만족을 주지 않고 양보하지도 않는다고 비난한다. 그런 사람들과 함께 지내면 고용주나 배우자나 그들의 불평과 비난에 지치고, 결국 그 사람 자체에 지치고 만다.

부모가 통제를 가할 때 아이는 통제를 면제받을 특권이 있다고 느끼는 데서 특권 의식을 갖기 시작한다. 아이는 자신이 원하는 것을 즉시 얻기를 원한다. 그렇지 않으면 반항한다. 세상에 태어난 지 얼마 안 되는 아기들은 즉각적인 관심과 보살핌이 필요하다. 이런 식으로 자란 아이는 나이가 들어서도 자기에게 특별한 권리가 있는 것처럼 행동한다. 현실과 가족, 친구들 또는 학교의 요구에 자신을 맞추지 못하고 미움을 받는다.

또 아이들은 고통스러운 일이나 집안일, 또는 규칙을 지키거나 바운더리에 적응하는 일 등을 자신은 당연히 면제받을 권리가 있다고 생각한다.

마지막으로 그런 아이들은 다른 사람들이 가진 것을 자기도 가질 권리가 있다고 생각한다. 그래서 "수지도 가는데, 나도 갈 거야" "수지는 가졌는데 왜 나는 안 돼?" "딴 사람이 갖고 있다면 나도 당연히 가져야 해"라며 익숙한 불평들을 늘어놓으며 보챈다. 자기 장난감을 갖고 잘 놀던 아이가 다른 아이의 장난감을 보는 순간, 갑자기 그 아이의 장난감을 갖고 싶어하는 경우를 많이 보았을 것이다. 아이들은 다른 친구의 장난감을 샘내면서 자기 장난감을 내팽개치기도 한다. 자기가 원하는 것을 가질 수 없으면 반항하기도 한다. 자신이 원하는 것을 당연히 가져야 한다고 생각하기 때문이다.

시기심과 특권 의식에 반대되는 반대 개념은 감사하는 마음이다. 감사하는 마음은 무언가를 거저 받았다는 느낌에서 온다. 그 감정은 당연히 받을 것을 받은 게 아니라 누군가가 내게 은혜를 베풀어 줬다는 마음에서 비롯된다. 그럴 때 우리는 사랑에서 우러나온 감사를 느끼며 받은 것을 소중하게 간직하게 된다.

여기에서 더욱 중요한 것은 "내가 그런 것을 갖게 되다니 정말 큰 행운이야!"라고 느끼는 것이다. 이런 마음은 "내가 이것밖에 가질 수 없다니 너무 부당해!"라고 외치는 시기심과 특권 의식이 뒤섞인 마음과는 아주 대조적이다. 감사할 줄 아는 사람은 행복해 하고 기뻐한다. 반면에 시기하고 질투하는 사람은 비참해 하고 마음속에 미움이 가득하다. 시기심이 많고 특권 의식을 가진 사람 곁에 있는 것보다 더 나쁜 일도 없다. 감사하며 만족할 줄 아는 사람 곁에 있는 것보다 더 좋은 일도 없다.

두 가지 상태, 즉 시기하는 마음과 감사하는 마음은 실제로 그 사람이 어떤 것을 얼마나 받았는가 하는 것과는 아무 상관이 없다. 오히려 받은 사람의 성품과 더 관계가 많다. 시기심이 많고 특권 의식에 싸인 사람에게 무언가를 주었다고 가정하자. 그는 상대방이 자기에게 진 빚을 갚았다는 정도로 당연하게 느낄 것이다. 그러나 감사가 가득한 사람에게 무언가를 주었다면, 그는 자기가 얼마나 운이 좋으며 상대방이 자기에게 얼마나 잘해 주는지에 대해 감사하고 또 감사할 것이다. 부모는 아이가 특권 의식이나 시기심에서 벗어나 감사할 줄 아는 사람으로 성장할 수 있도록 해야 한다.

두 아빠와 두 엄마가 필요한 문제

아기들은 세상에 태어났을 때 주변 사람들의 성격에 혼란을 느낀다. 아기들은 자신이 한 사람과 상대하고 있다고 생각지 않는다. 아기의 마음속에는 좋은 엄마와 좋은 아빠, 나쁜 엄마와 나쁜 아빠가 존재한다. 좋은 쪽은 자기를 만족시켜 주는 사람이다. 배고프고 부족한 것이 있어 못마땅한 표현을 하면 좋은 엄마가 와서 문제를 해결해 준다. 아기는 만족스러울 때 이 엄마를 '좋은 엄마'로 본다. 그러나 원하는 것이 즉시 이루어지지 않거나 엄마가 그것을 거절하면, 그 엄마는 '나쁜 엄마'가 된다. 다들 경험해 봤을 것이다. 아이에게 "안 돼"라고 했을 때 아이가 "엄마 나빠!"라고 대답하는 것은 흔한 일이다. 아이의 이런 말은 세계 공통어다.

어떤 사람은 어른이 되어서도 이런 문제를 해결하지 못한 상태로 남아 있다. 원하는 것을 해주면 상대방을 좋은 사람이라고 여기고 다정하게 대한다. 그러나 요구를 거절하면 원하는 것을 해주지 않았다는 이유로 상대방을 나쁜 사람으로 몰아세운다. 이 얼마나 큰 죄악인가! 다시 그를 만족시켜 주면 상대방은 다시 좋은 사람으로 평가될 것이다.

이런 일이 아이의 내부에서 일어나고 있다. 아이는 원하는 것을 얻을 때는 당연히 받을 것을 받았다고 여기지만, 욕구가 좌절될 때는 자신을 '나쁜 엄마'의 희생자로 여긴다. 아이는 두 명의 엄마 말고도 두 명의 다른 자아도 경험한다. 자기 안에 특권을 가진 자아와 박탈된 자아라는 다른 자아가 존재하는 것이다. 아주 어린 아이에게서 이런 현상을 볼 수 있다. 어린아이들은 행복할 때는 아주 행복해 하지만, 화가 나거나 슬플 때는 또 얼마나 화를 내고 슬퍼하는지 모른다.

그러나 아이들은 자신의 욕구가 충족되는 것과 제한 때문에 좌절되는 것 모두를 경험하면서 자신과 다른 사람들에 대해 가졌던 두 가지 이미지를 서서히 융합시켜 간다. 그러면서 느리기는 하지만 다음과 같은 몇 가지 매우 중요한 사실을 깨닫는다.

1. 나의 요구들은 계속 응답되고 있다.
2. 나의 요구 사항이나 원하는 바가 다 만족스럽게 채워지는 것은 아니다.
3. 같은 사람이 때로는 내게 원하는 것을 주고, 때로는 빼앗기도 한다. 내가 사랑하는 사람과 미워하는 사람은 동일인이다.
4. 나는 때때로 운이 좋다. 하지만 어떨 때는 좌절을 맛봐야 한다.

이와 같이 만족과 좌절이 함께 나타나는 일들이 수백만 번 일어난 후에, 아이들은 세상이 자신을 만족시켜 주는 정도에 대해 반드시 '완벽하지 않아'도 '이 정도면 충분해'라고 생각하는 건전한 사고방식을 갖게 된다. 아이들은 자신의 욕구가 모두 완벽하게 충족되는 '다른 부러운 사람들'처럼 되려는 소원을 포기하고, 자기를 사랑하지만 때로는 좌절케 하는 사람을 사랑하는 법을 배우게 된다. 그리고 인간은 완벽하지는 않지만 그래도 충분히 좋다는 결론을 내린다. 아이는 자기가 원하는 것을 모두 가질 특권이 없음을 깨달으면서 감사하는 마음을 갖게 될 때까지 수많은 좌절의 과정을 견뎌야 한다.

이 일을 완성하려면 '만족과 좌절'이라는 두 가지 중요한 경험을 해야 한다. 한 번도 만족해 보지 못한 아이는 늘 욕구 불만 상태다. 이런 아이는 충분히 받아본 적이 없기 때문에 감사하는 마음도 가질 수 없다. 이런 현상은 아이가 집안 전체를 쥐락펴락할지 모른다는 우려에서 부모가 아주 어린 시절부터 아이에게 아무것도 허용하지 않으며 아이를 키웠을 때 나타날 수 있는 위험 현상이다. "아이가 신뢰와 감사의 마음을 가지려면 욕구가 충족되어야 한다." 이것은 우리와 하늘에 계신 우리 아버지와의 관계에 대해 성경이 말하는 바와 같다. "우리가 사랑함은 그가 먼저 우리를 사랑하셨음이라"(요일 4:19). 우리에게는 먼저 받은 경험이 필요하다.

한편 한 번도 좌절해 본 적 없이 자란 아이들은 세상이 자기 중심으로 돌아가지 않는다는 사실을 절대로 이해하지 못한다. 말하자면 원한다고 해서 반드시 가질 수 있는 것은 아니며, 다른 사람들이 자신의 요구를 들어주기 위해 존재하는 게 아니라는 사실을 깨닫지 못한다. 만족과 좌절을 균형 있게 경험한다면, 아이는 결핍이나 특권 의식이라는 두

극단에서 벗어나 조화로운 인격체로 성장할 수 있다.

유명한 록밴드 롤링 스톤즈는 '렛 잇 블리드'(Let It Bleed)에서 이렇게 노래한다. "당신이 원한다고 해서 언제나 가질 순 없어요. 그래도 노력하면 때로는 원하는 것을 얻을 수 있겠죠." 좌절을 경험한 아이는 '나는 원하는 것을 모두 가질 권리가 있다'는 생각을 포기한다. 아이는 자신이 원하는 것을 갖지 못하게 된 상황에서도 자신을 희생자로 보지 않으며, 자신이 원하는 것을 다른 사람들이 해주지 않는다고 해서 그들을 나쁜 사람으로 여기지 않는다. 아이는 이제 자신과 다른 사람에 대해 균형 잡힌 시야를 갖게 될 만큼 성장한 것이다.

베풀기, 제한하기, 품어 주기

아이가 자신과 다른 사람에 대해 균형 잡힌 감각을 갖게 해주고 싶다면, 부모는 아이에게 정말 필요한 것과 어떤 종류의 요구 사항에 대해서는 만족을 경험하고, 또 다른 종류의 요구에 대해서는 좌절을 경험하도록 도와야 한다. 이런 경험을 적절히 제공하려면 베푸는 기술, 제한하는 기술, 품어 주는 기술이 필요하다.

베풀기

베푼다는 것은 아이에게 필요한 것과 아이가 원하는 것을 채워 준다는 의미다. 사람에게 가장 중요한 만족감은 사랑과 유대감, 보살핌에서 이루어진다. 아기는 배 고프거나 혼자 있을 때 우는 것을 통해 이런 욕구를 표현한다. 아기는 보살핌을 받고 영양 섭취를 하며 다른 사람과 연결되어 있다는 유대감을 가져야 한다. 따뜻하고 안전하게 먹을 것과 관심이 주어질 때 아이에게 만족감이 형성된다. 어른들이 가지는 시기심의 상당 부분은 채워지지 않는 욕구에 대한 심한 갈증에 뿌리를 내리고 있는데, 여기에는 아주 깊은 보살핌과 배려에 대한 욕망도 포함되어 있다.

아이는 자라 가면서 점점 더 위로가 필요해진다. 아이가 두려움을 느낄 때 누군가 그의 마음을 어루만지고 감정을 이해해 줘야 한다. 다음 단계로 올라가야 할 때 아이는 불안감을 느끼며, 이때 부모의 격려가 반드시 필요하다. 커 갈수록 삶이 점점 더 거대하게 다가오지만 아이는 세상을 혼자서 살아가는 게 아님을 알아야 한다.

아이는 나이가 들면서 갖게 되는 자유, 자신만의 공간, 선택이나 통제권에 대한 욕구에서도 만족을 얻어야 한다. 이런 것이야말로 독립심이라는 벽돌을 쌓아 올리는 과정이다. 아이는 어느 정도 선택권을 갖기를 원하며 실제로 적절한 선택권이 주어져야 한다. 아이는 또한 자신만의 공간을 원하는데 이 또한 타당한 욕구다.

아이는 어느 정도의 통제권을 원하기도 하는데 이 역시 필요하다. 아이는 자신이 무엇을 원하는지 깨닫고 그것을 요구하는 법을 배워 가야 하는데, 이것이야말로 삶 속에서 익혀야 할 중요한 기술이다. 이와 같이 아이는 욕구, 즉 자유나 자신만의 공간, 약간의 통제권, 선택권 등에 대한 욕구를 채워 줘야 한다. 이런 욕구가 만족되는 경험을 하면서 아이는 이런 요구가 정당하며, 그의 기대가 실제로 받아들여질 수 있고, 그의 욕구가 충족될 수 있도록 세상이 돕고자 한다는 사실을 알게 된다.

아이는 자기가 가진 기술이나 재능을 발견하고 키우기 위해 돈이나 기회 등을 제공받고 싶어할 뿐 아니라 여러 활동을 하고자 하는 욕구도 보일 것이다. 아이의 이런 욕구는 충족되어야 한다. 아이가 자라 갈수록 자신에게 필요한 자원 중 일부는 스스로 공급해야 할 필요가 생기기도 한다. 그러나 아이의 재능이나 기술이 좌절되면 안 된다.

독립이나 자유를 향한 아이의 욕구가 한층 더 성숙해 가면서 이런 욕구들 또한 더욱 충족되어야 한다. 아이는 책임감과 좋은 선택을 연습하면서 성경에서 말하는 보상이 있음을 알아야 한다. "네가 적은 일에 충성하였으매 내가 많은 것을 네게 맡기리니"(마 25:21).

아이는 모든 영역에서 먼저 만족을 경험해야 한다. 또 자라갈수록 돈, 기회, 재능 등의 축복을 활용하고, 그것들을 지키기 위해 점점 더 많은 책임을 감당해야 한다. 그러므로 아이는 먼저 세상은 자신이 원하는 것이나 재능과 꿈을 펼쳐 나갈 수 있는 곳이라는 확신을 가져야 한다. 그와 동시에 자신이 책임감을 갖고 현명하게 행동해야 한다는 사실을 배워야 한다. 솔로몬이 청년들에게 말한 것과 같다. "네 청년의 날들을 마음에 기뻐하여 마음에 원하는 길들과 네 눈이 보는 대로 행하라 그러나 하나님이 이 모든 일로 말미암아 너를 심판하실 줄 알라"(전 11:9). 같은 맥락에서 '젖을 떼다'(weaned)라는 말로 번역된 히브리어는 글자 그대로 보면 '아낌없는 대우를 받다'라는 뜻이다. 이 말은 아기가 젖을 떼기 전까지는 아낌없는 대우를 받아야 한다는 것이다.

아이에게 먼저 베풀라. 사랑과 애정에 대한 욕구를 채워 주라. 그리고 아이가 삶의 과제를 수행하는 데 필요한 것과 성장할 기회를 제공하라.

제한하기

제한한다는 것은 아이에게 너무 많이 가지면 안 된다는 것, 또는 부적절한 것을 가지면 안 된다는 것을 확실히 하는 것이다. 앞에서 말했듯이 제한을 둔다는 것은 아이가 갖고 싶어하는 모든 것을 자신의 지배 아래 두려는 소망이 이루어질 수 없음을 확실히 알려 주는 것이다. 그것은 자신의 선택과 그에 따른 결과에 책임지는 훈련을 하는 과정이다. 제한은 "안 돼"라는 말과 더불어 살아가는 방법이며, 그것을 어떻게 현실로 받아들일 것인지를 배울 수 있는 기회다.

유아기에는 아주 적은 부분에서 제한을 설정할 수밖에 없다. 아기들은 이미 신체 조건상 한계를 갖고 있기 때문이다. 아기는 많은 것을 필요로 한다. 그러나 말할 줄 모르기 때문에 필요한 것을 스스로 얻을 수도 없다. 유아기에는 자신에게 필요한 것이 모두 충족된 다음 "이제 잠들 시간이다"라고 제한하는 정도가 그 역할을 한다. 현명한 엄마는 아이가 울 때 무엇이 부족해서 그런지, 아니면 그냥 투정을 부리는 것인지 판단한다. 투정은 잠들면 끝이다. 그러나 어떤 욕구가 좌절된 채 잠이 들면 문제가 생긴다. 그래서 유아기의 아기에게는 항상 충분히 만족을 줘야 한다.

그러나 아이가 걸음마를 시작할 무렵부터는 제한 설정이 하루의 일과가 된다. 걷기 시작한 아이는 점점 더 활동량이 많아지면서 주변을 지배하려 든다. 이때 아이는 "안 돼"라는 단어가 의미를 갖기 시작하면서 처음으로 한계를 배우게 된다. 자신이 원하는 모든 것에 당연한 권리가 주어지지 않음을 알아 간다. 그들은 "안 돼"라는 말을 처음 듣는다. 자신이 모든 것을 지배할 수 없다는 것도 배운다. 갖고 싶다고 해서 모든 것을 가질 권리가 없음도 배운다. 자신의 소망이 통제받아야 한다는 것도 배운다. 사탕을 갖고 싶어도 가질 수 없는 일도 생길 것이다. 아이는 정당한 요구를 했지만 방식이 바르지 않아 거부당하는 경우도 때로 생길 것이다. 아이는 원하는 것을 얻기 위해 징징대거나 얼버무리지 않고 부탁하거나 말로 표현하라는 요구를 받을 수 있다.

아이는 자라 가면서 차츰 자신이 소유할 수 없는 장난감을 원하기 시작한다. 최신의 장난감, 최고의 장난감을 갖고 싶어한다. 이런 습성은 훗날 어른이 되어 신용카드를 남용하는 행동으로 이어진다. 부모가 아이에게는 "안 돼"라고 말하면서 정작 자신은 정한 기준을 지키지 않을 때, 아이는 세상이 자신이 원하는 것을 무엇이든 다 주는 것은 아니라는 사실을 배우게 된다.

때로 아이는 목표나 의도가 선해도 자신이 원하는 것을 가질 수 없는 경우를 만난다. 그럴 때는 스스로 노력해서 얻는 법을 배워야 한다. 아이가 원하는 것은 무엇이든 그냥 주면서 그것을 성취하는 방법은 가르쳐 주지 않는 부모는, 아이에게 '나는 어떤 것이든 가질 특권이 있다'는 생각을 강하게 심어 주는 것과 같다.

더구나 형제자매 또는 친구가 어떤 것을 가졌다는 이유만으로 자기도 똑같은 것을 가져야 하는 것은 아니다. 다른 친구가 갖고 있는 것을 자기는 갖지 못했을 때 아이가 "공평하지 않아요"라고 말하는 것을 많이 들어 봤을 것이다. 그때는 이렇게 대답해야 한다. "그래서 그게 어쨌다는 거니?" 아이는 앞으로 살아갈 인생에서도 그런 일을 만날 것이다. 그러니 지금 배우는 편이 더 낫다.

십대에는 제한의 가짓수가 많지 않지만 몇 안 되는 그 제한들이야말로 중요하다. 십대들에게는 더 많은 자유와 선택권, 자신이 책임질 수 있는 기회가 필요하다. 그와 더불어 순종해야 하는 분명하고도 단호한 제한들도 필요하다. 십대 시절은 아이에게 자신이 세상을 지배하고 있는 것이 아니라는 사실을 마음에 심어 줄 수 있는 마지막 기회다. 부모에게 이런 사고방식을 배우지 못한 아이는 나중에 법을 통해 그것을 배우게 될 것이다. 엄마나 아빠에게 이런 사고방식을 배우는 편이 훨씬 더 낫지 않은가? 귀가 시간 제한이나 용돈 제한, 또는 허락받은 선택이라 하더라도 그 선택이 요구하는 바운더리에 순종하는 것 등은 모든 법위에 존재한다. 그리고 세상을 지배하려는 십대들의 소망에 제한을 둠으로써 그들에게 인생을 공부할 수 있는 기회를 제공한다.

십대는 적응할 것이 많은 시기다. 십대 아이는 차츰 스스로를 보호하고 관리하는 역할을 맡게 될 것이다(1장을 보라). 이런 자유를 처음 맛보기 시작할 무렵 그들은 함부로 행동하거나 무례하게 굴 수도 있다. 부모는 아이가 부모를 대하는 방법에 적절한 제한을 정해 자기 마음대로 사람들을 대해도 되는 특권이 자신에게 없음을 깨닫게 해줘야 한다.

발달 단계의 전 과정을 통해 아이에게 제한을 두는 것은 아이가 시기심과 특권 의식을 극복하는 데 중요한 역할을 한다. 부모는 아이가 자신이 원하는 것은 무엇이든 가질 수 있다는, 원하는 것은 무엇이든 할 수 있다는, 다른 사람들을 자기 마음대로 대할 수 있다는 특권 의식을 갖게 해서는 안 된다. 부모가 아이에게 만족감을 주면서 다른 한편으로 적절한 제한을 두고 균형을 유지할 때, 아이는 자신이 세상을 소유한 게 아니라는 사실을 알게 될 것이다.

다음은 제한의 역할에 대한 몇 가지 생각들이다.

- 유아기 아이를 제한할 때는 일단 아이의 욕구를 충분히 채워 준 다음에 때때로 부모와 떨어지는 경험을 하게 한다.
- 아이가 걸음마를 할 시기에는 자신이 세상에서 으뜸이 아니라는 사실을 깨닫도록 아이에게 제한을 두는 일에 속도를 올린다. 제한 설정은 아

이가 십대를 지나는 내내 지속되어야 한다.

- 제한은 자신이 원하는 바가 좋은 것이더라도 그것을 가질 당연한 특권은 없다는 사실을 아이에게 가르쳐 준다. 아이는 원하는 것을 스스로 얻어야 한다. 아무리 원한다 해도 갈망만으로는 부족하다.
- 아이에게 공평하다는 것이 누구나 똑같아야 한다는 것을 의미한다면 삶은 공평한 것이 아님을 제한이 가르쳐 준다. 아이는 결코 다른 사람들과 똑같은 것을 소유할 수 없다. 어떤 사람은 더 많이 가질 것이고, 더러는 자신이 바라는 것보다 더 적게 가질 수 있다.
- 제한을 통해 아이는 자기 감정이 최우선이 아니라는 사실을 배운다.
- 아이는 당연히 제한에 저항한다. 이때 부모가 제한을 명확하게 지키면서 아이에게 공감하고 감정을 수용해 주는 것이 중요하다.
- 제한과 훈련을 통해 아이는 자신의 나쁜 성격을 깨달을 수 있다. 그럴 때 자신을 세상에서 죄 없이 희생당한 자라고 생각지 않게 된다.
- 제한을 통해 아이는 자신이 원하는 것 중 일부가 받아들여지지 않아도 살 수 있으며, 완전하지는 않지만 그 정도면 충분히 만족할 만하다는 것을 배우며 서서히 삶에 자신감을 갖게 된다.
- 제한을 통해 아이는 다른 사람들을 대하는 방법을 알게 된다. 충분히 사랑받는 가운데 제한을 경험한 아이는 적절한 인간관계를 갖게 될 것이다.
- 아이는 제한을 받는 가운데 자기 마음대로 할 수 없는 부분에 대해 슬픔을 느낄 것이다. 그 과정에서 포기를 배운다면 문제는 이제 해결된 셈이다.

아이에게 반드시 제한을 경험하게 하라. 그렇지 않으면 아이는 자신을 전능한 하나님인 양 생각하며 평생 짐을 지게 될 것이다. 그런 인생은 실패할 수밖에 없다.

품어 주기

품어 준다는 것은 아이가 제한에 대해 느끼는 감정을 극복하고 그 한계를 자신의 성품으로 내면화할 수 있도록 돕는 것이다. 제한 자체도 힘든 일이고 제한을 내면화하는 것은 더욱 힘든 일이다. 성경은 우리가 은혜 가운데 있지 않으면 계명의 율법이 우리에게 원수가 된다고 말한다(엡 2:14-15). 제한은 심술궂고 적대적이며 냉혹해 보이기까지 한다. 우리 중 누구도 사랑 없이 제한을 적절하게 실행할 수 없다.

그러므로 품어 준다는 것은 아이가 제한을 내면화할 수 있도록 돕기 위해 한계를 적절하게 체계화하고, 그 과정에서 사랑과 이해로 아이에게 공감하는 것이다. 아이들은 제한에 부딪히면 화를 낸다. 사람은 누구나 처음으로 "안 돼" 하는 상황에 처했을 때 배신감과 분노를 느끼며 반항한다. 제한을 적으로 보고 어떤 식으로든 저항한다.

그렇게 저항해서 제한이 제거된다면 자신이 제한보다 더 큰 존재라고 착각하게 된다. 그럴 바에야 애초에 아무 제한도 두지 않는 것이 낫다. 섣불리 제한을 두었다가 아이가 하나님 노릇을 하려는 시도에서 성공하면 자신이 세상을 지배하고 있다는 생각이 더 강화될 것이기 때문이다.

제한이 계속 유지되면 아이는 결국 지고 만다. 지속되는 제한의 힘이 아이의 으스대는 태도를 무너뜨릴 것이고, 이것은 아이에게 큰 상처가 된다. 이때 누군가가 아이가 겪는 분노를 슬픔이나 한탄 같은 것으로 전환할 수 있게 도와줘야 한다. 부모는 이런 일을 위로와 관심, 공감과 유대감으로 풀 수 있다. 다음과 같이 아이에게 공감하면서도 견고하게 바운더리를 지켜 나가야 한다.

- "힘들지? 나도 알아."
- "나도 공평하지 않다고 생각해."
- "나도 원하지 않는 일을 할 때 정말 싫단다."
- "네 입장은 이해해. 하지만 너는 갈 수 없어."
- "사는 게 힘들다. 그렇지 않니?"

부모는 이렇게 공감하면서 제한이 비록 적대적으로 느껴지더라도 부모가 자기 편이라는 사실을 아이에게 알려 줘야 한다. 이 과정을 통해 아이는 자신에게 필요한 것을 배울 수 있는 자질을 형성하게 된다. 사랑은 아이가 그런 제한을 내면화하는 데 도움이 된다.

많은 부모들이 아이에게 해줄 수 있는 일이 공감밖에 없기 때문에 아이가 상처와 분노의 감정을 견디도록 내버려두는 것을 무척 힘들어한다. 그렇다고 불편한 마음을 덜기 위해 아이에게 이렇게 말하지 말라.

- "엄마는 너보다 더 큰 상처를 받고 있어." (이럴 때 아이는 자기가 하고 싶은 일을 못하게 할 뿐만 아니라 자기를 이해하지 못하는 부모까지 두게 된다.)
- "너를 사랑하기 때문에 이렇게 제한하는 거야. 나중에 아빠에게 고맙다고 할 거다." (아이의 관심은 오직 현재에 있다.)
- "그리 나쁜 제한이 아니야. 요즘 네게 일어난 좋은 일들을 한번 생각해 봐."
- "오래 걸리지는 않을 거야. 잠깐이면 돼."

• "울지 마. 안 그러면 정말 제대로 울게 해줄 테다."

아이가 고통을 겪는 순간에 정말 필요한 것은 힘든 시간을 겪고 있음을 같이 느끼고 이해해 주는 것이다. 사랑과 제한을 적절하게 조화시킬 때 아이는 내면화된 제한과 행동 방식을 갖게 되고 특권 의식은 타격을 입을 것이다.

아이가 지금 자신이 원하는 수많은 것을 잃어버리고 있다는 사실을 기억하라. 아이는 자신이 세상의 지배자가 아니라는 사실을 배우면서 그동안 갖고 있던 인생관 전체를 무너뜨리고 있는 것이다. 그러므로 아이가 한동안 당연히 이런 현실에 저항할 것을 예상해야 한다.

미움받는 것을 견디는 용기

아이에게 미움받는 것을 못 견디는 부모는 아이의 특권 의식을 없애는 훈련을 시킬 능력이 없다. 사랑과 제한은 부모가 가져야 할 가장 중요한 자질이다. 다음으로 중요한 자질은 자녀에게 미움을 받고 나쁜 부모라는 소리를 들어도 견디는 능력이다. 최고의 부모인 하나님은, 누가 뭐라고 하든 그분이 옳다고 하는 일을 행하시며 그분의 자리를 지키신다. 그렇게 하지 않는다면 우주는 큰 혼란에 빠질 것이다.

욥기에서 볼 수 있는 가장 큰 교훈 중 하나는, 욥이 하나님을 어떻게 생각하든 하나님은 욥에게 보복하기 위해 그를 치지 않으셨으며, 여전히 하나님으로 존재하셨다는 것이다. 부모의 역할도 이와 똑같다. 부모는 아이와 유대를 가지면서 아이의 저항을 품어 줄 수 있어야 하며, 아이의 저항을 받았을 때 보복하기 위해 아이를 치지 않고 여전히 부모의 자리를 지켜야 한다.

"고맙습니다"라고 말하지 않을 때

"고맙습니다"라는 표현은 일찍부터 배워야 한다. "애야, 이럴 때 무슨 말을 해야 하지?"는 아이가 무언가를 받을 때 부모가 항상 옆에서 주의를 주며 하는 말이다. 사랑을 받으면서 일상적인 훈련을 받아 온 아이는 다음과 같은 이유로 자연스럽게 감사하는 마음을 갖게 된다.

- 훈련을 통해 아이가 갖고 있던 '당연한 권리'에 대한 생각이 제한된다.
- 반항과 잘못된 행동을 바로잡는 훈련을 통해 아이는 자신이 무고한 희생자가 아니라는 사실을 알게 된다.
- "죄송합니다"라는 말을 하도록 배웠다.
- 겸손하라는 가르침을 받았다.
- 부모가 아이에게, 또 부부 간에도 서로 "고마워"라는 말을 하며 좋은 본을 보여 줬다.

감사를 표현하는 것은 발달 과정에서 중요하다. 그런 표현을 하지 않으면 주의를 줘야 한다. 감사를 표현할 줄 모르는 아이는 그런 표현을 배울 수 있도록 제한을 줘야 한다. 그 아이는 '받는 것'을 당연하게 여기고 있는 것이다. 그런 행동은 다른 사람들에게 사랑받지 못하는 태도라는 점을 아이에게 가르쳐 주라. 그러나 죄책감을 강요하지 말고 아이와 함께 의견을 나누라.

- "네가 엄마에게 윗사람처럼 행동하면 받을 게 적어진단다."
- "'고맙습니다'라고 말하면 더 많은 걸 줄 수 있어."
- "네가 이미 받은 것에 감사한다는 걸 아빠에게 표현한다면 다른 것도 줄 수 있단다."
- "고마워할 줄 모르는 사람에게는 아무것도 해주고 싶지 않구나. 엄마가 준 것을 중요하게 여기지 않는다면 나는 더 이상 수고하고 싶지 않아."
- "너를 위해 부모가 당연히 이 일을 해야 하는 것처럼 생각하는 것 같구나. 이건 당연한 일이 아니야. 이 일이 네게 중요한 게 아니라면 우리는 그만두겠어."

부모가 베풀어 준 것들에 감사할 줄 모르고 당연하게 여기는 아이의 태도를 고치고 싶다면 부모의 바운더리를 표현해야 한다. 부모가 순교자가 된 느낌이라든지 너무 고통을 받아 스스로 불쌍한 지경이라고 생각된다면, 아이가 죄책감을 갖지 않고도 자신의 행동을 돌아볼 수 있게 부모의 감정을 표현하고 문제를 해결하라.

시기심과 소망 구별하기

아이가 소망하는 것을 얻도록 도울 때 부모는 보람을 느낀다. 아이가 원하는 어떤 일을 성취하거나 목표에 도달하도록 돕는 것은 얼마나 멋진 일인가. 열아홉 살 된 내 친구의 아들은 최근에 차를 구입했다. 그 아이는 그 차를 사기 위해 3년 동안 일하며 저금했다. 방과후와 여름방학 동안 일을 해서 돈을 모은 것이다. 아이와 부모는 내내 함께 계획하고 기도를 해오다가 드디어 차 살 돈을 마련했다.

그가 구입한 차는 취향에 맞게 스포츠 활동을 하기에 아주 좋았다. 그는 해변에서 친구들과 함께 구조대 활동을 하며 스포츠에 열중했다. 그 차는 그의 개성과 잘 맞았다. 이것이 아이와 부모가 함께 열심히 목표를 달성하려는 이유 중 하나다. 마침내 목표를 달성한 날에는 감사와 축하가 넘쳐났다.

내가 아는 또 다른 십대는 스스로 노력한 게 없는데도 어쨌든 새 차가 생겼다. 그 차는 아이의 개성과 아무 관계가 없었다. 아이의 부모는 자신들의 자만심을 채우고, 딸이 학교에서 다른 친구들보다 우위에 있음을 보여 주기 위해 차를 사 준 것이다. 아이가 그 차에 흥미를 잃기까지는 오랜 시간이 걸리지 않았다. 아이는 곧 다른 새로운 차를 원했다.

전자의 경우에 차는 마음 깊은 곳의 실제 소망에 대한 응답으로 구입한 것이고, 후자의 경우에 차는 시기심에 근원을 두고 구입한 것이다. 부모는 어떤 소망이 시기심에서 나온 것인지, 마음속에서 우러나온 것인지 판단해야 한다. 시기심에서 나온 소망이라면 무시하고 진짜 소망이라면 이루도록 도와줘야 한다. 마음 깊은 곳의 소망은 오랫동안 바라 온 것이며 이루어진 뒤에도 오랫동안 소중한 것으로 남는다. 반면에 시기심에서 나온 소망은 순수하지 못하며 비교하기를 좋아하고 만족하는 시기도 그리 오래 가지 못한다.

잠언은 이렇게 말한다. "소원을 성취하면 마음에 달아도 미련한 자는 악에서 떠나기를 싫어하느니라"(잠 13:19). 시기심에서 비롯된 강한 욕망은 더 많이 가지려는 끝없는 갈망이다.

부모가 감당할 일

아이가 자기 밖의 세계를 바라보며 자신이 원하는 것을 본다는 것은 좋은 일이다. 소망을 가진 아이는 스스로 노력할 것이기 때문이다. "고되게 일하는 자는 식욕으로 말미암아 애쓰나니 이는 그의 입이 자기를 독촉함이니라"(잠 16:26). 자기가 가진 능력, 소유한 것 또는 기술을 바라보면서 아이가 자신의 부족함에 대해 슬픔을 느끼는 것 또한 좋은 일이 될 수 있다. 결핍을 느낄 때 아이는 목표를 이루기 위해 행동하려는 동기가 생긴다. 그런 과정을 통해 아이는 시기심과 소망의 차이를 배운다. 소망은 아이를 노력하게 만드는 반면에 시기심은 아이의 내면을 불타게 할 뿐이다.

적절한 제한과 바운더리를 갖고 있다면 부모는 아이가 간절히 원하는 소망에 공감하게 될 것이며, 그 목표를 달성하도록 아이와 함께 계획을 세우고 아이를 격려할 것이다. 아이가 가진 시기심의 욕망에 부모가 굴복하지 않으면 아이에게 삶에서 배워야 할 귀중한 교훈을 가르친 것이다. 아이의 부족함은 아이의 문제다. 아이가 자신의 삶에 만족하지 않는다면, 하나님께 계속해서 기도하고 자신의 삶을 향상시키기 위해 노력하면 된다. 아이가 열심히 재능을 키우고자 할 때 하나님이 그와 함께하시며 더 많은 것을 주신다는 것을 깨달아야 한다(마태복음 25장 14-30절의 '달란트 비유'를 보라).

시기심에 지배당하지 않는 사람의 생각은 이렇게 진행된다. "내가 원하는 것이 뭔지 알았어. 하지만 나의 현재 상황은 별로 좋지 않아. 그게 문제야. A에서 B 지점으로 가려면 어떻게 해야 하지? 기도하면서 하나님의 말씀을 듣는 게 좋겠어. 그런데 내가 원하는 것을 이루는 데 장애가 되는 게 뭘까? 목표를 달성하기 위해 내게 필요한 게 뭔지 알아야겠어."

아이를 움직이게 만드는 중요한 동기는 그러한 욕구와 갈망이 바로 자신의 문제임을 인식하는 데서 나온다. 아이는 도움을 구하거나 기도할 것이며, 목표를 위해 무언가를 배우는 등 필요한 어떤 일이든 하려 할 것이다.

그러나 하나님 앞에서 아이의 능력 부족이나 그에 대한 해결책은 어디까지나 아이 자신의 문제다. 아무도 그 문제를 대신 해결해 주면 안 된다. 아이는 이런 과정을 겪으면서 자신이 정말 원하는 것을 찾고 목표를 이루기 위해 하나님께 힘과 재능과 능력을 구해야 한다. 아이는 자기가 원하는 길을 가면서 필요한 도움이나 배움을 얻기 위해 자신이 속한 공동체에도 손을 내밀게 될 것이다.

역설

시기심은 인생에서 커다란 역설을 보여 준다. 시기심이 많은 사람들은 자신은 모든 것을 받을 자격이 있다고 생각하지만 결국 아무것도 얻지 못한다. 그들은 자신에게 속한 것을 소중히 여기지 않고 제대로 소유할 능력도 없으며 감사히 여길 줄도 모른다. 아직 소유하지 못한 것들이 그들의 마음을 소유하고 있기 때문이다.

시기심의 근본은 교만이다. 그것은 자기가 하나님이며 세상이 자기에게 속해 있다고 느끼는 교만이다. 그러나 야고보가 말한 것처럼 교만한 자는 결과적으로 모든 것을 잃고 만다. "하나님이 교만한 자를 물리치시고 겸손한 자에게 은혜를 주신다 하였느니라"(약 4:6).

겸손한 사람들은 특권 의식을 깨뜨려 버린 사람들이다. 그들은 자신이 갖고 있는 것에 대해 겸손하며 감사하는 마음을 가진다. 이러한 태도를 보며 하나님과 다른 사람들은 그들에게 더 많은 것을 주고 싶어한다. 이것이야말로 역설이다. 시기하는 사람들은 더 많은 것을 원하지만 더 적게 얻고, 감사하는 사람들은 이미 가진 것에 감사하는 가운데 더 많은 것을 얻는다.

아이가 은혜에 감사하는 겸손한 사람으로 자라도록 도우라. 교만이라는 샌드위치를 삼키다가 목에 걸릴 수 있는데, 그때는 오직 충분한 사랑으로만 내려가게 할 수 있다는 것을 기억하라. 그럴 때 아이는 자신의 문제를 적극적으로 해결하기 위해 바쁘게 움직일 것이다. 그것이 바로 우리가 다음 장에서 다루려는 내용이다.

12.

행동의 법칙: 시동을 걸라

나(존)는 대학을 졸업하고 텍사스의 한 고아원에서 2년 동안 일한 적이 있다. 6-8세 아이들이 작은 집에서 부모 역할을 하는 사람들과 함께 살았다. 부모 역할자들은 대부분 스트레스가 아주 심하기 때문에 서로 휴식 시간을 갖기 위해 순번에 따라 교대 근무를 했다. 우리는 모두 가까이에서 살았기 때문에 서로를 잘 알고 있었다.

부모 역할을 처음으로 맡은 나는 부모 역할의 유형에 차이가 나는 것을 관찰할 수 있었다. 유형은 양극단으로 나뉘었다. 먼저 '가장 좋은 친구형'이다. 그들은 아이에게 호감을 얻는 것을 우선 과제로 삼았다. 아이들과 이야기를 많이 나누고 자기 차에 태워 여러 재미있는 곳으로 데리고 다녔다. 한편 그들은 아이들과 우호적인 관계를 유지하는 데 신경을 썼기 때문에 단호하게 대처해야 하는 상황에서는 힘들어 했다. 검

사 날이 되면 그들이 맡은 가정은 항상 혼란스러웠다. 설거지나 식사, 청소 같은 자질구레한 집안일들은 모두 부모 역할자의 몫이었다. 아이들은 즐겁고 친밀하게 지냈지만 게을렀다. 그저 소파에 앉아 텔레비전을 보면서 많은 시간을 보냈다.

부모 역할자의 또 다른 유형은 '열성적 통치형'이다. 그들은 군대의 훈련 조교처럼 행동했다. 하루 종일 명령으로 일관했으며 문제가 생기기도 전에 벌칙을 정해 놓고 아이들에게 계속해서 일을 시켰다. 그들이 맡은 가정은 모든 것이 잘 돌아가며 깨끗했다. 아이들은 불만이 많았으나 어쨌든 맡은 일을 해냈다. 십대들은 자주 반항하며 도망쳤다. 그것 말고는 전체적으로 상당히 활동적이며 일사 분란했다.

가장 바람직한 부모 역할자는 양쪽의 중간 입장을 취하는 사람들이다. 그들은 아이들과 관계를 잘 유지하면서 조직력도 갖추고자 했다. 이 방법이 성공할 수 있는 열쇠는 다음의 규칙에 있다. "존경심이 친밀감보다 앞설 때 능동적인 자세가 나온다. 친밀감이 존경심보다 앞설 때 수동적인 자세가 나온다." 친밀감은 긍정적인 감정을 불러오지만 한편으로는 게으름도 불러온다. 친밀한 가정에서 아이들은 맡은 일을 해야 할 때가 되면 부모 역할자를 끝없이 미워했다. 반면에 존경심에서 출발한 부모 역할자들은 아이들을 적극적으로 움직이게 할 수 있었다. 그런 아이들은 조금만 칭찬해 줘도 즐거워했으며 부모 역할자들을 존경했다.

성경은 부모와 아이의 성장에 대해서도 똑같은 사실을 가르쳐 준다. 본래 사람들은 자기 중심적이며 책임이 필요한 일에 수동적이다. 그런 사람들의 주의를 끌기 위해서는 법(제한과 대응)이 필요하다. 율법은 불법한 자들을 위해 세운 것이다(딤전 1:9). 우리는 하나님이 아니며 수동적으로 행동하면 고통을 겪게 될 것이라는 사실을 알 때 비로소 부지런하게 살게 된다. 우리가 그렇게 행동할 때 하나님은 우리를 도우며 격려하는 은혜를 주신다.

능동성이라는 선물

부모가 아이에게 줄 수 있는 가장 큰 선물은 모든 일을 능동적으로 하려는 성품을 심어 주는 것이다. 능동성이란 선물은 어떤 일을 솔선해서 자발적으로 행동하려는 태도다. 아이는 자기 문제를 해결하고 요구에 응답하는 것은 항상 자기가 해야 하는 일이지 다른 누구도 대신해 주지 않는다는 것을 알아야 한다.

생존하고 성공하기 위해 우리는 능동적으로 살아야 한다. 아기가 세상에 태어나 첫 울음을 터뜨리는 것조차 다른 누군가가 대신해 줄 수 있는 일이 아니다. 부모는 아이의 울음 소리를 들을 때 비로소 자신의 역할을 떠올리며 아이의 욕구에 응하게 된다. 인생을 살아가는 동안 아이는 모든 필요한 것들을 (특히 어린 시절에) 보호자에게 의존한다. 그렇더라도 자신에게 닥친 어려운 문제를 해결하기 위해 적극적으로 나서고 책임져야 할 사람은 바로 아이 당사자다. 의지하는 것과 수동적인 자세를 혼동하면 안 된다.

우리는 모두 하나님과 다른 사람에게 삶을 능동적으로 의탁하도록 지음받았다. 능동성을 자급자족과 혼동하지 말라. 능동적인 사람들은 매사를 혼자 힘으로 해내려고 하지 않는다. 능동성이란 자신이 할 수 있는 일을 다하면서 완전해지기 위해 자신의 부족한 점을 적극적으로 찾아나서는 것을 말한다. 성경은 이것을 하나님과 우리의 협력이라고 가르친다. 우리는 우리의 일을 하고, 하나님은 하나님의 일을 하신다. "항상 복종하여 두렵고 떨림으로 너희 구원을 이루라 너희 안에서 행하시는 이는 하나님이시니"(빌 2:12-13). 아이는 자신의 요구 사항을 적극적으로 알려야 하며, 나쁜 것에는 저항하고 우정을 지키며 공부나 다른 일들을 해야 한다. 아이가 점점 더 성숙해지면서 삶의 짐도 점점 더 무거워질 것이다.

능동적인 아이는 바운더리에 적절하게 대응하는 법을 배우는 이상적인 기회를 포착한다. 길들여지지 않은 야생마처럼 아이는 자기 자신만이 아니라 현실에 주목해야 한다는 사실을 배울 때까지 부모가 제시하는 제약이나 벌칙에 계속 발길질을 할 것이다. 그러나 아이는 삶 속에서 몇몇 호된 주인들을 만나고, 마침내 하나님의 현실 앞에 무릎을 꿇으며 자신의 공격성을 길들이기 시작한다. 현실에서 용납되는 다른 건설적인 것으로 바꾸는 것이다.

하나님의 선물인 능동성은 아이에게 많은 유익을 가져다준다. 능동성은 다음과 같은 일들을 가능하게 한다.

- 실패나 자기 행동의 결과로부터 적절하게 행동하는 방법을 배운다.
- 자신의 문제와 욕구는 스스로 해결해야 한다는 것을 깨닫는다.
- 자기 삶을 통제하고 제어하는 능력이 발달한다.
- 자신을 돌볼 사람은 자기밖에 없다는 것을 깨닫는다.
- 위험한 상황이나 인간관계를 피할 수 있게 된다.
- 편안함과 지원을 얻을 수 있는 관계를 맺는다.
- 하나님과 다른 사람들과 지속적인 관계를 맺기 위해 의미 있고 생산적인 방향으로 사랑이나 감정을 키워 간다.

성경은 능동성의 원칙을 여러 차례 강조하고 있다. 우리는 매일 자신의 십자가를 져야 한다(눅 9:23). 근면해야 한다(잠 12:24). 하나님나라와 그의 의를 구해야 한다(마 6:33). 도움이 필요했던 과부처럼 하나님의 문을 두드려야 한다(눅 18:1-5). 얻고 싶은 것을 구해야 한다(약 4:2). 하나님은 스스로 문제를 해결하고 솔선수범하는 분이시다. 따라서 그분의 형상을 따라 창조된 우리도 그래야 한다.

능동적인 아이들의 장점이 때로는 부모가 이해하기 힘든 모습으로 나타날 수 있다. 자녀와 바운더리에 대한 주제로 강연을 할 때, 어떤 엄마들은 이런 문제로 도움을 구한다. "아무리 바운더리를 세워도 아이가 바운더리를 자꾸 어겨요. 어떻게 해야죠?"

이에 대한 답은 이렇다. "그런 일들은 당연히 일어납니다. 당신은 부모입니다. 바운더리를 세우고 아이가 그것을 어길 때는 사랑으로 대응하는 가운데 바운더리를 강조하는 것이 부모의 역할입니다. 그것이 당신이 할 일입니다. 자녀는 어린아이입니다. 아이 또한 자신의 역할이 있습니다. 자신의 능동적인 공격성으로 주어진 바운더리를 여러 차례 시험해 보는 것이 아이가 하는 일입니다. 그 과정에서 아이는 현실과 관계와 책임감에 대해 배워 갈 것입니다. 하나의 멋진 훈련 체계라고 할 수 있죠."

수동성의 문제

활발하지 않고 반응이 없는 상태, 즉 수동적인 성향은 능동적이고 자발적인 성향의 반대 개념이다. 아이의 수동성은 바운더리 발달에 큰 장애가 된다. 수동적인 아이들은 항상 누군가를, 또는 무언가를 기다리며 산다. 수동적인 아이는 더 이상 자기 삶을 스스로 관리하는 법을 배울 수 없다. 자기 대신에 움직일 누군가에게 통제권을 넘겨 버린다.

수동적인 아이는 시도하다가 실패하면 그 과정을 바운더리를 배우는 기회로 활용하지 못한다. 그들은 결코 모험을 하지 않고 실수도 하지 않는다. 그러니 그에 따른 성장도 없다. 그런 아이들은 모범생처럼 보일 때가 많다. 옆에 있는 사람도 그 아이의 실제 모습을 알아차리기 힘들다. 수동적인 아이는 친구를 잘 사귀지 못하고 흥미와 열정을 쏟을 대상을 찾는 데 어려움을 겪는다. 그냥 어울리기 위해 친구들을 따라다니는 정도다. 그러다 보니 활동적인 친구들의 영향과 지배를 받기 쉽다. 자기 삶을 살지 못하는 것이다.

수동성 때문에 삶의 틈새에 끼어 오도가도 못하는 아이들을 생각하면 항상 슬프다. 그들도 자라고 늙고 죽는다. 다른 사람에게 깊은 감동을 받는 일도, 자신이 감동을 주는 일도 없이 그렇게 살다가 죽는다. 자신이 가진 수동성 때문에 이도 저도 아닌 상태로 살도록 길들여져 버린 것이다. 이 얼마나 비극적인 인생의 낭비인가!

수동적인 자세는 결코 미덕이 아니라 약점이다. 악은 능동적인 바운더리가 없을 때 자란다. 수동적인 인간은 악에 저항하지 않음으로써 자신도 모르게 악에 동조하는 자가 된다. 악마는 수동적인 사람들이 제공하는 기회를 호시탐탐 노린다(엡 4:27). 하나님은 뒤로 물러서는 사람을 기뻐하지 않으신다(히 10:38).

달란트의 비유에서도 주인은 두려움 때문에 자신의 달란트를 투자하지 않은 종에게 노한다(마 25:24-28). 수동성과 인내심을 혼동하지 말라. 인내심은 말 그대로 하나님을 위해 그분의 일을 하는 데 있어 우리의 충동성을 자제하는 긍정적인 특성이다(약 5:8).

능동성과 수동성에 관한 성경의 메시지는 해병대의 다음 지침과 통한다. "나쁜 결정이 아무 결정도 내리지 않는 것보다 낫다." 이것은 동일한 조건 아래에서 능동적인 아이가 수동적인 아이보다 훨씬 더 빨리 배우고 성숙할 수 있다는 의미다. 이것은 부모가 갈고 닦아야 할 원자재가 더 많다는 의미다.

수동적인 아이에게 어떻게 할까?

수동적인 아이를 둔 부모는 이중의 문제를 안고 있다. 얌전해 보이는 아이도 다른 아이들과 똑같이 무책임과 부모의 바운더리에 저항하는 문제가 있다. 이런 아이들이 더 어려운 이유는 바운더리를 배우는 과정 속으로 끌어들이기가 더 힘들기 때문이다.

아이들이 보여 주는 수동성의 예를 몇 가지 들어 보겠다.

- 늦장부리기. 아이는 가능한 한 마지막 순간까지 부모의 말에 반응하지 않는다. 숙제를 최대한 늦게 끝내고, 학교나 다른 모임에 갈 때면 꼭 부모를 기다리게 만든다. 음악 소리를 낮춘다든지 식탁을 차린다든지 하는 일을 시키면 굼뜨기가 한이 없다. 자기가 하고 싶은 일은 순식간에 끝내지만, 그렇지 않으면 세월아 네월아 한다.
- 무시하기. 부모가 타이르면 장난감이나 책만 들여다본다든지 딴생각을 하며 못 들은 척하거나 무시한다.
- 모험심과 자발성의 결여. 새로운 친구나 스포츠 또는 예술 매체를 접하는 새로운 경험을 피하고, 익숙한 행동이나 활동만 하려고 한다.
- 공상의 세계에서 살기. 현실에 뛰어들기보다는 자기 안으로만 파고드는

경향을 보인다. 무언가 자기 생각에 빠져 있을 때 더 행복하고 생동감이 있어 보인다. 문제나 불편함의 징후가 보이면 그 자리에서 움직이지 않는다.

- 수동적으로 반항하기. 부모의 요구에 멍하거나 가라앉은 표정을 지으며 가만히 있는 식으로 반항한다. 화가 났거나 부모의 권위를 무시하는 게 분명한데도 아무 말도 하지 않는다.
- 혼자 있기. 자기 방에서 나오려 하지 않고 다른 사람들과의 접촉을 피한다. 부모에 맞서 싸우기보다는 같은 공간에 있지 않는 방식으로 반항한다.

수동적인 아이가 나쁘거나 사악하다는 것은 아니다. 그 아이는 단순히 자발성, 자제력 또는 주인 의식 등을 배우는 데 불리한 삶의 방식을 갖고 있을 뿐이다. 수동성의 문제는 아이들마다 다르다. 아이들은 다양한 이유로 수동성의 갈등을 겪는다.

몇 가지 기본적인 요인을 살펴보면 다음과 같다. 다음 사항들을 살펴보면서 수동적인 아이가 자신의 바운더리를 형성해 가는 것을 어떻게 도울지 생각해 보자.

두려움

아이가 잠재해 있는 두려움과 걱정 때문에 자발적으로 행동하지 못하거나 반응이 없는 것인지도 모른다. 두려움에 사로잡힐 때 아이는 삶에 도전적인 태도를 갖지 못하고 방어적이며 소극적인 태도를 갖는다.

- 폐쇄성. 어떤 아이들은 다른 사람과 가까워지는 것을 두려워하며 그들

에게 상처를 입을까 봐 두려워한다. 그런 아이들은 다른 아이들과 있을 때 수줍어하고 움츠러들며 자신이 드러나는 상황을 피하려고 한다. 이런 태도를 '학습 스타일'이나 '성격 유형'으로 간주하면 안 된다. 천성적으로 다른 아이들보다 더 수줍어할 수는 있지만, 이 아이들 역시 다른 사람들과 관계 맺는 법을 배워야 한다. 학교, 교회, 스포츠, 예술, 그 밖의 사회 활동을 평소에 익숙한 가족의 삶으로 끌어들이라. 아이와 관계된 사람들 사이에는 끼어들지 말라. 대신에 아이가 그들을 만나기 전후로 아이와 함께하라. 그럴 때 아이는 그 만남에 대해 부모에게 이야기할 것이다.

- 갈등. 어떤 아이들은 별 문제가 없을 때는 사람들과 관계를 잘 맺으며 활동적이다. 그러나 누군가가 화를 내거나 갈등이 생기면 금세 수동적이 된다. 이런 아이들은 다른 사람의 분노나 신체적 위해를 두려워할 수 있다. 이 아이들에게 다시는 그런 고통을 겪지 않게 해주겠다고 약속하지 말라. 그러나 부모가 도울 수 있는 한 그들이 상처 입도록 내버려두지 않는다는 확신을 주라.

  갈등과 고통을 보편화해야 한다. 한 친구가 자기 딸을 태권도장에 매주 데리고 다닌 이야기를 해줬다. 처음 몇 주 동안은 딸이 아빠 없이 도장에 들어가지 않으려고 해서 당황했다고 한다. 그러나 그는 딸에게 말했다. "석 달은 다녀야 해. 그 기간 안에 다른 선택은 할 수 없어. 네가 좋아하든 싫어하든 나는 너를 여기에 계속 데리고 올 거야. 석 달 후에는 더 다닐지 말지 네가 선택하렴." 석 달이 지날 무렵 딸은 다음 단계의 띠를 땄고 도장에 계속 다니기로 결정했다. 갈등은 큰 문제가 아니며 얼마든지 극복할 수 있음을 아이에게 가르치라.

- 실수. 요즘 많은 아이들이 완벽주의 때문에 고통을 받고 있다. 실수를

두려워하는 아이는 자발적으로 행동하지 못하고, 그로 인해 실수할 기회도 없다. 따라서 실수를 통해 배우는 기회조차 잃는다. 다시 말하지만 누구나 실수를 할 수 있고, 실수 때문에 부모의 사랑을 잃는 일은 없다는 사실을 아이가 알아야 한다. 그러자면 부모가 아이 앞에서 실수할 수도 있고, 자기 실수에 대해 웃을 수도 있어야 한다.

나와 가까운 한 가족은 실수를 잘 한다. 함께 저녁 식사를 할 때 그들은 각자가 성취한 일을 자랑하지 않는다. 대신에 자신들이 겪은 위험이나 실패담, 친구에게 한 실수 등을 이야기한다. 그 집의 아이들도 마찬가지다. 그들은 실수를 친구로 생각한다.

목표 설정 능력의 부족

욕구와 목표는 아이가 자신의 무력증을 극복하는 데 도움이 된다. "소원이 이루어지는 것은 곧 생명 나무니라"(잠 13:12). 아이는 갈등과 마주칠 때 종종 수동적인 자세를 취하며 가라앉는다. 게을러서가 아니라 자신이 원하는 것을 얻기 위해 어디로 나아갈지 몰라서 힘들어하는 것이다. 이런 아이는 좌절했을 때 견디는 힘이 대개는 낮은 편이다. 첫 학기에 숙제를 못 내면 당황해서 아예 포기하기도 한다. 친구와 갈등이 생기면 관계를 끊어 버리고 집에만 있으려고도 한다.

아이가 해야 할 일을 피하려고 할 때 이를 허락함으로써 배움의 기회를 잃지 않도록 하라. 가정은 아이가 삶의 현장에서 도망쳐 숨는 장소가 되면 안 된다. 아이에게 집안일을 시키거나 인간관계 기술 등을 익힐 것을 요구하라. 부모가 도와주겠다고 하라. 크고 작은 집안일들, 즉 요리나 청소, 장 보기, 마당 치우기, 집 수리 등은 아이가 성취에 대한 자신감을 키워 가는 데 도움이 된다. 그 일을 통해 아이는 자신이 홍

미를 느끼는 분야에서 목표를 정하고 노력을 시작할 수 있다. 설거지와 과학 숙제 중 하나를 선택하게 하라. 이 얼마나 좋은 선택의 기회인가.

'엄마 아빠는 다 알겠지' 하는 기대
아이는 자기가 아무 말을 하지 않아도 엄마 아빠가 자기에 대해 다 안다고 생각할 수 있다. 그래서 자기가 원하는 것에 대해 부모가 묻지 않거나 잊어버리거나 왜 기분이 좋지 않은지 이해하지 못하면 우울해 한다. 이런 현상은 아주 어린 아이나 부모로부터 떨어져 홀로 서기를 하는 데 문제가 있는 아이에게서 찾아볼 수 있다. 유아에게는 무엇이 필요한지 예측할 수 있는 엄마가 필요하다. 그렇지 않다면 아기의 생명은 위험해진다. 그러나 아이들은 자라 가면서 점차 자신에게 무엇이 필요한지를 주위에 정확히 알려야 한다.

　부모가 아이에게 필요한 것을 채워 주고 그의 문제 해결을 도우려 한다는 사실을 아이로 하여금 알게 하라. 그와 동시에 아이에게 이렇게 말하라. "아빠는 너를 사랑하지만 네 마음까지 읽을 순 없단다. 원하는 것을 말하지 않으면 너는 어떤 응답도 받을 수 없어. 그건 슬픈 일이지. 하지만 네가 도움을 요청한다면 내가 할 수 있는 일을 할게."

복합적인 수동성
수동적인 아이들 중 어떤 아이들은 모든 면에서 내성적인 성격을 보이지는 않는다. 그런 아이들은 어떤 부분에서는 공격적이지만 다른 부분에서는 별 반응이 없다. 예를 들어 한 남자 아이가 기능적인 면에서는 능동적일 수 있다. 즉 그 아이는 좋은 성적을 얻으며 집에서는 책임감도 있다. 그러나 밖에 나가 친구와 관계를 맺거나 지속하는 일에는 수동적이며 소외될 수도 있다. 또 학교 성적은 아주 우수한 학생이 집안일에는 손가락 하나 까딱하지 않을 수도 있다. 이런 아이들은 살아가는 데 꼭 필요한 능동적이며 단호한 요소를 갖고 있다. 그러나 갈등이 있는 삶의 영역에서 자발성을 발휘하려면 부모의 도움이 필요하다. "그게 제가 살아가는 방식이에요", "전 원래 그래요"라는 말에 넘어가지 말라. 하나님의 형상을 닮아 성숙해 간다는 것은 삶의 모든 영역에서 골고루 노력하는 것을 의미한다. 아이의 재능 있는 부분만 키워서는 절대 안 된다.

이때 자녀에게 적용되는 규칙은 "문제가 있는 부분에서 실제로 노력해야 필요한 것을 얻을 수 있다"는 것이다. 친구를 사귀는 데 어려움을 느끼는 아이는 용돈을 받기 위해, 저녁에 놀이 시간을 늘이기 위해, 좋아하는 텔레비전 쇼를 보기 위해서라도 일주일에 한 번은 친구들을 만나 같이 밥을 먹거나 축구를 해야 한다. 달콤한 디저트를 먹기 위해서는 싫더라도 먼저 야채를 먹어야 한다는 것이 삶이 우리에게 주는 가르침이다.

게으름

아이들은 인생에서 게으른 입장에 있기 때문에 때로 수동적인 모습을 보인다. 그들은 남을 배려하는 착한 아이일 수 있으나 미래에 대한 불안이 거의 없다. 우리를 일터로 가게 하고 관계를 돌아보게 하며 차가 고장나지 않도록 미리 준비하게 하는 불안 말이다. 아이들은 미래를 걱정하지 않는다. 앞으로 자신에게 일어나는 어떤 문제도 다른 사람이 해결해 줄 것이라고 믿는다. 그들에게는 자신의 일이 어떤 결과를 가져오는지에 대한 두려움이 없다.

일반적으로 가장 게으른 아이들의 뿌리는 능력 있는 부모들에 닿아 있다. 아이가 게으름을 부리는 데 부모가 한 몫을 거들고 있는 것이다. 부모는 깨닫지 못할지도 모르지만 아이의 성숙도나 능력에 비해 아이에게 너무 적은 것을 요구하기 쉽다. 아이에게 안락한 삶을 제공하는 것은 아이가 앞으로 겪게 될 삶을 준비하는 데 전혀 도움이 되지 않는다. 예를 들어 실제로 아이가 집안일을 얼마나 거들고 있는가? 아이가 학교와 가정에서 한 일에 따라 용돈을 주고 있는가? 아이가 이 모든 일들을 스스로 나서서 하기를 기다리기만 해서는 안 된다. 아이가 이런 일들을 잘 해낼 수 있도록 시스템을 만들고 그에 따른 대응책도 세우라.

내 친구는 부유한 가정에서 자라 지금은 세 아이의 엄마가 되었다. 그녀는 아이들에게 집을 깨끗이 치우라고 시키는 것이 정말 전쟁 같다면서 이렇게 털어놓았다. "나는 이런 건 생각도 못 해봤어. 내가 옷을 벗어 바닥에 던져 놓으면 일하는 사람들이 깨끗하게 걸어 놓았거든. 그런데 세 아이의 엄마가 되고 보니 아이들마다 옷을 벗어서 바닥에 던져 놓는 게 얼마나 끔찍한지 몰라. 그 사실을 어릴 때부터 진작에 알았더라면 얼마나 좋았을까?"

게으른 아이인 동시에 착하고 능동적이며 책임감 있는 학생이 되기란 힘들다. 다른 부모들에게 자신의 이야기를 해보고, 아이에게 너무 많은 것을 해주고 있는지 또는 너무 적게 해주고 있는지 물어보라. 아이들이 사실은 얼마나 많은 일을 할 수 있는 능력이 있는지 알면 놀랄 것이다.

부모가 그런 식으로 훈련시키는 한 아이는 수동적일 수밖에 없다는 것을 기억하라. 특히 게으른 아이에게는 성품의 발달과 관련된 다음의 격언을 적용해야 한다. "고통 속에 머무는 것이 변화로 인한 고통보다 클 때 비로소 변화가 일어난다." 성경에 이런 말씀도 있다. "게으른 자의 욕망이 자기를 죽이나니 이는 자기의 손으로 일하기를 싫어함이니라"(잠 21:25). 바로 오늘 아이에게 제한을 두고 게으름이 가져올 결과를 정해 아이가 이런 애석한 일을 겪지 않도록 하라.

특권 의식

아이들에게 나타나는 수동성의 주요 원인은 특별 대접을 요구하는 특권 의식에서 시작된다. 그런 아이들은 자기는 원래부터 특별한 대접을 받을 권리가 있다고 생각한다. 자기가 원하는 것을 다른 사람들이 들어 줄 것을 기대하고, 자기가 가진 것에 만족할 줄 모른다. 이 모든 것을 당연하게 생각하기 때문이다.

모든 아이들은 어느 정도 특권 의식을 갖고 있다(11장에서 다룬 '특권 의식'에 관한 논의를 보라). 인간은 타락한 이후 자신이 하나님이 아니라는 현실을 견디지 못하고 이를 바꾸기 위해 애써 왔다. 아이의 내면에 잠재된 이런 성향에 부모가 굴복하면 아이가 앞으로 살아갈 현실을 준비하지 못하게 하는 것과 같다. 아이는 커서 세상에 환멸을 느끼고 맡은 역할을 제대로 해내지 못하거나, 자신의 자만심을 어루만져 주고 현실의 방패가 되어 줄 사람과 결혼하려고 애쓸 것이다.

엄마 신시아는 열여섯 살 아들 션에게서 수동적인 성향을 발견했다. 션은 잘생기고 머리가 비상하며 친구들도 많다. 그러나 그는 고등학교뿐만 아니라 직업훈련 학교에서도 출석 일수와 성취도 부족으로 낙제를 했다. 신시아는 션의 수동성이 학교에서 충분히 자극을 받지 못한 것과 게으름 때문이라고 생각했다.

그러던 어느 날 불쑥 정체를 드러낸 션의 특권 의식에 신시아는 충격을 받았다. 션이 스쿨버스를 놓치는 바람에 신시아가 션을 학교까지 차로 데려다줘야 했다. 신시아는 직장에 양해를 구하고 잠깐 나왔다. 학교로 가는 차 안에서 신시아는 아들의 계속되는 수동적 성향을 걱정하며, 그 때문에 가족들이 치러야 하는 피곤함에 대해 이야기했다. 이번 일만 해도 엄마 일에 얼마나 지장을 주었는지 말하고 있을 때, 션이 갑자기 태도를 바꾸며 이렇게 말했다. "엄마니까 나를 학교에 데려다주는 게 당연해요. 나는 아직 아이잖아요. 나는 그럴 권리가 있다고요."

신시아는 그 자리에서 차를 세웠다. 그리고 차 문을 열고 말했다. "그래, 너는 아이야. 하지만 아이라고 해서 모든 것을 당연하게 받을 자격이 있는 건 아니야. 나중에 집에 돌아와서 다시 생각해 보자." 션은 차에서 내렸고 학교까지 남은 거리를 걸어가야 했다. 션은 화가 났다. 그러나 오후에 집에 돌아올 무렵에는 엄마와 이야기를 나눌 준비가 되어 있었다.

신시아는 화가 치밀어 충동적으로 행동한 것을 후회했다. 그러나 그 행동은 적절하지 않았다 하더라도 션이 자기도 모르게 갖고 있던 특권 의식을 드러내고, 그것이 본인에게 좋지 않다는 사실을 깨닫는 계기가 되었다. 덕분에 션은 특권 의식을 극복하는 방향으로 한걸음을 내딛게 되었다.

특권 의식에 대한 하나님의 해결책은 겸손이다. "오직 겸손한 마음으로 각각 자기보다 남을 낫게 여기고"(빌 2:3). 아이는 어떤 것이라도 당연히 받을 권리가 있어서 받는 것이 아니라는 사실을 알아야 한다. 설령 그 요구가 정당하더라도 말이다. 사실 최악의 운명이 주어진다 하더라도 우리는 받아들여야 한다. 우리는 모두 죄인이기 때문이다(롬 3:23). 모든 아이들이 그러하듯 아이는 많은 것들을 필요로 한다. 그러나 아이는 그것들을 스스로 마련해야 한다. 자녀의 수동성이 특권 의식에 기인한 것이라면 부모는 아이에게 현실적으로 필요한 것은 채워 주되 당당하게 요구하는 아이의 태도는 허용하지 않는 방식으로 그의 특권 의식을 깨뜨려야 한다. '특별한' 사람은 사랑을 받을 수 없다. 사랑은 자신의 좋은 면뿐만 아니라 나쁜 면까지 상대방에게 보여 줘야 하는데, '특별한' 사람은 그의 좋은 면에 대해서만 칭찬을 받을 수 있기 때문이다. 사랑을 받고 싶다면 뭇사람에게 칭찬을 받으려는 욕구를 포기해야 한다.

아이가 당연한 일을 했을 때 지나치게 칭찬하지 말라. "우리는 무익한 종이라 우리가 하여야 할 일을 한 것뿐이라 할지니라"(눅 17:10). 오히려 아이가 진실을 고백하거나 정직하게 잘못을 뉘우치거나 위험을 무릅쓰고 어떤 일을 시도하거나 마음을 열고 행동할 때 칭찬을 많이 해 줘야 한다. 아이가 능동적으로 책임감 있게 행동하며 자신의 특성을 키워 갈 때 역시 많이 칭찬해 줘야 한다.

의학적인 문제
아이들이 보이는 수동성은 때로 아이의 내면에 잠재된 정서적 혼돈의 한 증세일 수 있다. 예를 들어 정서적으로 억압을 당할 때 아이는 내적인 고통에 대처하느라 수동적으로 움츠러들 수 있다. 알코올과 환각 물질도 아이를 수동적으로 만든다. 이런 의심이 든다면 자녀 연령대의 아이를 많이 접하는 의사를 찾아가 임상적 의견을 들으라.

능동적인 아이로 기르기 위한 원칙들

아이의 천성이 수동적이든 아니든 부모는 아이가 인생을 탐험하고 가꿀 줄 아는 사람으로 성장하도록 도울 책임이 있다. 부모는 아이를 적극적으로 양육할 수 있는 최고의 해결사가 아닌가. 아이는 스스로 이 일을 못하면서도 도와주려는 부모의 노력에 감사하지 않을지도 모른다. 그러나 부모의 도움은 결과적으로 아이의 성품이 성장하는 데 큰 도움이 될 것이다. 다음은 이와 관련해 부모가 할 수 있는 일이다.

부모만이 아니라 적극적인 한 인간으로 행동하라

아이는 자신만의 삶을 살아가는 누군가를 모델로 삼아 내면화해야 한다. 자녀 중심으로 사는 부모는 아이에게 인생이란 부모 역할을 하는 것, 아니면 영원히 부모의 보살핌을 받는 것이라는 생각을 은연중에 심어 주게 된다. 부모도 부모만의 관심사가 있으며 아이와 연관되지 않은 관계가 있다는 사실을 아이가 알아야 한다. 필요한 것을 스스로 얻고 문제를 해결하기 위해 능동적으로 책임감 있게 행동하는 부모의 모습을 아이에게 보여 주라.

아이를 수동적으로 만드는 요소를 제거하라

아이가 져야 할 책임까지 대신 져주는 것을 부모의 사랑이라고 착각하지 말라. 자기 자신과 신뢰할 만한 주위 사람들에게 물어보라. 아이에게 집안일이나 적당히 힘든 일을 시킴으로써 아이의 성장 근육을 충분히 사용하고 있는가? 아이의 공부, 과제, 사회성, 영적 생활, 태도 등에 제한을 두는 것을 주저하고 있지 않은가? 아이와 갈등이 생기고 분란이 일어날까 봐 이 문제를 논의하는 것조차 두려워하고 있지 않은가? 나의 가정은 책임으로부터 도망치는 곳인가, 아니면 능동적으로 활동하며 성장하게 하는 곳인가?

　마흔이 된 내 친구는 한 가정의 남편이자 아버지인데 그의 어머니를 만나면 갑자기 수동적인 아이로 변한다. 어머니가 마실 것과 간식을 준비하는 동안 그는 소파에 앉아 텔레비전만 본다. 아내는 그 모습을 보고 그동안 왜 남편과 가사 일을 분담하는 게 그토록 힘들었는지 깨달았다. 내 친구의 '새로운 엄마', 즉 아내는 예전의 엄마와는 달랐던 것이다. 데살로니가후서 3장 10절을 기억하라. "누구든지 일하기 싫어하거든 먹지도 말게 하라." 사랑과 은혜는 공짜다. 그러나 그 밖의 것들은 수고해서 얻어야 한다.

자발적이며 적극적인 문제 해결을 요구하라

아이들은 부모가 모든 일을 다 해주기를 기대하는 경향이 있다. 그렇다고 부모가 그 일을 다 해주는 것은 부모의 잘못이다. 아이에게 이렇게 말하라. "미안하지만 이 일은 네 책임이야. 엄마는 네가 스스로 문제를 해결하면 좋겠어. 이해하기 힘들겠지만 이렇게 하는 것이 너를 돕는 길이란다."

　4-18세 아이들은 다음과 같이 말하는 경우가 부지기수다.

- "엄마, 내 신발 봤어요?"
- "아악, 방금 스쿨버스 놓쳤어요!"
- "아빠, 용돈이 떨어졌는데 영화 보게 다음 주 용돈을 미리 주시면 안 돼요?"

- "외출 금지요? 아, 열 받아. 말도 안 돼요."
- "엄마, 늦어서 미안해요. 그런데 저녁 반찬은 뭐예요?"
- "내일까지 과제물을 내야 하는데 시간이 없어요."

이 모든 말에 "그건 네가 할 일이야"라고 대답하라. 그리고 이런 습관을 고치는 데 오랜 시간과 노력을 쏟아붓게 함으로써 아이의 행동을 교정할 수 있다. 부모가 지나치게 적극적으로 아이의 일을 처리해 준다면 아이의 수동성만 한없이 커 갈 것이다. 아이가 자기 짐을 스스로 지고 가게 하라. 그것이 아이를 강인하고 인격적으로 성숙하도록 돕는 길이다. 부모는 하나님이 주지 않으신 짐까지 힘겹게 지고 가는 수고를 하지 않아도 된다.

사람들과 관계를 맺도록 가르치라

수동적인 아이에게 나타나는 부정적인 열매 중 하나는, 스스로 문제를 해결하지 못할 뿐만 아니라 그의 삶에 도움이 되라고 하나님이 보내 주시는 좋은 자원들도 받을 줄 모른다는 것이다. 수동적인 아이는 대개 다른 사람들과 관계 맺는 것을 피하려고 한다. 자기 일을 대신해 줄 누군가를 막연히 기다리기만 하지 나서서 도움을 청하지 않는다.

인간관계가 다음과 같은 일들을 제공한다는 사실을 아이는 알아야 한다.

- 정서적으로 고통당할 때 위안을 받을 수 있다.
- 외로움이나 불쾌함보다는 사랑받는 느낌이 든다.
- 자신 있게 살아가는 데 의지가 된다.

- 문제를 해결할 수 있는 정보를 준다.
- 성장에 도움이 된다.

좋은 인간관계는 그것을 적극적으로 구하는 사람들만 가질 수 있다. 아이를 따라다니며 "무슨 문제가 있니?" "없어요" 하는 밀당게임은 이제 그만 하라. 대신 이렇게 말하라. "네게 문제가 있는 것 같구나. 하지만 네가 도움을 청할 때까지 기다릴게."

열 살 난 딸아이를 쫓아다니며 밀당하는 것이 결코 딸을 돕는 것이 아님을 깨달은 한 아빠가 있다. 그는 딸이 무언가 문제가 생긴 것 같은 눈치여서 앞에서 말한 것처럼 딸에게 말해 줬다. 딸은 아빠가 신문을 읽을 때 들으라는 듯 그 앞을 지나며 작은 소리로 투덜거렸다. 그러나 아빠는 계속 신문만 들여다보았다. 딸은 아빠의 주변을 열두 번도 더 돌았다. 그러다 마침내 다른 사람과 관계를 맺으려면 자기가 먼저 행동해야 한다는 것을 깨달았다. 아이는 아빠에게 다가가 말했다. "아빠, 저 학교에서 너무 속상한 일이 있었어요." 그제서야 아빠는 신문을 내려놓고 아이를 다정하게 도와주기 시작했다.

수동적으로 행동할 때 훨씬 더 힘들게 만들라

수동적인 아이들은 능동적인 아이들보다 문제를 덜 일으키는 것처럼 보인다. 그래서 부모들은 아이의 수동성을 강화하는 행동을 하기도 한다. 그러나 다 자란 아이의 수동성을 고치려면 시간이 훨씬 더 든다.

행동을 고치는 일이 아무리 힘들어도 아이가 수동적인 역할에 편안함을 느끼도록 내버려두지 말라. 행동 양식을 바꾸려 할 때 혼란스러워하는 아이에게 이렇게 말하라. "노력했는데도 안 된다면 엄마가 최대한 도와줄게. 네가 노력하지 않는다 해도 나는 여전히 너를 사랑해. 하지만 너는 아무 발전 없이 제자리에 머물게 될 거야." 아이가 식탁 차리는 것을 돕다가 음식을 엎질렀을 때 오히려 칭찬하고 상을 주라. 그러나 그 일을 아예 하지 않으려 할 때는 그날 저녁 디저트는 없다.

아이에게 시간을 주라

능동적으로 살기 위해 수동성과 싸우는 아이들은 인내심이 많이 필요하다. 그들은 그동안 위험이나 실패, 고통 등을 두려워하며 피하는 데 많은 시간을 보냈다. 그러나 이제 새롭게 가지려는 삶의 태도가 아직 의심스럽고, 과연 자신에게 도움이 되는지 확신하지 못하는 상태다.

아이가 하루아침에 변할 것이라고 기대하지 말라. 아주 작은 행동에도, 그것이 설령 후퇴라 할지라도 반드시 보상해 주라. 그 과정이 제대로 진행되고 있다면 언젠가 아이의 행동에 전체적으로 자신감이 붙을 것이다. 시동이 걸린 엔진처럼 그의 능동성에 속도가 오를 것이다. 그러나 첫 걸음은 절뚝거릴 것이다. 하나님이 우리의 모든 걸음걸음을 얼마나 많은 인내로 기다려 주셨는지, 또 얼마나 많은 은혜로 함께해 주셨는지 기억하라. "마음이 약한 자들을 격려하고 힘이 없는 자들을 붙들어 주며 모든 사람에게 오래 참으라"(살전 5:14).

결론

아이는 사랑을 주고 제한을 설정하며 아이의 능동성을 일깨워 줄 부모가 필요하다. 그럼에도 아이는 부모에게 반항하고 화를 낼 것이다. 어미 새가 새끼 새들을 둥지 밖으로 밀어낼 때 알 듯이 부모의 경험과 판단, 그리고 하나님과 다른 사람들의 도움을 받아 아이가 자기 삶을 주도적으로 살아가도록 도우라.

다음 장에서는 노출의 법칙을 다루면서, 아이가 부모를 속이거나 뒤에서 다른 사람들에 대해 말하지 않고 자기 일을 직접 명확하게 처리할 수 있는 바운더리를 세움으로써 정직하고 신뢰받는 사람이 되는 방법을 제시하겠다.

13.

노출의 법칙 : 정직이 최상의 정책이다

나(헨리)는 여덟 살 때 있었던 일을 아직도 기억한다. 당시 나는 아주 큰 실수를 저질렀는데 그때는 그런 줄조차 몰랐다. 이유는 생각나지 않지만 열여섯 살 누나에게 복수를 하려고 벼르던 중이었다. 기회는 좀처럼 오지 않았고, 작은 틈이라도 보이면 절대 기회를 놓치지 않을 작정이었다.

어느 날 누나와 친구들이 서재에서 놀다가 그중 한 명이 베개를 던지는 바람에 천장 등이 깨졌다. 그들은 아무도 눈치채지 못하게 재빨리 서재를 정리했다. 그러고 나선 곤경에서 벗어났다고 생각했을 것이다. 그러나 누나는 '반사회적인 성격'의 꼬마 동생이 있다는 사실을 잊고 있었다.

아버지가 집에 돌아오셨을 때 나는 누나와 친구들이 벌인 일을 죄다 일러바쳤다. 아버지는 서재에 직접 가 보자고 하셨다. 나는 그때까지도 누나와 친구들이 그곳에 있다는 사실을 모른 채 아버지와 함께 서재로 들어갔다. 정말 그렇게 난처한 적이 없었다. 한쪽에서는 아버지가 깨진 등에 대해 내게 물으셨고, 다른 한쪽에서는 누나와 친구들이 무섭게 나를 째려보고 있었다. 그 일을 아버지가 어떻게 처리하셨는지는 모르겠다. 그러나 그 후로 누나와 친구들이 내게 어떻게 했는지는 생생하게 기억난다. 유쾌한 일은 아니었다.

그 일과 관련된 법칙은 그로부터 오랜 시간이 흐른 뒤에 알게 되었지만, 그 법칙이 적용된 현실이 어떠한지는 바로 그날 알 수 있었다. 즉 "어떤 사람 뒤에서 일을 꾸미면 그 사람과의 관계에 문제가 생긴다"는 법칙이다.

인간관계에서 가장 중요한 법칙 중 하나는, 서로 솔직하게 대화하는 가운데 어떤 일이든 완전히 드러내어 알게 해야 한다는 것이다. 나는 누나가 한 일에 대해 내 생각을 말하지 않았고, 누나에게 스스로 말할 기회를 주지도 않았다. 심지어 누나가 아버지에게 잘못을 고백할 가장 적절한 때를 고려하고 있는지조차 알아보지 않았다.

내 행동은 두 가지 면에서 잘못되었다. 하나는 누나가 잘못의 대가를 치르기를 바랐지만 누나와 직접 대면하기를 두려워했다는 것이고, 또 하나는 누나 모르게 그 일을 처리하는 데만 신경을 썼지 나중에 누나와 맞닥뜨릴 순간에 대해서는 생각지 못했다는 것이다. 그만큼 나는 멍청했다.

심리학자가 되고 나서 나는 간접적인 의사소통의 파괴적인 힘에 대해 많이 배웠다. 그런 일은 다음과 같은 식으로 일어난다. 예를 들어 나와 A, 그리고 B라는 사람이 있다. 내가 A와 문제가 있을 때 그 일을 B에게 말하면 세 가지 문제가 발생한다. 첫 번째는 내가 B에게 A에 대해 말했다는 것이고, 두 번째는 A가 모르는 상태에서 B가 A에게 모종의 감정을 갖게 되었다는 것이고, 세 번째는 내가 B에게 자기 말을 했다는 것을 알고 A가 내게 배신감을 느끼게 되었다는 것이다.

비슷한 경우로 A가 나에게 B에 대해 무언가를 말하고, 내가 그 사실을 B에게 말하는 예를 들 수 있다. 이 경우에 B는 A에게 화를 낼 것이며 A는 왜 그러는지 그 이유를 모른다. 나중에 A는 내가 B에게 말한 것에 대해 화를 내거나 자기는 내게 그런 말을 한 적이 없다고 부인할 것이다.

성경은 이와 비슷한 간접적인 의사소통에 대해 경고하고 직접적인 의사소통의 건강한 가치에 대해 많이 말해 주고 있다. 다음은 우리가 정직하게 의사소통하지 않을 때 하나님이 어떻게 느끼시는지 보여 주는 말씀들이다.

> 미움을 감추는 자는 거짓된 입술을 가진 자요 중상하는 자는 미련한 자이니라(잠 10:18).

> 너는 네 형제를 마음으로 미워하지 말며 네 이웃을 반드시 견책하라(레 19:17).

> 가령 내가 악인에게 말하기를 너는 꼭 죽으리라 할 때에 네가 깨우치지 아니하거나 말로 악인에게 일러서 그의 악한 길을 떠나 생명을 구원하게 하지 아니하면 그 악인은 그의 죄악 중에서 죽으려니와 내가 그의 피 값을 네 손에서 찾을 것이고(겔 3:18).

그런즉 거짓을 버리고 각각 그 이웃과 더불어 참된 것을 말하라 이는 우리가 서로 지체가 됨이라 … 마귀에게 틈을 주지 말라(엡 4:25, 27).

솔직하지 않거나 간접적인 의사소통은 우리를 어리석은 자로 만들고 문제를 일으키며 그 문제에 책임을 지게 한다. 또 분노를 묻어 둠으로써 마귀의 올가미에 걸려들게 한다.

간접적인 의사소통을 경계하기 위해 하나님은 인간관계에서 직접적이고 솔직한 의사소통과 다른 사람과의 문제를 직접 해결하는 것이 중요하다는 말씀을 많이 주신다.

네 형제가 죄를 범하거든 가서 너와 그 사람과만 상대하여 권고하라 만일 들으면 네가 네 형제를 얻은 것이요(마 18:15).

그러므로 예물을 제단에 드리려다가 거기서 네 형제에게 원망들을 만한 일이 있는 것이 생각나거든 예물을 제단 앞에 두고 먼저 가서 형제와 화목하고 그 후에 와서 예물을 드리라(마 5:23-24).

면책은 숨은 사랑보다 나으니라(잠 27:5).

직접적인 의사소통은 우리 삶 전체에 통용되는 가장 좋은 방법이다. 그러나 많은 사람들이 이런 식으로 관계를 맺지 않는다. 대신에 문제가 생기면 (상대방과 그 문제를 무시하면서) 피하려 들거나, (제3자를 개입시켜) 삼각 관계를 만들어 그냥 넘겨버리려 한다.

노출의 법칙은 우리가 빛 안에 거할 때가 좋다고 말한다. 부정적인 문제들조차 공개적으로 처리할 때 훨씬 더 나아진다는 것이다. 이 말이 좋게 들리든 그렇지 않든 우리는 명심해야 한다. 갈등이나 힘든 감정은 두 사람 사이의 관계를 파괴할 수 있다. 그러나 솔직한 의사소통으로 그 관계는 회복될 수 있다.

그렇다고 아주 사소한 일이나 괴로운 모든 일을 상대방에게 말해야 한다는 뜻은 아니다. 사실 우리를 짜증나게 하는 일들은 알고 보면 대부분이 우리 자신의 문제일 때가 많다. "우리 얘기 좀 해요" 하면서 매사에 시비를 거는 사람보다 성가신 사람도 없다. 잠언은 "노하기를 더디 하는 것이 사람의 슬기요 허물을 용서하는 것이 자기의 영광이니라"(잠 19:11)고 말한다.

그러나 인간관계에서 사람을 우습게 보거나 피하거나 삼각 관계를 만들면 사람과 사람 사이의 가치가 파괴되고, 누군가는 상처를 입으며, 누군가는 용납할 수 없는 행동을 하게 되는 문제가 많이 일어난다.

그러나 사람들은 자신이 필요로 하는 것이나 소망, 욕구, 감정 등을 다른 사람들에게 적극적으로 알려야 한다. 필요한 것을 요구하는 일에 수동적이거나 수줍어 하는 아이들은 자신이 원하는 것을 요청하고 어떤 일에 능동적으로 대처하는 방법을 배워야 한다(12장을 보라). 가만히 있어도 누군가 자신을 알아 주고 편안하게 해주기를 바라는 수동적인 아이들은 관계 속에서 자기 감정을 어떻게 적극적으로 전달할지도 반드시 알아야 한다.

아이가 관계에 마음을 열고 솔직해지는 데 도움이 될 만한 몇 가지 규칙을 살펴보자.

규칙 1 : 자신을 드러내라

최근에 한 동료의 집을 방문한 적이 있다. 동료의 열두 살 난 아들이 자신이 어지른 것을 치우기 위해 청소기를 돌리고 빨래를 세탁실로 가져가는 등 분주했다. 전에는 그 아이가 그렇게 부지런히 움직이는 것을 본 적이 없었기 때문에 어떻게 된 일이냐고 물었다.

"집안 분위기가 좋지 않아 제가 좀 곤란해요. 그래서 청소라도 열심히 하려고요. 아무튼 일이 그렇게 되었어요."

"일이 그렇게 되었다니 무슨 말이니?"

"글쎄요. 엄마가 전화를 하고 계셨는데 기분이 영 좋지 않은 것 같아요. 이럴 때는 조심하는 게 나아요."

"네가 무엇을 잘못했니?"

"저는 모르죠. 하지만 심상치 않은 일이 생긴 것 같아요."

"그걸 어떻게 아는데?"

"그냥 알 수 있어요. 평소의 엄마와는 조금 다르거든요."

엄마의 기분이 좋지 않은 것은 아이 때문이 아니라는 것이 나중에 밝혀졌다. 그녀는 남편 때문에 언짢았다. 그러나 아이는 영문도 모른 채 엄마 표정만 보고 자기가 뭘 잘못한 게 아닐까 초조해 한 것이다. 그것이 나를 슬프게 했다. 나는 그 일이 아무래도 마음에 걸려 아이의 아빠에게 물었다.

내가 들은 이야기로 그의 아내는 다른 사람에게 자신이 무엇을 원하는지 직접 말하지 않는다. 다른 사람들이 자신에게 무엇을 잘못했는지도 말하지 않는다. 그러다 보니 엄마의 기분에 따라 집안 전체의 분위기가 왔다갔다한다. 가족들이 아는 것은 "엄마(아내)가 기분이 좋지 않다"는 것뿐이다. 누가 무엇을 잘못했는지는 각자 알아서 추측해야 했다.

이 같은 그녀의 행동은 아들에게 아주 해로운 행동 양식을 가르치고 있다. 첫째, 아이는 자신의 행동에 대해 늘 불안해 한다. 자기가 잘하고 있는지 아니면 잘못하고 있는지 확신하지 못하기 때문이다. 둘째, 아이는 마음껏 사랑하지 못한다. 엄마의 감정을 걱정하면서 엄마의 기분을 살피기에 바쁘기 때문이다. 셋째, 아이는 좋은 인간관계 형성에 치명적인 의사소통 형태를 보면서 자라고 있다. 부모의 의사소통 방식은, 부부 사이든 부모 자녀 사이든 "자신을 드러내라"는 법칙이 출발점이 되어야 한다. 부모는 아이가 배우기를 바라는 삶의 양식대로 살아야 한다. 기분이 나쁘거나 아이와 갈등이 생기면 아이에게 가서 말하라. 단, 사랑으로 정직하게 직접 말하라.

규칙 2 : 바운더리를 명확히 하라

규칙이나 목표가 명확히 정해져 있지 않은 가정에서는 아이가 잘 다져진 성품을 키우기가 어렵다. 아이를 위한 목표나 규칙을 정할 때는 아이가 반드시 이해할 수 있게 명확히 하라. 그래야 '학습의 순간'을 맞이하게 될 것이다.

학습의 순간은 부모와 아이가 각자 자기 역할을 잘할 때 일어난다. 부모의 역할은 규칙을 만드는 것이고, 아이의 역할은 그 규칙을 깨는 것이다. 그러면 부모가 아이의 행동을 바로잡고 다시 올바르게 행동하도록 훈련시킨다. 아이는 다시 규칙을 어기고, 부모는 아이에게 공감하면서 이에 대응한다. 그럴 때 규칙은 현실이 되고 아이의 내적 사고 체계에 자리를 잡는다.

그러나 규칙이 명확하지 않으면 아이를 훈련시킬 수 없다. 자신이 무엇을 잘못했는지 아이가 확실히 알아야 그에게 올바른 것을 알려 줄 수 있기 때문이다. 성경이 말하는 것처럼 율법은 우리가 죄인임을 가르쳐 주는 선생이다(갈 3:24). 아이에게도 마찬가지다.

규칙 3: 아이의 두려움을 치유하고, 아이가 안심하고 이야기하게 하라

아이가 직접 의사소통을 하지 않는 가장 기본적인 이유는 두려움 때문이다. 일반적으로 두 가지 두려움이 우리를 솔직하지 못하게 만든다. 사랑받지 못할지 모른다는 두려움과 보복에 대한 두려움이다. 자신의 분노나 상처에 대해 솔직하게 표현하면 사람들이 멀어지거나 화를 낼까 봐 두려워한다. 더군다나 아이들은 자신의 분노가 실제보다 훨씬 강력하다고 생각해 그 힘에 부모가 무너질 것이라고 생각한다. 그러나 부모는 아이의 분노를 포함해 모든 감정을 충분히 감당할 수 있는 큰 존재이며, 아이 또한 자신의 감정을 감당할 수 있는 존재라는 사실을 아이에게 가르쳐 줘야 한다.

이 두 가지 두려움은 보편적이다. 그러나 두려움은 그것이 실제로 실현되는 가정에서 더욱 강화된다. 자신이 느끼는 것을 솔직하게 표현해야 하는 상황에서 공포와 두려움에 떠는 어른들을 많이 만나 보았다. 그런 성격은 심한 억압이나 불안에 그 뿌리를 두고 있다.

부모는 아이에게 있는 이 보편적인 병을 낫게 해줄 수도, 오히려 악화시킬 수도 있다. 그런 일은 어떻게 가능한지 다음의 표를 보라.

사례	두려움을 강화하는 행동	두려움을 치유하는 행동
아이가 화를 낼 때	• 아이에게 똑같이 화를 낸다. • 아이가 분노를 표현한 것을 비난한다. • 아이가 화내는 것에 죄책감을 갖게 한다. • 아이에게 침묵한다. • 아이의 감정에 큰 충격을 받은 것처럼 행동한다. • 착한 다른 아이와 비교한다.	• 아이의 분노에 공감한다. • 제한받는 데서 오는 좌절감과 원하는 것을 얻지 못하는 데서 오는 상실감을 함께 느낀다. • 아이가 분노를 말로 표현할 수 있도록 돕는다. • 부드럽고 다정하지만 확고한 자세를 유지한다. • 제한선을 지킨다. • 부적절하거나 공격적인 표현에는 제한을 둔다(아이의 감정이 가라앉은 후에).
아이가 부모의 잘못에 대해 화를 낼 때	• 아이의 비판에 상처 입은 것처럼 행동한다. • 아이에게 "감히 내게 그런 말을 하다니"라고 말한다. • 다시 야단친다. • 사랑을 거둬 버린다. • 화를 내며 아이를 힘으로 누른다.	• 아이가 느끼는 고통에 공감한다. • 아이의 말에 주의를 기울이고, 부모의 행동에 대한 아이의 반응에 마음을 연다. • 부모가 한 일 중에 무엇이 마음에 들지 않는지 표현하도록 돕는다. • 부모가 정말 잘못했을 때는 책임지고 사과한다. • 부모가 다시 그런 일을 하면 말해 달라고 부탁한다(이런 행동은 부모가 아이의 불만을 신중하게 배려하고 있음을 알려 준다). • 부모가 잘못하지 않았을 때는, 부모로서 아이의 불만을 이해하지만 실제로 자신이 잘못한 게 아님을 밝힌다. 그러나 말해 준 것은 고맙다고 말한다.

사례	두려움을 강화하는 행동	두려움을 치유하는 행동
아이가 상처를 입었을 때	• 징징거리지 말라고 말하며 울보라고 부른다. • 자꾸 울면 정말 크게 울 일을 만들어 주겠다고 으름장을 놓는다. • 아이를 놀린다. • 형제자매나 친구와 비교한다. • 남자아이에게 여자아이 같다고 놀린다.	• 아이가 느끼는 것에 공감한다. • 이해하고 위로해 준다. • 아이가 그 사건과 상처를 말로 표현하도록 돕는다. • 아이의 문제를 성급하게 고치려 하거나 설명하려 들지 않는다. 그런 일은 감정을 극복한 후에 한다. • 친구 문제는 아이가 직접 당사자와 해결하게 한다. 아이를 달랜다든지 다른 사람들과의 갈등을 막아 준다든지 하는 식으로 아이와 바깥 세상 사이에서 완충 역할을 하지 않는다. • 공감하고 이해하면서도, 아이가 상처를 핑계로 현실에서 자기가 할 일을 하지 않으려는 바람을 채워 주지 않는다. 감정을 표현하는 것은 좋지만, 문제를 회피하는 것은 좋지 않다. 포기하지 말라고 거듭 격려한다.

이 규칙의 핵심 원리는 다음과 같다.

- 모든 감정은 수용 가능하며 자신의 감정을 솔직하게 표현하는 것이 좋다.
- 감정 표현에는 한계가 있다. 예를 들어 "너한테 화났어"는 괜찮다. "나는 네가 싫어"라고 표현할 수도 있다. 그러나 "너는 바보야"라는 표현은 허용하면 안 된다. 물건을 던지거나 사람을 때리는 것 역시 허용하면 안 된다.
- 유대감을 형성하기 위해 먼저 공감하라. 아이의 감정을 품어 주고 용납하고 사랑하라. 그런 다음에 이해시키라.
- 자제력이 가장 중요한 요소다. 아이는 자제력을 잃기 쉬운데, 이때 부모

의 자제력을 보여 줘야 한다.
- 부모의 사랑과 부모가 설정한 제한을 따로 떼어 놓고 생각하지 말라. 아이에게 친절하고 사랑을 베풀되 아이의 감정에 부모가 휘둘리지 않는다는 것을 충분히 알 수 있도록 단호한 자세를 유지한다.
- 부모의 자존심이나 이기심, 자기 도취 등은 접어 두라. 이에 대한 반작용으로 아이의 원초적 두려움만 강화된다.
- 갈등을 겪은 후에는 결속을 강화하는 시간을 가지라. 단순히 애정을 표현하는 시간이라 해도 좋다. 갈등을 겪을 때마다 하는 행동이어도 좋다. 이런 애정 표현을 통해 아이는 사랑받고 있다는 안도감을 갖는다.
- 아이가 자신의 감정을 말로 표현하게 하라. 아이는 자신의 감정에 책임질 수 있어야 한다. 감정을 말로 표현하면 감정이 보다 구체적으로 형상화되어 단순히 느낌으로 존재할 때보다 그 크기가 작아질 수 있다. 그렇게 정리된 감정은 더 이상 절대적이지 않다. 슬프다고 세상이 끝나는 것은 아니다.
- 아이가 자신의 감정을 다스리는 법을 완전히 익혔다고 느낄 때까지 서로 계속해서 지켜야 할 일들에 대해 말해 주라. 그렇지 않으면 아이는 들으려고도 하지 않을 것이다.
- 가장 중요한 지침이 되는 원리는, 관계가 우리에게 일어나는 갈등이나 감정, 사건보다 훨씬 더 크다는 사실이다. 유대감과 상호 간의 애정은 갈등이 지난 후에도 남는다.

규칙 4: 표현하지 않는 아이를 내버려두지 말라

어린이 우울증에 걸린 네 살 난 수지 문제를 다룬 적이 있다. 수지의 부모는 수지가 자꾸 공상에 빠지는 것 때문에 걱정했다. 때로 아이는 나와 함께 놀이 치료를 하다가 내가 한 어떤 말 때문에 상처를 입기도 했다. 어떤 때는 자신이 느낀 것을 전혀 표현하지 않았다. 그럴 때 아이는 혼자 떨어져 장난감을 가지고 놀려고 했다. 동시에 내가 무엇을 하는지 흘깃흘깃 쳐다보았다. 아이가 자기 기분에 나를 끌어들이려 한다는 것을 느낄 수 있었다.

이런 일이 집에서 일어나면 수지 엄마는 수지에게 무엇이 잘못되었느냐고 물었다. 그러나 수지는 아무 말도 하지 않았고, 엄마는 무언가 잘못되었다고 짐작해 수지를 달래려고 간식을 주곤 했다. "수지야, 왜 그래? 슬퍼 보여. 우리 과자 먹을까?"

어느 날 나는 수지의 감정을 직접 다루기로 결정했다. 사실 내게 책임이 있는 이 싸움에 조금 당황했다.

"수지야, 왜 이렇게 조용해? 무슨 일이 있니?"

"아무 일도 없어요."

"그래? 그런 것 같지 않은데."

아이는 어깨를 으쓱했다.

"네가 말해 줄 때까지 나는 그냥 여기 앉아 있을 거야." 나는 말했다.

"그러세요. 저는 가도 되나요?"

"물론 안 되지."

그 다음에 나타난 변화는 좀 더 강했다. 나는 수지를 가지 못하게 했고, 아이는 점점 화가 났다. 아이는 말을 하려다가 갑자기 멈췄다. 자기 감정을 드러낼 뻔했다는 사실을 깨닫고는 다시 냉정을 찾으려고 애썼다. 나는 아이가 가게 내버려두지 않았다. 우리 둘 중 한 명이 늙어 죽을 때까지 그 상태를 유지할 작정이었다.

"네가 말해 줄 때까지 나는 그냥 여기 앉아 있을 거야"라고 말하면서 아이를 응시했다.

마침내 아이는 눈물을 글썽였다.

"너 슬퍼 보이는구나."

그러자 수지는 정말로 울기 시작했다. 내가 달래자 아이는 말문을 열었다. 아이는 자기가 무슨 일 때문에 기분이 나빠졌는지 이야기했다.

바로 그날 외부와 벽을 단단히 쌓았던 수지의 내면 세계와 나 사이에는 다리가 놓였다. 더 중요한 것은 수지가 자신이 겪은 일에 대해 누군가 자신을 구해 주었으면 하는 희망을 수동적인 행동으로 표현하는 대신에 직접적이고 솔직하게 표현하도록 처음 요구받았다는 것이다. 수지 부모도 곧 아이에게 직접적이고 솔직하게 표현할 것을 요구하는 방법을 알게 되었고, 수지의 행동은 차츰 변화되었다.

일반적으로 뒤로 숨으면서 방어하는 아이는 두려움을 안고 있다. 그런 아이에게 부모는 부드럽고 다정한 상태를 유지하면서도 아이의 표현하지 않는 태도에 양보하면 안 된다. 아이가 느끼는 두려움과 고통에 공감하면서도 그런 것을 다스리는 방법에서는 아이 편이 되어 줄 수 없음을 보여 줘야 한다. 표현하지 않으려는 아이에게 "네가 직접 말로 표현해 봐"라고 말하면 도움이 된다. 아이의 행동이 하루아침에 변하지는 않는다. 애정을 보이는 것과 표현을 요구하는 것, 이 두 가지 요소를 반드시 기억하라.

나의 경우에는, 수지를 계속 기다린 것과 수지가 침묵을 깨기 전에는 그 자리를 떠날 수 없다는 제한을 준 것이 이에 해당한다. 그러나 가끔 부모는 감정 표현을 하도록 설득하는 일에 더욱 적극적으로 나서야 한다. 침묵을 해석하거나 다음과 같이 질문하는 것이 도움이 될 수 있다. "너는 지금 화난 것처럼 보여." "슬퍼 보이는구나." "나 때문에 화가 났니?" 아이에게 무엇이 그를 괴롭히고 있는지 알려 달라고 계속해서 물어보라. 어떤 감정이 드는지 표현해 보라고 요청하는 것도 도움이 된다.

어떤 아이들은 짜증 내기, 소리 지르기, 별명 부르기, 도망 다니기 등과 같은 행동으로 의사소통을 하기도 한다. 부모는 이런 형태의 표현을 허락하지 않고, 아이가 자기 의사를 말로 표현하도록 격려해야 한다. "네가 지금 어떻게 느끼는지 정말 알고 싶어. 그런데 그런 식 말고 말로 이야기해 주면 좋겠어"라고 말하라.

규칙 5: 중간에 끼어들지 말라

앞에서 말했듯이 삼각 관계는 어떤 문제가 있을 때 당사자와 직접 문제를 다루지 않고 다른 누군가를 개입시킬 때 때 생긴다. 아이의 일에 끼어들지 말라. 형제 중 한 명이 다른 형제를 고자질할 때가 이런 규칙을 가르칠 수 있는 좋은 기회다. 아이가 엄마와 아빠 중 한편과 갈등이 생겨서 다른 한편에게만 말을 하거나 부탁을 할 때도 좋은 기회가 될 수 있다. 이때는 부탁을 받은 편이 아이와 갈등이 있는 편에 부탁해 보라고 하는 것이 좋다.

일반적으로 큰 문제가 없는 한 아이들은 자신의 갈등을 스스로 해결해야 한다. "그 일을 왜 내게 말하는지 모르겠어. 직접 관계된 형과 그 일을 해결해야지. 넌 지금 형에게 화가 난 거잖아", 또는 "그 문제는 먼저 언니와 해결하는 게 좋겠어. 너희 둘이서 해결하지 못했을 때 내가 너희와 이야기할게"라고 말하라. 아이가 갈등 해결 능력을 익히려면, 아이들 사이에 일어난 갈등은 되도록 아이들끼리 해결하도록 둬야 한다.

이 규칙은 부모에게도 똑같이 적용된다. 특별한 위험이 없는 한 엄마나 아빠와 직접 부딪혀서 문제를 해결하게 하라. 갈등이 친구들 사이에서 일어난 것이라면 스스로 그 일을 해결해야 한다. 이런 일이야말로 아이가 앞으로 살아가면서 해야 할 일들이다. 아이와 갈등 해결법을 의논하는 것은 좋지만, 아이가 스스로 그 일을 해결하도록 요구해야 한다. 학교나 그 밖의 기관에서 일어나는 문제를 해결하는 데도 이 규칙을 적용하라. 그 문제를 논의하기 위해서는 함께하는 시간이 필요하다. 한편 부모는 아이가 학교나 그 밖의 단체에서 일어난 문제들을 스스로 처리할 수 있도록 부모로서 할 수 있는 모든 조치를 취해야 한다. 엄마나 아빠가 매사에 개입해 문제를 해결해 주면, 훗날 아이는 자라서 첫 직장에 출근했는데 상사가 그를 못마땅하게 여길 경우 어쩔 줄 모르며 일을 포기하고 말 것이다.

규칙 6: 아이에게 바운더리를 표현하는 말을 가르치라

우리는 다른 사람들과 갈등이 있을 때 어떻게 표현해야 할지 어려움을 겪는다. 그러나 점차 무슨 말을 해야 하는지 배워 간다. 그러므로 아이에게 어떤 제한을 설정할 때 다른 사람에게 무슨 말을 해야 하는지 가르쳐 주고 더 나아가 어떻게 표현할 것인지 역할을 나눠 연습까지 해보는 것이 좋다. 아이는 대개 또래 집단에 압력을 행사하는 아이들, 남에게 상처 주는 아이들, 또는 운동장에서 지나치게 난폭한 아이들과 마주치게 될 것이다. 이때 아이가 어떻게 대응할지 준비가 되어 있다면 훨씬 더 잘 대처할 것이다. 다음은 아이의 준비를 돕는 몇 가지 표현들이다.

- "안 돼." (단순히 이렇게만 말해도 된다.)
- "안 돼, 그러면 내 맘이 편하지 않아."
- "안 돼, 나는 원하지 않아."
- "안 돼, 나는 그러지 않을 거야."
- "안 돼, 부모님이 허락하시지 않아."
- "안 돼, 하나님은 내가 그렇게 행동하는 것을 원하시지 않아."
- "안 돼, 다른 사람의 사생활에 너무 개입하면 안 된다고 배웠어."
- "안 돼, 나는 담배가 싫어. 흡연은 건강에 나빠."

이런 말들이 너무 간단하고 진부하게 들릴지도 모른다. 그러나 아이에 따라 실제 상황을 맞이하기 전에 직접 연습해 볼 필요가 있다. 아이와 역할극을 하거나 아이에게 바운더리를 강화할 수 있는 상황을 만들어 함께 연습해 보라.

관계에 적용하기

바운더리의 최종 목표는 사랑이다. 우리가 서로 또는 하나님과 맺는 관계야말로 삶을 함께 엮어 가는 바탕이 된다. 우리가 살아가면서 진리를 나눌 때 이런 유대감과 사랑이 형성된다.

모든 일은 궁극적으로 관계에 관한 것이다. 예수님이 말씀하셨듯 세상의 모든 바운더리는 두 가지 원칙으로 요약된다. '하나님을 사랑하고 이웃을 네 몸과 같이 사랑하라'다. 이러한 이유로 아이는 자신의 감정이나 두려움, 생각과 소망, 자신의 모든 경험을 그가 맺는 관계 속에서 표현할 수 있어야 한다. 그리고 표현 과정에서 특정한 사람과 갈등이 생기면 되도록 빨리 그 사람과 직접 문제를 풀어야 한다.

이런 관계 속에서 우리는 치유되고 위로받으며 경험을 쌓아 간다. 우리는 자신의 감정보다는 관계 속에서 주고 받는 사랑에 더 큰 의미가 있다는 것을 깨달아야 한다. 그런 깨달음은 우리의 느낌을 관계 속에서 솔직하게 표현할 때 가능하다. 아이가 자신의 생각을 자유롭게 표현할 수 있게 해주는 부모가 되라. 다른 사람들과의 관계에서도 그렇게 하라고 아이에게 가르치라. 그러면 아이는 자신의 뜻을 말하는 것과 사랑하는 것 모두에 두려움을 훨씬 덜 느끼게 될 것이다.

3부

지금 아이에게 바운더리를 세우라

14.

바운더리를 실천하는 6단계

 부모이든 아니면 친척, 교사, 친구 중 누구라 하더라도 이제는 아이에게 바운더리를 세우는 것과 다른 사람의 바운더리를 존중하는 것이 얼마나 중요한지 어느 정도 이해했을 것이다. 바운더리의 필요성을 아는 것도 중요하지만 그것만으로는 부족하다. 이 책을 아이의 머리맡이나 거실 탁자에 놓아 둔다고 해서 큰 도움은 되지 않는다. 이제는 실천에 옮겨야 한다.

 이 장에서는 아이에게 바운더리를 실천하는 6단계를 다루려고 한다. 부모는 이 단계들을 전후 상황에 맞춰 적용해야 한다. 부모가 아직 바운더리가 없다면 이 장은 아무 쓸모가 없다. 거듭 말하지만 아이에게 바운더리를 세우려면 바운더리를 말로만 지시하는 부모가 아니라 실천하는 부모가 필요하다. 이 말은 어떤 상황에 처하더라도 부모가 아이에게 공감하되 단호하며, 자유를 주되 그에 따른 결과에는 일관성 있게 대응해야 한다는 의미다. 이것이 하나님이 그분의 자녀를 대하시는 방법이며 우리가 따라야 할 모델이다.

자녀 양육의 상당 부분은 다음과 같이 아이의 요구나 문제에 반응하는 것과 관련된다.

- 아이가 가지면 안 되는 것을 요구할 때 "안 돼"라고 말하기
- 아이가 학교에서 일으킨 문제를 처리하기
- 부모와 형제자매 간의 힘 겨루기를 해결하기
- 지각하거나 집을 어지르는 문제를 해결하기
- 또래 집단의 문제 해결을 돕기
- 술, 담배, 마약, 섹스, 폭력 집단 같은 위험에서 아이를 보호하기

아이가 안고 있는 문제들을 순향적으로 해결하기 위해서는 마음속에 일정한 체계를 갖추면 도움이 된다. 이후에 제시하는 단계들을 활용하면 다음 과정에서는 어떻게 할지 연구하는 데 드는 시간과 힘을 아낄 수 있다.

꼭 기억할 것은, 이 일은 부모가 자신의 친구와 우정을 쌓는 과정이 아니라는 사실이다. 지금 부모는 부모에게 협력할 생각이 전혀 없는 아이와 전쟁을 치를 준비를 하고 있다. 부모가 된다는 것은 인기를 얻는 것과 거리가 멀다!

그러므로 아이에게 이 계획을 받아들이겠는지 수용 여부를 묻고 나서 일을 시작하지는 말라. 그렇다고 권위주의적으로 시작해서도 안 된다. 어떤 부모들은 아이에게 아무 체계도 심어 주지 않고 무방비 상태

로 내버려뒀다가 나중에야 일의 심각성을 깨닫고 잃어버린 시간을 만회하기 위해 발을 동동 구른다. 급한 마음에 아이를 앉혀 놓고 호되게 꾸짖기부터 한다. "지금부터 내 말 잘 들어. 너는 이런 일은 하면 안 되고, 저런 일은 꼭 해야 돼. 알겠어?" 이것은 치명적인 실수다.

아이에게 바운더리를 세운다는 것은 어떤 일을 하라고 명령하는 것이 결코 아니다. 강요당하는 사람은 성숙해지거나 도덕적 선택을 할 자유가 없다. 바운더리는 아이가 자신의 행동에 따른 결과에 책임짐으로써 보다 책임감 있고 다른 사람을 배려하는 성품을 갖춘 어른으로 성장해 가는 데 목적이 있다.

1단계: 세 가지 현실을 직시하라

부모는 우선 세 가지 현실을 직시해야 한다. 첫 번째 현실은 내 아이는 실제로 문제가 있고 완벽한 존재가 아니라는 것이다. 여기에서 아이의 문제는 행동이나 태도를 조금만 고치면 되는 것도 있고, 경찰이 개입해야 할 정도로 큰 것도 있다. 어쨌든 모든 아이는 미성숙한 죄인이다. 그것은 모든 인간이 처해 있는 상황이기도 하다.

어떤 부모는 이미 첫 단계부터 어려움을 겪는다. 내 아이는 그렇지 않다고 부인하는 것이다. 그리고 문제되는 아이의 행동을 합리화한다. 어리석은 행동을 귀여운 유머로 생각한다. 게으른 것은 피곤하기 때문이고, 다른 사람의 사생활을 침해하거나 방해하는 것은 아이가 워낙 활발하기 때문이라고 변명한다.

누군가가 당신에게 이 책을 읽어 보라고 권했는데 왜 그런지 모르겠다면, 정직한 친구 다섯 명에게 그 이유를 물어보라. 그리고 그들의 대답에 귀 기울이라. 다음의 속담이 그 의미를 말해 주고 있는지도 모른다. "한 명이 당신더러 말이라고 하면 그를 멍청이라고 부르라. 하지만 다섯 명이 당신더러 말이라고 하면 직접 가서 당신 등에 얹을 안장을 사라."

부모들은 많은 이유를 대며 아이의 문제를 합리화하려고 한다. 죄책감을 피하고 싶어 아이에게 문제가 있음을 인정하지 않으려는 부모도 있다. 완벽주의에 금이 가는 게 싫어서 그런 부모도 있다. 어떤 부모는 아이가 희생양이라도 되는 것처럼 느낀다. 사실을 인정할 때 드는 당혹감을 느끼고 싶지 않아서, 아이를 훈련시키는 힘든 과정을 겪고 싶지 않아서 그렇게 하기도 한다. 그렇다면 자신의 행복과 평안을 위해 아이의 행복을 희생시키고 있는 것은 아닌지 생각해 봐야 한다. 하나님은 결코 우리의 약점을 부인하지 않으신다. 그리고 그 문제를 해결하기 위해 몸소 힘든 과정을 겪으셨다. 그런 부모가 되라.

내 아이에게 문제가 있음을 인정한 다음에 직시해야 할 두 번째 현실은, 겉으로 드러난 문제는 진짜 문제가 아니라는 것이다. 부모의 화를 돋우는 아이의 행동이나 태도는 다른 문제가 겉으로 드러난 증세일 수 있다. 대부분은 바운더리 문제에 기인한다. 아이의 바람직하지 못한 행동은 아이의 내면에 존재하는 미성숙함이나 파괴적인 성향에서 나온다. 행동으로 드러난 그 증세는 아이의 내면에 어떤 문제가 있는지 살펴보라는 경고다. 그 증세에 안일하게 대처하거나 더 이상 문제가 없을 것이라고 장담해서는 안 된다. 부모들은 종종 어떤 위기가 생기면 금방 대처하다가도 위기를 넘기면 그 문제를 잊어버린다. 바운더리가 없는 아이는 자신의 바운더리를 발달시킬 때까지는 계속해서 다양한 증세를 보인다. 다음의 표에서 몇 가지 예를 들어 보았다.

겉으로 드러난 문제	바운더리 문제
나쁜 성적	결과에 대한 관심이 부족함
다른 아이들을 지배하려는 성향	다른 사람의 바운더리를 존중하는 마음이 부족함
주의하라는 말을 무시함	자신의 나쁜 행동에 대한 대응을 두려워하지 않음
반항적인 행동	특권 의식과 관련된 바운더리가 부족함

부모가 직시해야 할 세 번째 현실은 시간이 모든 것을 해결해 주지 않는다는 것이다. 많은 부모들이 아이의 바운더리 문제를 적극적으로 해결하려고 하지 않는다. "기다려 보세요. 크면 다 해결돼요"라는 말을 들었기 때문이다. 물론 아이는 자란다. 그러나 우리 주위에 마흔네 살이나 되었는데도 바운더리가 없는 사람들이 얼마나 많은가? 시간은 치유에 필요한 과정이지 그 자체가 치유의 과정은 아니다. 감염된 사람에게 필요한 것은 시간이 아니라 항생제다.

아이의 문제를 회피하는 것은 아이의 성숙을 방해하는 마귀에게 더 많은 기회를 주는 것이다(엡 4:27). 시간은 아이의 바운더리를 성장시키고 잘못된 성격을 교정하는 데 필요 조건은 되지만 충분 조건은 아니다. 이에 더해 풍성한 사랑과 은혜와 진리를 준비하라. 그리고 아이의 잘못을 바로잡는 일을 시작하라. 시간만 흘러서는 아무것도 나아지지 않으며 더욱 나빠질 뿐이다.

2단계: 도움받을 수 있는 사람들을 만나라

우리는 배우자뿐만 아니라 적절한 도움을 얻을 수 있는 다른 사람들과 지속적인 유대 관계를 가져야 한다. 아이에게 바운더리를 세운다는 것은 결과적으로 아이가 정서적으로나 영적으로 성장하도록 돕는 것이다. 이와 같은 성장은 외부와 고립된 진공 상태에서 일어나지 않는다. 이 일은 정말 부모를 피곤하고 지치게 하고 좌절하게 하며 심지어 제정신이 아닌 상태로 몰고 갈 수도 있다. 정보를 아는 것만으로는 충분하지 않다. 부모는 다른 사람들로부터 더 많은 사랑과 도움을 받아야 한다.

자신이 앞으로 무엇을 잃게 될지 너무나 잘 아는 아이가 수단과 방법을 가리지 않고 무장하고 장벽을 쌓고 거세게 저항하는 바람에 많은 부모들이 지쳐서 그만 전쟁에서 항복해 버린다. 아이는 부모가 공평하지 못하고, 자녀에게 상처를 주고 있다는 죄책감을 갖도록 온갖 꾀를 동원할 것이다.

부모가 제시하는 현실과 해결책은 당연히 많은 시험을 당할 것이다. 부모는 혼자서, 그것도 직장 일과 결혼 생활로 바쁜 가운데 이 일을 하다가 결국 두 손을 들고 말할 것이다. "네가 이겼다." 그러나 비난하지 않고 함께 불 속에 뛰어들 수 있으며 옳은 일을 하고 있다고 격려해 줄 누군가 옆에 있다면 우리는 하던 일을 계속할 수 있다. 이 일을 혼자서, 아니면 단지 배우자의 도움만 받아서 시작했다면 상황은 이미 끝났을 가능성이 크다.

같은 생각을 가진 부모들의 모임을 찾아보거나 직접 만들어 시작해 보는 것도 좋다. 아이의 바운더리 문제를 다루는 성경공부 모임이나 이웃과의 모임도 좋다. 그런 모임을 통해 아이를 대하는 비결이나 기술, 성공담이나 실패담 등 여러 정보를 교환하라. 좀 더 체계적으로 배우려면 우리가 만든 워크북을 활용할 수도 있다.

우리 교회에는 우리 아이들 또래의 자녀를 둔 부모 모임이 있다. 이 사역을 담당한 목사님도 부모로서 그분만의 고충을 갖고 있다. 그는 집집마다 문제가 없는 자녀는 없다는 사실을 분명히 한다. 그 사실을 부인하는 부모들은 좌절하지만 이런 좌절이야말로 그들에게 꼭 필요하다. 내 아이에게 문제가 있음을 인정하는 보통의 부모들은 자기가 이상한 게 아니라는 사실에, 또한 희망이 있다는 사실에 안도하게 될 것이다. "지략이 많으면 평안을 누리느니라"(잠 11:14).

3단계: 부모 자신이 바운더리 안에서 성장하라

아이에게 바운더리를 가르치기에 앞서 부모 자신이 올바른 길을 가야 한다. 아이들은 놀라울 정도로 속임수를 잘 간파한다. 그들은 보고도 못 본 척할 정도로 자라지 않았다. 그래서 부모가 위선적이거나, 부모는 하지 않으면서 자기들에게만 어떤 일을 시킨다는 것을 너무나 잘 알아차린다. 그러나 이런 이유에 앞서 더욱 중요한 사실은, 우리 모두를 위해 바운더리를 발달시키고 명확하게 하는 일은 꼭 필요하다는 것이다.

아이 때문에 바운더리의 갈등을 겪고 상처를 입지만 그것을 자신이 영적으로나 정서적으로 성장하는 기회로 삼는 부모들을 많이 보았다. 속 썩이며 통제가 안 되는 아이보다 더 부모를 두 손 들게 하는 일도 없다. 이렇게 상처 입고 난감한 현실 속에서 부모는 겸손히 자신의 내면을 들여다보고 하나님께 손을 내밀어 도움을 청하지 않을 수 없게 된다.

이 단계는 부모가 자신의 바운더리뿐만 아니라 삶 전체를 돌아보도록 요구한다. 우리는 하나님과 관련된 힘든 일을 해야 하고, 영적으로나 정서적으로 성장해야 한다. 그러자면 하나님이 우리를 돕기 위해 준비하신 모든 것이 필요하다. 우리를 위로하고 지지하며 우리 자신의 약점과 이기심에 맞서도록 도와줄 친구들이 필요하다. 계속 성장하는 부모 옆에서 함께 성장하지 않고 버티는 아이는 없다. 아이가 성숙해지기를 기대하며 교회나 학교만 바라보는 부모가 되지 말라. 아이는 부모인 우리가 노력하는 정직한 사람, 즉 하나님과 다른 사람들에 대해 알려고 노력하며 적극적으로 행동하는 본을 보여 주기를 바란다. "여호와의 증거들을 지키고 전심으로 여호와를 구하는 자는 복이 있도다"(시 119:2). 농장을 잘 운영하고 싶다면 그 농장을 만든 사람에게 조언을 구하는 것이 현명하다.

아이의 바운더리 문제를 다루다 보면 그동안 자신이 배우자나 직장 상사, 친구들에게 "안 돼"라는 말을 제대로 하지 못했다는 사실을 깨닫게 될 수 있다. 그동안 아이를 다루기가 왜 그렇게 힘들었는지도 알게 된다. 이런 부모들은 좋은 교회에 출석하거나 그 밖의 지지 모임에 들어가 필요한 근육의 힘을 기르기 시작한다. 자신의 삶에 좀 더 주도권을 쥐고, 더 이상 관계 속에서 일어나는 갈등을 두려워하거나 불필요한 죄책감을 갖지 않게 된다. 그러면서 자녀 문제도 더 나은 방향으로 달라지기 시작한다. 이런 부모들은 자녀 양육의 문제를 넘어 개인의 바운더리 문제를 전반적으로 다루는 책들을 읽는다면 더 많은 도움을 얻을 수 있다.

그런가 하면 그동안 자신이 다른 사람의 바운더리를 잘 존중하지 못했음을 알게 될 수도 있다. 다른 사람들이 "안 돼"라고 말해도 들으려 하지 않는 공격적이고 적극적인 사람들이 여기에 해당한다. 이런 경우에는 자신에게 문제 해결 능력이 부족하다는 것을 인정하고, 다른 사람을 지배하기보다는 감화시켜 영향을 미칠 수 있도록 노력해야 한다. 예수님의 황금률을 기억하라. "무엇이든지 남에게 대접을 받고자 하는 대로 너희도 남을 대접하라"(마 7:12).

한번은 완고한 아버지와 십대의 아들 문제를 다룬 적이 있다. 그 아들은 나쁜 친구들을 사귀고 학교에 잘 가지 않으며 마약에도 손대는 문제아였다. 아버지는 군대식 사고방식을 갖고 있었는데, 왜 자신의 통제가 아들에게 먹히지 않는지 전혀 이해하지 못했다.

어느 날 이들 부자가 사무실에 왔는데 어깨에 닿던 아들의 금발머리가 귀밑까지 짧아져 있었다. 아버지가 아들을 억지로 이발소에 데려가 머리를 깎게 한 것이다. "이제 심리학 용어라면 아주 신물이 납니다. 내 아이 문제는 내 방식대로 해결하기로 결심했어요. 더 이상 녀석의 못된 행동을 두고보지 않겠습니다." 아들은 아버지의 말에 분개하면서 옆에서 씩씩거렸다.

"그렇게 행동하시면 오히려 역효과가 납니다. 상황이 더 어려워질 거예요." 나는 아버지에게 말했다.

아들의 삶을 지배하려고 하면 안 되고, 아들에게 자유를 주는 대신 자유에 따른 책임을 물어야 한다고 그 아버지를 설득하기까지 정말 오랜 시간이 걸렸다. 그동안 아들은 더 많은 문제에 빠졌고, 아버지는 자신의 바운더리를 세우기 위해 많은 노력을 해야 했다. 이 과정에서 아버지는 자신이 높이 평가해서 억지로 입학시켰던 학교에서 아들이 쫓겨나는 것을 지켜봐야 했고, 마약 복용으로 소년 재판소에 이송되는 것조차 참아야 했다. 그러나 이런 일들을 겪으며 아버지는 아들을 격려했을 뿐만 아니라 법원에서 정한 요구 사항도 받아들였다. 그는 아들에게 잔소리하지 않고 자신도 성실하게 지킬 수 있는 가정 내 규칙과 합리적인 대응 방법들을 만들었다. 어느 정도 시간이 흐르자 아들은 보다 책임감 있고 덜 충동적인 모습으로 학교 생활을 하고 그 밖의 일도 하게 되었다.

4단계: 먼저 평가하고 그 다음에 계획하라

부모는 아이의 상황과 자신의 여건을 먼저 평가하고, 그 다음에 문제를 다루는 계획을 세워야 한다.

아이에 관한 자료
아이가 안고 있는 바운더리 문제를 아이의 관점에서 살핀 후, 몇 가지 중요한 목록을 작성해 보라.

나이. 바운더리 문제는 보편적이기는 하지만 걸음마를 시작한 아이와 십대 아이가 같은 문제를 보이는 것은 아니다. 자녀 또래의 집단이 공통적으로 안고 있는 문제는 무엇이고, 내 아이가 지금 겪고 있는 문제는 무엇인지 알아야 한다. 여기에서 부모가 사용해야 할 전략은, 아이가 편안하게 머물고 싶은 현 상태를 넘어서도록 밀어붙이되 아이 능력의 한계를 넘어서는 안 된다는 것이다. 예를 들어 돌이 안 된 유아는 영양을 충분히 섭취해야 하고, 이 시기에 아이에게 적용할 바운더리는 거의 없다. 그러나 아이가 한 살이 되면 부모는 가구 위를 기어다니거나 전기 제품을 만지는 아이의 행동에 대해 "안 돼"라는 말로 훈련을 시작해야 한다. 이때 가장 중요한 원칙은 아이가 자랄수록 견뎌야 할 좌절도 많아진다는 것이다.

성숙도. 성숙도는 아이에 따라 다르다. 때로는 여섯 살짜리가 열일곱 살 짜리보다 더 철들어 있을 수 있다. 아이가 얼마나 성숙한지 알기 위해서는 기본적인 신뢰도를 측정한다. 아이가 좋은 친구를 사귀고 그 관계를 유지하는 능력, 명령에 대한 반응, 어떤 일에 동의하거나 저항하는 능력, 무언가를 박탈당했을 때 참는 능력, 실패나 상실을 받아들이는 능력, 권위에 대한 태도 등을 알아보는 것이다. 아이를 아는 학교 선생님, 교회 친구, 이웃, 상담가에게 아이에 대한 정보를 얻는다.

다음 두 가지는 아이의 성숙에 필수적인 특성이다. 아이가 이런 특성을 갖고 있다면 일은 훨씬 쉬워질 것이다. 여기에 문제가 있다면 아이의 바운더리 문제를 해결하기에 앞서 아이에게 이런 특성을 심어 주기 위해 노력해야 한다.

- 애착 관계. 아이가 부모와 정서적 유대감을 갖고 있는가? 부모를 사랑하는 사람으로 보는가, 아니면 거리를 두려 하고 계속 차가운 태도를 보이는가?
- 정직성. 아이가 사실을 말하는가, 아니면 거짓말을 하거나 문제를 속이는가?

환경. 아이의 생활 환경은 어떠한가? 이혼 가정인가? 부모의 결혼 생활에 문제가 있지는 않은가? 아이에게 의학적인 문제(신경학적인 문제, 학습장애, 주의력 결핍 등)는 없는가? 형제자매들과의 관계는 어떠한가? 이런 문제들을 살펴보면서 아이가 환경 속에서 어떤 영향을 받고 있는지 파악하라.

특정한 바운더리 갈등. 아이의 삶에 있는 특정한 바운더리 문제들을 분류해 본다. 그 문제는 가정 내 규칙과 관계된 것인가? 아니면 집안일, 학교, 친구에 관한 것인가? 그것을 간단하게 설명할 수 있는가?

심각한 정도. 아이의 문제가 어느 정도로 심각한지 파악하라. 아이에게 어떤 일을 시킬 때 적어도 세 번은 말해야 하는 것이 가장 큰 문제인 경우도 있고, 가만히 앉아 있지 못하는 것이 문제인 경우도 있다. 또 학교에서 부모를 부를 정도의 문제도 있다. 각 경우에 따라 부모는 아이에게 적당한 접근 방법을 사용해야 한다. 작은 일에 힘을 빼지 말라. 보다 더 근본적인 문제들, 즉 정직성, 책임감, 다른 사람을 배려하는 마음, 도덕성 등에 관한 문제를 해결하라. 머리 스타일이나 좋아하는 음악, 방을 어지르는 등의 문제는 제한선을 넘지 않는다면 좀 더 폭넓게 허용하라.

부모에 관한 자료

이제 아이의 바운더리 문제들, 즉 그 문제가 어디에서 왔으며 얼마나 심각한지에 대해 보다 더 많은 정보를 얻게 되었을 것이다. 이제는 그 문제를 다루기 위해 부모가 갖고 있는 것을 평가해 보자. 다음 사항을 살펴보라.

부모 자신의 문제. 앞에서 말했듯이 가장 중요한 것은 '부모가 무엇을 하는가'가 아니라 '부모가 아이에게 어떤 존재인가'다. 아이를 대하는 자신의 태도를 돌아보라. 아이를 피하고 있는지, 감언이설로 속이고 있는지, 무시하고 있는지 살피라. 만약 그렇다면 부모 내면에서 파괴된 부분, 즉 아이에게 부적절한 반응을 하게 만드는 부분을 찾아내 그것부터 해결하라. 부모는 아이가 가진 외형적인 바운더리다. 부모는 아이가 앞으로 바운더리를 내면화하면서 문제를 해결하는 열쇠가 될 수도 있고, 문제를 영원히 지속시키는 삶의 걸림돌이 될 수도 있다.

부모의 환경. 부모의 현실을 살펴보라. 정서적인 갈등이나 부부 간의 불화, 재정의 어려움, 직업적 스트레스, 다른 자녀들과의 문제 등은 없는지 보라. 부모가 위기에 처해 있다면 부모 자신을 위한 도움부터 구해야 한다. 바운더리 문제가 심한 아이를 보면 그의 부모가 더한 지경, 즉 결혼 생활의 파탄에 처한 경우가 많다. 일에는 순서가 있다. 아이에게 질서와 행동의 틀을 마련해 주기 위해서는 부모 자신이 충분한 질서와 적절한 행동 양식을 보여 줘야 한다.

아이를 혼자 키우는 한 부모에게 하고 싶은 말이 있다. 하나님은 여러 이유에서 자녀 양육을 부부 두 사람이 하도록 계획하셨다. 그 이유는 세 가지다. 첫째, 아이는 서로 사랑하는 두 사람에게 사랑을 받아야 하기 때문이다. 둘째, 엄마 아빠는 각각 아이의 성숙에 필요한 서로 다른 요소를 제공하기 때문이다. 셋째, 엄마나 아빠 중 한 사람이 균형을 잃을 때 다른 한 사람이 바로잡고 견제하는 역할을 하기 때문이다.

한 부모는 엄마와 아빠의 역할을 동시에 감당하면서 막대한 책임을 져야 한다. 더욱이 자기 자신의 문제도 많다. 전처나 전남편과의 관계, 재정 문제, 직장 문제, 시간 분배, 다른 사람을 만나는 일, 외로움 등의 문제들을 안고 있다. 한 부모가 이 모든 일을 혼자 감당하기는 불가능하다. 특히 아이의 바운더리를 다루려면 아주 많은 에너지가 필요하기 때문이다.

적극적으로 도움과 지원을 받으라. 한 부모 사역을 위한 목회자를 따로 둔 교회도 있다. 지역 사회나 이웃, 친척, 친구들에게 도움과 지원을 요청하라. 자녀는 다른 사람들이 제공해 주는 특별한 능력과 그들과의 관계가 필요하다. 예를 들어 한 부모와 성별이 다른 교회 청년이 아이를 야구 경기장에 데려가 줄 수 있고, 양쪽 부모가 모두 있는 가정에서 아이를 저녁 식사에 초대할 수 있다. 아이의 숙제를 비롯해 개인적인 문제나 영적 성장에 관한 문제, 운동, 예술 등 다양한 영역에서 도움을 받을 수 있다.

아이를 혼자 키우던 한 부모가 바운더리가 형성되지 않은 자녀를 다른 사람들의 사랑과 도움을 받아 올바른 방향으로 이끌어 가는 모습을 많이 보았다. 하나님도 어떤 면에서는 한 부모라는 것을 기억하라(렘 3:8). 하나님은 상징적으로 이스라엘과 이혼하셨고, 이스라엘 없이 그분의 자녀들을 기르셨다. 그분은 한 부모의 갈등을 이해하고 도와주실 것이다.

바운더리에 반대하는 배우자. 결혼해서 배우자가 있지만 아이에게 바운더리를 가르치겠다고 결심하고 실천하는 것은 당신 혼자의 몫인 경우다. 아이가 한쪽 부모와 갈등을 겪는 중에 다른 한쪽 부모를 개입시키는 것은 심각한 일이 될 수 있다. 이런 상황에서 바운더리를 실천하려는 의지를 가진 부모는 사납고 늘 무언가를 뺏는 부모로 보이기 쉽다. 반면에 바운더리에 반대하는 부모는 선하고 은혜를 베푸는 부모로 여겨진다. 이때 아이의 내면에서 책임감과 주권에 대한 개념이 양분되는 데, 아이는 종종 문제 해결을 위해 너그러운 부모를 이용한다.

배우자가 바운더리를 지지하지 않는다면 아이 문제를 해결하기에 앞서 배우자와의 문제부터 해결하라. 배우자는 아이와 즐겁게 지내는데 당신이 그의 무책임함을 감당하며 뒤처리를 해야 한다면, 바운더리 없이 무절제한 부모에게 그 결과에 대한 책임을 지게 해야 한다. 예를 들어 아이가 집안일 하는 것에 반대하는 배우자라면, 아이가 할 일을 그가 해야 할 것이다. 아이가 집에서 숙제하는 것을 원하지 않는 배우자라면, 학교에서 상담하러 오라고 부모를 부를 때 그가 가야 한다고 미리 말해 두라. 바운더리 계획에 심하게 저항하는 배우자라면 결혼 생활에 문제가 없는지 도움을 구해야 한다. 이런 경우 대개는 배우자의 바운더리 문제가 자녀 양육의 문제보다 더 심각하기가 쉽다. 이런 문제는 자녀 양육이 아니라 결혼 생활의 문제로 봐야 한다.

계획 세우기

부모 자신이 따르면서 아이에게 본보기로 제시하는 행동 규범이 있어야 한다. 위에서 언급한 여러 사항에 덧붙여 다음의 몇 가지 사항을 고려하고, 그것을 반드시 기록하라. 글로 적는 것은 매우 중요하다. "그런 이야기는 안 했잖아요"라고 항의하는 아이들 때문에 많은 부모들이 당황해 한다. 그러나 기록으로 남긴 사항에 대해서는 의문을 제기할 가능성이 적다.

부모가 이전에 아이에게 바운더리를 적용한 적이 없다면, 처음에는 간단히 한두 개 정도의 바운더리를 설정하는 것이 좋다. 아이에게 지금까지 허락했던 현실의 규칙을 완전히 뒤집어엎고 있는(그러나 그 방향은 옳은 쪽이다) 중임을 잊지 말라. 처음에 아이들은 다른 별에라도 온 느낌일 것이다.

문제. 현재 문제되는 사항을 구체적으로 써 보라. 아이의 성적이 나쁘다면 수업 태도에 문제가 있을 것이다. 그 문제를 적을 때 '수업을 듣지 않음, 지각, 싸움, 숙제를 하지 않음' 등의 구체적인 용어를 사용하라. 아이의 문제되는 행동은 '말대꾸, 욕설, 짜증, 투정' 등으로 분류해 볼 수 있다. 아이의 문제를 언급할 때 아이에게 반발심을 일으킬 만한 인신공격은 피하라. "너는 실패자야. 게을러 빠졌어"라는 식으로 말하지 말라.

기대. "적어도 평균 이상의 점수를 받으면 좋겠다", "부르면 바로 대답해 줄래?", "안 싸우면 좋겠다", "동의하지 않는 것은 괜찮지만 욕하는 것은 안 된다" 등 부모가 바라는 것들을 쉽게 측정할 수 있는 형태로 표현하라. 가늠할 수 있는 행동은 그렇지 못한 행동보다 향상되기 쉽다.

결과(대응). 아이가 부모의 요구를 지키지 않았을 때 어떤 일이 일어나게 될지 기록해 두라. 바운더리를 지키지 않으면 특혜가 줄고 제약이 늘어난다는 사실을 알려 주라. 예를 들어 주말이나 저녁에 친구를 만나서 못 나간다, 스마트폰 사용 시간을 줄이겠다 등의 대응을 제시하라. 아이에게 주는 벌은 되도록 그가 저지른 잘못과 관련된 것으로 정하라. 아이가 기대 사항을 잘 이행할 수 있게 좋은 결과에 따른 보상도 정하라.

그러나 포상에 대해서는 좀 더 깊이 생각해 봐야 한다. 어떤 부모들은 상식적인 교양인이 되기 위한 최소한의 행동조차 장려한다는 의미에서 지나치게 보상하려고 한다. 이를 닦을 때마다 과자나 새 장난감을 요구하는 아이로 자녀를 키우고 싶지는 않을 것이다. 그런 아이는 훗날 어른이 되어 첫 출근을 했을 때 자신이 제시간에 출근한 것에 대해 아무도 칭찬하거나 축하해 주지 않았다고 크게 실망할지도 모른다. 가정에서 지키는 최소한의 바람직한 행동에 대해서는 아무 보상 없이 넘어가도 된다.

5단계: 계획을 제시하라

부모가 계획을 세우는 과정에 아이를 참여시키라. 아이가 계획에 참여할수록, 기여하는 것이 많을수록, 함께 시간을 보낼수록 아이는 더욱 주인 의식을 갖고 그 계획에 기꺼이 협조하게 될 것이다. 아이가 반대하는 계획을 세울 때라도 아이를 협력자로 초대하는 것이 좋다. 이때는 다음에 유의하라.

아이와 사이가 좋을 때 계획을 제시하라. 아이와 관계가 원만한 시간과 장소를 택하라. 언성을 높이고 싸우는 중에 계획이 적힌 종이를 내밀지 말라. 그 순간 아이는 더 세게 반항할 것이고 사이만 나빠진다.

'대립한다'는 자세가 아니라 '위한다'는 자세를 가지라. 부모가 화가 났거나 어떤 일을 강제로 시키려고 이 과정을 시작하는 것이 아님을 아이가 분명하게 알아야 한다. 지금 아이의 나쁜 행동이 아이 자신과 다른 사람에게 상처가 되고 있음을 확실하게 말해 주라. 이런 제한을 두는 것은 아이를 사랑하기 때문이며, 이 일을 끝까지 아이와 함께 하고 싶다는 이야기도 하라.

　문제를 제시하라. 앞에서 말했듯이 지금 문제되는 사안에 대해 구체적으로 말하라. 그 행동이 아이 자신과 다른 사람에게 얼마나 상처를 주는지도 말하라. "소리 지르고 뛰어다니는 게 문제야. 집이나 학교에서 그런 행동을 하면 주위 사람들에게 피해를 준단다. 그런데 너는 여전히 그런 행동을 하고 나아지는 것 같지 않구나."

　기대를 제시하라. 앞에서 말했듯이 아이를 이 과정에 참여시키라. 아이는 부모가 요구하는 기준이 정확히 무엇인지 알아야 한다.

　결과(대응)을 제시하라. 숨을 한번 크게 쉬고 직접 말하라. 달갑지 않은 소식이더라도 두려워하지 말고 전하라. 아이에게 상처를 주려는 게 아니라 좋지 않은 굴레에서 아이를 자유롭게 해주려는 것이다. 부모의 요구를 실행하는 것은 전적으로 아이 자신의 자유로운 선택에 달려 있음을 강조하라. 강제성을 띠지 않는다. 아이는 부모의 요구에 아랑곳하지 않는 선택을 할 수도 있다. 다만 중요한 것은, 아이가 저항을 선택할 경우 그에 따른 결과, 즉 현실적인 대응이 주어져야 한다는 것이다. 부모가 아이의 행동을 통제할 수는 없지만 그에 따른 대응은 통제할 수 있다는 사실을 기억하라. 부모의 영역에 속한 것을 견고하게 지키면서 아이가 선택의 자유를 누리도록 격려하라.

　협상이 가능한 것은 협상하라. 아이에게 요구하는 사항과 벌칙에서 제한

적이나마 융통성을 두라. 크게 중요하지 않은 일은 아이에게 양보하라. 그럴 때 아이는 무력감을 덜 느끼고 자기 삶에 주도권을 좀 더 갖고 있는 느낌을 받는다. 아이가 일정 기간 동안 올바르게 행동하는 것을 증명해 보이면, 그 후에 제한을 약간 수정할 수 있다. 그러나 술, 마약, 혼전 성관계, 폭력, 낙제, 무단 결석 등과 같이 협상할 수 없는 것들에 대해서는 태도를 바꾸면 안 된다.

아이들의 규칙과 어른들의 규칙이 다르다는 사실을 기억하라. 아이들은 줄곧 항의하게 마련이다. "엄마 아빠는 안 그러면서 왜 나만 그래야 해요?" 이런 일은 취침 시간, 돈 쓰는 일, 자유 시간 등을 포함해 여러 상황에서 일어날 수 있다. 부모가 정말 잘못한 일에 대해서는 기꺼이 잘못을 인정할 만큼 겸손해야 한다. 그리고 행동을 바꿔야 한다. 현실적으로 아이들보다 어른들이 자유가 더 많은 것이 사실이다. 어른들은 아이들보다 더 많은 책임을 지기 때문이다. 책임은 자유를 가져온다. 그 사실을 아이에게 말하라. 그런 사실이 오히려 아이가 바운더리를 받아들이는 촉진제가 될 수 있다. 성장에 보상이 따른다는 것도 알려 주라.

기대와 그에 따른 결과를 쉽게 알 수 있게 하라. 공책, 게시판, 냉장고 문에 붙인 그림 엽서 등은 기대와 결과를 기억나게 하는 좋은 방법들이다. 무슨 약속이든 아이와 부모 모두가 자주 기억할수록 좋다.

6단계: 포기하지 말고 끝까지 계속하라

다른 단계보다 이 마지막 단계가 가장 어렵고 중요하다. 부모가 아이의 바운더리로서 자기 역할을 수행하지 않는다면 지금까지 이야기해온 모든 계획과 아이디어는 아무 소용이 없다. 이 계획은 부모가 하겠다고 말한 내용을 반드시 행동으로 옮긴다는 전제 하에 가능하다. 덧붙여 말하자면, 바운더리 없는 지옥으로 가는 길은 '좋은 의도'라는 그럴 듯한 변명으로 잘 포장되어 있다.

다음은 부모가 유념해야 할 사항이다.

불신과 시험을 예상하라. 부모는 지금 아이가 행동과 결과의 고통이 서로 연결된 세상을 경험하는 새로운 방식을 수행하려 하고 있다. 이제 아이에게 부모는 무시해도 되거나 화가 나서 잔소리를 해대는 존재가 아니다. 아이에게는 이제 인생을 힘들게 살 것인지, 아니면 기쁨을 누리며 살 것인지 자유롭게 선택할 수 있도록 뒤에서 돕는 어른이 생겼다. 이것은 계획이 제대로 적용되고 있다는 뜻이다.

부모가 계획을 제시할 때 아이는 부모와 언쟁을 벌이려 할 것이다. 그러나 일반적으로 본격적인 시험의 단계는 아니다. 이 단계에서 아이는 계획을 잔소리 정도로 여기거나 고쳐 보려고 시도할 뿐이다. 본격적인 저항은, 아이가 바운더리를 어기고 잘못을 저지른 후에 부모가 그에 따라 대응하려고 할 때 일어난다. 이 과정에서 부모는 충격을 받을 수 있다. 불신과 분노, 날 선 표현과 비난, 외로움, 심지어 다른 한편의 부모와 싸우게 하려는 간교한 시도까지도 감수해야 한다.

또한 부모는 아이의 문제 행동이 더 심해지는 반작용까지 예상해야 한다. 아이는 지금 자기 앞에 놓인 현실과 자기 영혼이 하나가 되어야 하는 감당하기 힘든 전쟁의 소용돌이 속에 있다. 아이는 부모를 비참하게 만들 수 있지만, 그 일을 겪고 있는 아이도 힘들기는 마찬가지

다. 아이가 자기 내면에서 겪는 전쟁은 부모와 벌이는 전쟁보다 훨씬 더 힘들다. 아이가 겪는 갈등을 애정 어린 시선으로 지켜보라. 지금 아이는 미숙함이라는 미로 속에서 길을 잃고 목자 없이 헤매는 한 마리의 양과 같다(막 6:34).

그러나 이런 위기 속에서도 아이의 행동에 대한 대응은 견고하게 유지하고 지켜 나가야 한다. 그 중요성은 아무리 강조해도 지나치지 않다. 부모는 아이를 학대하는 건 아닌가 하는 죄책감을 느낄 수 있다. 아이에게 미움을 받거나 소외를 당하거나 황당한 일을 겪을 수도 있다. 그러나 바운더리를 꽉 붙들고 기도하라. 친구에게 도움을 청하는 등 바운더리를 지키기 위해 할 수 있는 일은 다 하라.

이런 일은 하나님이 우리를 훈련시킬 때마다 겪으시는 일이라는 것도 기억하라. 하나님이 우리를 훈련시키실 때, 우리는 저항하고 그분을 미워하고 투정 부리고 주먹을 불끈 쥐며 공평하지 않다며 서슴치 않고 비난하지 않는가. 그럼에도 그분은 우리가 인생을 망치는 길로 스스로 가는 것을 절대 허락하지 않을 만큼 우리를 깊이 사랑하신다. 부모의 대응은, 아이를 잘 키우고 훈련시키기 위해 부모와 하나님이 한 팀이 되어 실행하려는 사랑의 노력이다.

이쯤에서 부모도 자신의 인생을 돌아보는 것이 좋다. 바운더리 결핍으로 자신이 어떤 대가를 치렀는지 떠올려 보라. 스스로 선택할 능력이 없어서 다른 사람에게 삶이 휘둘렸던 때를 생각해 보라. 그때 얼마나 속수무책이었는지도 기억해 보라. 아이를 현실로부터 보호해 주지 않음으로써 부모가 책임감과 현실에 대해 배운 힘든 교훈을 아이에게도 가르쳐 주라.

인내심을 갖고 계속 시도하라. 아이는 지금 배우는 중이고, 배운다는 것은 시행착오가 많다는 뜻이다. 아이가 바운더리를 어길 뿐만 아니라 부모의 대응에도 여러 차례 저항할 것을 예상할 수 있다. 부모도 인내심을 가져야 한다. 부모가 바운더리를 처음 접한 것이라면 항상 지키지 못할 수도 있다. "단단한 음식은 장성한 자의 것이니 그들은 지각을 사용함으로 연단을 받아 선악을 분별하는 자들이니라"(히 5:14). 되도록 계속 바운더리를 지키기 위해 노력하라. 그럴 수 없다면 문제가 천성에 있든, 능력이나 성품 또는 비현실적인 소망에 있든 함께 어려움을 헤쳐 나갈 성숙한 친구들에게 도움을 구하라. 그럴 때 우리는 변화될 수 있다.

아이가 잘 적응하면 칭찬하라. 과정이 올바르게 진행되고 있다면, 아이의 행동이 부모가 원하는 선한 쪽으로 기울기 시작한다는 것을 느낄 수 있다. 아이는 자신의 한계와 약점을 경험하면서 슬퍼할 것이다. 그럴 때 아이에게 따뜻하게 대해 주면서 잘하고 있다는 격려와 확신을 주라. 아이는 불평하면서도 바운더리와 부모의 요구에 자신을 맞추기 위해 열심히 노력할 것이다.

아이에 대한 사랑에 초점을 맞추지 말라. 사랑은 기본이다. 아이가 자기 행동에 따른 대응을 받아들일 때 인생이 얼마나 즐겁게 변하고, 주위 사람들이 함께 행복해질 수 있다는 데 초점을 맞추라. 이것은 부모의 사랑을 얻기 위해서가 아니라 자신을 이롭게 하기 위해 겪는 과정임을 아이는 알아야 한다. 아이가 바운더리를 성공적으로 익혔을 때 도움을 준 사람들과 함께 축하하는 자리를 마련하라.

다음 문제로 옮겨 가라. 아이가 행동을 완전히 습득하고 좀 더 자신을 통제할 수 있게 되면, 부모는 요구를 더 높은 단계로 올리고 싶어질 것이다. 아니면 또 다른 바운더리 문제를 풀고 싶어질 것이다. 그러나 아이를 둘러싼 모든 관계가 오로지 바운더리 성숙을 위한 것이라고 생각지 말라. 사랑하고 즐겁게 지내고 자유 시간을 갖는 등의 일도 아이의 생활에 반드시 필요하다는 것을 명심하라.

그러나 성숙해 가는 것이 평생에 걸친 과제임을 알아야 한다. 그리고 이렇게 고백할 수 있어야 한다. "주께 합당하게 행하여 범사에 기쁘시게 하고 모든 선한 일에 열매를 맺게 하시며 하나님을 아는 것에 자라게 하시고"(골 1:10). 부모와 아이는 늘 성숙을 향해 가는 과정에 있어야 한다.

너무 늦은 것은 아닌가?

"시작하기에 너무 늦은 것은 아닐까요?" 바운더리를 실천하려는 부모들이 하는 중요한 질문이다.

십대나 장성한 자녀에게 심각한 행동 문제가 있어 갈등을 겪어 온 부모라면 누구나 낙담하고 절망할 수 있다. 그러나 부모와 아이가 올바르게 행동하기에 너무 늦은 때는 없다. 좀 더 솔직해지고, 책임을 분명히 하고, 솔선해서 문제를 해결하고, 가정에 좀 더 나은 행동 규범을 세우는 것 등은 우리의 영혼과 성품의 성장을 위해, 그리고 하나님의 뜻에 따라 살기 위해 모두 중요하다. 설령 아이에게 바운더리 문제가 없더라도 부모는 여전히 자신과 아이의 삶을 의로움으로 이끌어 갈 의무가 있다. "하나님이 의인의 세대에 계심이로다"(시 14:5).

아이가 어릴수록 바운더리를 삶의 규범으로 심는 일은 쉬워진다. 성경에서 어릴 때를 훈련의 시기라고 하는 것도 이런 이유에서다. "마땅히 행할 길을 아이에게 가르치라 그리하면 늙어도 그것을 떠나지 아니하리라"(잠 22:6). 자신을 하나님이라고 착각하며 보낸 시간이 길수록 아이의 머릿속에 존재하는 지금까지의 행복한 삶을 포기하기가 쉽지 않고 그만큼 저항도 클 것이다.

그러나 아무리 십대라 해도 아이는 아이다. 아이란 성인이 아닌 사람, 그래서 '현실의 삶을 항해하는 데 필요한 기술과 도구가 없는 사람'을 의미한다. 이것은 그들이 무슨 말을 하더라도, 그들은 하나님이 그들을 위해 그분의 대행자로 보내 주신 부모 말고는 의지할 데가 없는 미완성의 존재라는 뜻이다. 실제로 그들은 현실의 삶을 헤쳐 나갈 능력이 없다. 아무리 똑똑한 척하고 부모와 거리를 두려 해도 부모가 필요할 수밖에 없는 존재다.

거세게 저항할 때조차 아이의 내면 어느 곳에서는 부모와 결속되기를 원한다. 부모가 부모의 역할을 해주기를 원한다. 아이는 종종 스스로 통제할 수 없는 감정과 행동을 두려워하며 자기보다 큰 누가 자신의 성품이 형성되는 과정을 도와주기를 원한다. 아이의 저항과 도전은 자녀 양육 시 겪게 되는 기본적인 일이다. 아이도 그 사실을 어느 정도는 알고 있다.

그런 문제들을 자녀 양육에 필요한 하나의 자원으로 생각하라. 특히 문제가 심각한 십대 자녀가 있다고 하자. 아이는 그 상황을 견뎌 나가기 위해 더 많은 자원이 필요할 것이다. 더 많은 시간과 노력, 돈은 물론이고 그 밖에 학교, 교회, 상담소 등과 같은 공공 기관까지 필요할 것이다. 어떤 경우에는 법원까지 필요할 수 있다. 행동에 문제가 있는 십대 자녀의 부모는 그 문제를 해결하기 위해 많은 시간과 에너지를 들여야 하지만, 일곱 살 자녀의 부모는 같은 상황에서 훨씬 적게 노력해도 된다.

노력해도 결과가 만족스럽지 않을 수도 있다. 계속 문제를 일으켰던 열여섯 살 문제 소년이 어느 날 갑자기 하버드 대학에 입학하기는 어렵다. 그러나 그 아이가 성인이 되기까지 2년이 남았고, 그동안 아이는 부모의 도움으로 자신의 삶이 성숙해지는 중요한 경험을 할 수 있다. 아이는 자신의 삶을 다스리는 방법과, 성인이 된 후에도 자신에게 도움이 될 문제 해결 방법에 대해 충분히 생각할 기회도 가질 수 있다.

자신의 삶을 이끌어 주려고 부모가 너무 늦게 개입한 십대들 중 많은 수가 장성한 후에도 더 성숙해지기 위해 또 도움을 받고 싶어한다. 둥지 안에서만 살 때는 인생에서 감당해야 하는 모든 책임을 면제받고 보호를 받는다. 이렇게 살아가는 아이에게 가장 큰 문제는 대책 없는 부모다. 그러나 아이는 자라서 집세를 내고, 생필품을 사고, 임신에 대해 걱정하기 시작하면서 세상을 다른 눈으로 보게 된다. 많은 십대들이 그때야 비로소 지난날 왜 아버지와 어머니가 그토록 자기 삶에 바운더리를 세우려고 애썼는지 깊이 이해하게 될 것이다.

자녀를 포기하지 말라. 비록 그 아이가 사춘기의 끄트머리에 있더라도 말이다. 모든 기회를 활용하라. 때가 악하기 때문이다(엡 5:16). 부모는 아이의 유일한 엄마이고 아빠다. 세상에 부모만큼 아이의 마음에 영향을 줄 수 있는 사람도 없다.

희망은 있다

때로는 '자녀 양육과 문제 해결' 같은 말들이 부질없게 들리기도 한다. 자녀 문제를 마냥 회피하려는 부모들도 있다. 또 어떤 부모는 자녀 때문에 가슴이 찢어질 정도로 힘든 상황에 있을지도 모른다. 그래도 부모가 알아야 할 것이 있다. 하나님은 이미 문제를 예상하고 계시며 그 고통을 충분히 아신다는 것이다. 그럼에도 불구하고 아이에게 바운더리 세우는 일을 돕기 원하신다. 하나님은 부모와 아이의 미래를 위해 현실에서 실제로 도움이 되는 희망을 다음과 같이 주셨다.

하나님 자신

하늘에 계신 우리 아버지이신 하나님은 그분의 자녀가 사랑과 책임감이 넘치고 자제력을 가진 한 인간으로 성숙해 가는 과정에 은밀하게 관여하신다. 우리가 하나님의 대행자 역할을 할 때 도와주신다. 힘들고 어려울 때 하나님의 인도하심과 그분이 준비해 놓으신 자원들을 구하라. "내가 주를 의뢰하고 적군을 향해 달리며 내 하나님을 의지하고 담을 뛰어넘나이다"(시 18:29).

하나님의 말씀

하나님은 그분의 말씀 안에 하나님의 백성들이 성숙해 가는 모든 과정에 통용되는 법칙과 규칙을 준비해 놓으셨다. 성경은 수많은 현실에 근거한다. 성경과 그 밖의 자원들을 활용하라. 그러나 우리 삶과 자녀 양육의 기본 틀을 만들려면 하나님 말씀, 즉 성경을 더 많이 읽고 공부하라. "주의 종에게 하신 말씀을 기억하소서 주께서 내게 소망을 가지게 하셨나이다"(시 119:49).

하나님의 현실
하나님이 우주를 그분의 본성대로 창조하셨기 때문에 우리 삶은 그분의 방식을 따를 때 더 좋은 방향으로 갈 수 있다. 사랑으로 충만하며 책임감 있게 하나님께 맞춰 갈 때 우리 삶은 더 나아질 것이다. 현실은 우리 편이다. 아이 역시 자신이 성숙하지 못한 행동을 할 때 불편함을 느끼고, 삶에 주인 의식을 가질 때 반드시 만족과 충만함을 경험하도록 지음받았다. 아이는 현실의 이런 두 가지 측면을 모두 경험하고, 거기에서 바운더리를 배워야 한다. "부지런한 자의 손은 사람을 다스리게 되어도 게으른 자는 부림을 받느니라"(잠 12:24).

하나님의 백성
신실한 사람들이 우리와 우리의 자녀를 도울 것이다. 그들이 우리와 우리의 자녀를 사랑과 규범과 격려와 인도로 채울 수 있도록 하라. "그에게서 온몸이 각 마디를 통하여 도움을 받음으로 연결되고 결합되어 각 지체의 분량대로 역사하여 그 몸을 자라게 하며 사랑 안에서 스스로 세우느니라"(엡 4:16).

우리의 자녀
믿기든 믿기지 않든 우리의 자녀도 이런 성숙과 책임감에 희망을 두고 실천하려고 애쓰는 한 인간이다. 하나님은 아이가 자기 삶에 주인 의식을 갖고, 스스로 다스리는 법을 배우려는 욕구를 본능적으로 느끼도록 그를 창조하셨다. 아이는 이런 욕구를 아직 알아채지 못할지도 모르지만 부모는 감지할 수 있다. 부모는 아이의 내면에 이미 잠재되어 있는 하나님의 형상이 개발되도록 돕고, 그것이 좀 더 강화되기를 고대한다. "하나님이 자기 형상 곧 하나님의 형상대로 사람을 창조하시되"(창 1:27).

하나님이 원하시는 길을 가고자 할 때, 그 길을 가도록 아이를 훈련시킬 때, 이런 희망의 자원들로부터 도움을 얻고 위로를 받으라.

부모가 자녀 양육에 쏟는 매일의 희생과 노고에 다시 한 번 감사하며 하나님이 축복하시기를 기도한다.

No라고 말할 줄 아는 자녀 양육

초판　　1쇄 발행 | 2001년 6월 5일
개정판 1쇄 발행 | 2019년 2월 25일
개정판 3쇄 발행 | 2024년 2월 20일

지은이 | 헨리 클라우드·존 타운센드
옮긴이 | 이기섭
펴낸이 | 신은철
펴낸곳 | 좋은씨앗
출판등록 제4-385호(1999. 12. 21)
주소 | (06753) 서울시 서초구 바우뫼로 156(양재동, MJ빌딩) 402호
주문전화 | (02) 2057-3041 주문팩스 | (02) 2057-3042
이메일 | good-seed21@hanmail.net
페이스북 | www.facebook.com/goodseedbook

ISBN 978-89-5874-313-2　04230

Boundaries with Kids

Copyright ⓒ 1998 by Dr. Henry Cloud and Dr. John Townsend
Published by the permission of Zondervan, Grand Rapids, Michigan, U.S.A.

This Korean translation edition ⓒ 2019 by Good Seed Publishing, Seoul, Republic of Korea.

This edition published by arrangement with The Zondervan Corporation L.L.C.,
a division of HarperCollins Christian Publishing, Inc. through rMaeng2, Seoul, Republic of Korea.
All rights reserved.

이 한국어판의 저작권은 알맹2 에이전시를 통해 Zondervan과 독점 계약한 도서출판 〈좋은씨앗〉에 있습니다.
신저작권법에 의하여 한국 내에서 보호받는 저작물이므로 무단전재와 무단복제를 금합니다.